全世界无产者，联合起来！

邓小平文集

（一九四九——一九七四年）

中 卷

人民出版社

目　　录

司法工作要树立为人民服务的观点*

（一九五二年八月十三日）

这个运动[1]是在三反五反运动[2]胜利的基础上提出来的。三反五反运动反出了许多问题，特别是暴露出思想上、组织上的问题很严重。这些问题要解决。改造和整顿司法工作，也就是在思想上、组织上巩固成果的工作。其他像制定法典等工作是要做的，可以放后一点，等运动结束以后再说。在思想上，就是要肃清资产阶级的思想，资产阶级思想与封建主义思想是有关联的。要肃清旧的思想，树立新的观点，就是为人民服务的观点，也就是《共同纲领》[3]上规定的。在组织上，就是要让为人民服务的人搞司法工作。

注　释

〔1〕这个运动，指一九五二年六月至一九五三年二月在全国范围内开展的以反对旧司法观点和改革整个司法机关为主要内容的司法改革运动。

〔2〕三反运动，指一九五一年十二月至一九五二年十月在国家机关、部队

---

* 这是邓小平主持政务院第一百四十八次政务会议讨论批准司法部关于彻底改造和整顿司法工作报告时讲话的一部分。

和国营企业等单位开展的反对贪污、反对浪费、反对官僚主义的斗争。五反运动，指一九五二年在全国资本主义工商业中开展的反对行贿、反对偷税漏税、反对盗骗国家财产、反对偷工减料和反对盗窃国家经济情报的斗争。

〔3〕《共同纲领》，即《中国人民政治协商会议共同纲领》，一九四九年九月二十九日由中国人民政治协商会议第一届全体会议通过。一九五四年九月《中华人民共和国宪法》颁布以前，它起了临时宪法的作用。

科学研究是基础性的工作*

（一九五二年九月十二日）

大家听了中国科学院的报告[1]是很兴奋的。三年来，科学院虽说不完全是从无到有，至少可以说是从虚到实，工作是有成绩的。我们国家各方面进步都很快，无疑地对科学院的要求就高一些，而科学研究工作又是很难一时看到成绩的。研究一个问题，往往需要几年、几十年甚至更长的时间。科学院到今年才进行完了思想改造运动，过去政府忙于其他的工作，对科学院工作没有太大推动。所以过去科学院做的工作不算太多，也有客观原因。

科学院今年的工作计划不算小，可按部就班地做。今年的中心任务计划上写了三点：

（一）加强思想领导，即进行思想改造。在这方面，现在已经打下基础。

（二）加强组织领导。科学院可与各工业部门的科学工作人员、学校的教授，还有分散在各地的科学研究人员等，加强联系，把他们组织起来进行研究，不一定集中到一块儿研究。

---

* 这是邓小平主持政务院第一百五十次政务会议讨论批准《中国科学院一九五二年工作计划要点》和《北京科学研究人员的思想改造情况的报告》后的总结讲话。

（三）培养人才。

现在有三个条件，可以保证科学研究工作广泛开展：一是我国各方面建设包括文化建设的发展。工业、文化、教育事业发展了，必然推动科学研究的发展。人民文化水平高了，也要求学习科学。二是科学院本身进行了思想改造运动。思想方法的正确必然推及工作方法的正确。在这方面，现在已有了很明显的效果。三是党和政府包括毛主席都很重视这项基本建设性的工作。在这方面投资就叫作基本建设投资。人民要求科学发展，各部门也给科学院出题目。这些都叫作推动力量。

在旧社会，科学受各种反动势力的束缚，不能得到发展。现在是新社会，可以大发展了。当然，科学研究方面很快就取得成就也是不容易的。搞科学研究不能性急，要一步一步地来。我们中国人的智慧并不低，将来一定会取得很大成就的。

注　释

〔1〕中国科学院的报告，指《中国科学院一九五二年工作计划要点》。

必须重视厂矿企业伤亡事故增加的严重现象*

（一九五二年九月十六日）

各中央局、分局并转各省市区党委：

兹将中央监察委员会党组刘景范[1]同志九月六日的报告转给你们。对于厂矿企业中伤亡事故不断增加的严重现象，必须引起重视。景范同志提出的六项措施[2]都是必要的，各地可参酌施行。特别要注意抓住几件重大事故，雷厉风行地进行处理，并利用对这些事故的严肃处理，在所有厂矿企业中发动讨论，以教育和警惕其他部门和其他同志。

中　央

九月十六日

注　释

〔1〕刘景范，当时任政务院人民监察委员会副主任、党组书记。

〔2〕刘景范报告中提出的六项措施是：一、厂矿企业领导人应明确树立安

---

* 这是邓小平为中共中央起草的电报。该电报于十月十二日发出。

全生产的思想；二、厂矿企业应继续开展反官僚主义的斗争；三、厂矿企业应严格贯彻劳动法令；四、建立健全安全生产的主管机构，改善安全生产条件；五、总结推广安全生产的经验；六、每年举行一次安全大检查。

遇事务求简朴，避免铺张*

（一九五二年九月十八日）

西南局并告西藏工委：

转来西藏工委九月十一日电悉，国庆预算一万三千三百元〔1〕可以批准。在西藏各方面都很困难、人民生活及部队生活很苦的情况下，遇事务求简朴，避免铺张，这点是要请西藏各地负责同志随时注意的。

中　央

九月十八日

注　释

〔1〕这里指银元。

* 这是邓小平为中共中央起草的电报。

安徽省司法改革运动的经验值得重视*

（一九五二年九月二十日）

各中央局、分局并转各省市区党委：

安徽省委九月十三日关于目前司法改革运动的情况及转入建设阶段的工作报告很好，特转发各地参考。安徽省司法改革运动发动较早，成绩亦大，其经验[1]值得各地重视。

中　央
九月二十日

注　释

〔1〕中共安徽省委在报告中提出的几点经验是：一、党委及行政首长重视，加强实际领导，这是主要的一环；二、必须有得力干部主持，配以适当的骨干；三、必须逐步交待清楚政策，切实掌握改造教育和惩治相结合的方针；四、必须大张旗鼓地充分发动群众，开展批评和自我批评；五、在斗争策略上争取多数，打击少数，从上而下，由易到难，从一般到重点。

---

* 这是邓小平为中共中央起草的电报。

批准中监委、中财委成立财经监察机构的建议*

（一九五二年九月二十五日）

各中央局、分局并转各省市区党委、中监委、中财委及中央各部委党组：

中央批准中监委、中财委两党组关于成立财经监察机构的步骤和办法的建议[1]。并将他们九月九日的报告转给你们，望即依照实行。

中　央

九月二十五日

注　释

〔1〕中监委、中财委两党组报告中提出：为巩固三反运动成果，继续同贪污、浪费特别是官僚主义做斗争，决定在财经各部门中成立监察机构。一、省市以上财经管理部门和国营财经企业单位，除劳动部、海关外，均于今年成立监察机构；二、设立各级监察室；三、设置监察室人员；四、各部门监察室受上级监察机关和本部门行政首长双重领导。

---

* 这是邓小平为中共中央起草的电报。该电报于九月二十八日发出。

关于划乡问题给陈云、薄一波的信

（一九五二年十月九日）

陈云、薄一波〔1〕：

顷又看到子恢〔2〕同志九月三十日电，对划小乡一点甚为坚持。我想二千五到三千人一个乡，在全国各地均可行得通，只有中南感到困难，则可让中南慢点实行。惟中财委会议所定二千五百到三千人一个乡的全国标准，似可不必变动。

一波所拟复电〔3〕（复邓老〔4〕九月二十六日电的），我觉得仍然可发，我改动了几个字，弄得活动些，请你们再行好好考虑一下，然后送总理、主席作最后的核定。

邓小平

十月九日

注释

〔1〕陈云，当时任中共中央书记处书记、政务院副总理兼财政经济委员会主任。薄一波，当时任政务院财政经济委员会副主任、财政部部长。

〔2〕子恢，即邓子恢，当时任中共中央中南局代理第一书记、中南军政委员会副主席。

〔3〕薄一波所拟的复电指出：中央同意中南目前的乡可在现有的人数上稳定下来，维持现状。已划小的不再划大，未划小的未必再划小，给中南一个过渡期，到明年夏季再实行中央调整区划平均每个乡二千五百人到三千人的决定。

〔4〕邓老，指邓子恢。

上海爱国增产节约竞赛运动的经验值得重视*

（一九五二年十月九日）

各中央局、分局并转各省市区党委：

华东局九月十七日关于上海国营工厂爱国增产节约竞赛运动情况的报告写得很好。上海的这些经验〔1〕值得各地重视，望转发给各工矿企业党委研究仿行，并在党刊上登载。

中　央

十月九日

注　释

〔1〕中共中央华东局报告总结上海的经验是：一、必须根据工厂不同性质、规模、产供销情况，分别规定具体方针和要求；二、发动群众讨论、制订计划是首要步骤；三、推广先进经验必须确保以完成任务和改进生产为目的；四、必须密切关心工人安全、健康和解决一些可能的必要的福利问题；五、必须有坚强的政治和组织领导，保证运动正常发展。

---

* 这是邓小平为中共中央起草的电报。

切不可挖少数民族地主的底财*

（一九五二年十月十四日）

西南局：

十月七日转来的云南省委对目前山区土改工作的补充指示，是正确的。惟其中有“底财浮财[1]原则上归本民族分配”一语，如果这些没收的财产是属于汉族地主的，则应说服汉族人民同等地分配给当地其他民族人民；如果是属于少数民族地主的，则只应按土地法中所规定的五种财物[2]加以没收，甚至执行得更宽大一些，切不可挖他们的底财。此点请加注意。

中　央

十月十四日

注　释

〔1〕底财，指当时地主拥有的房屋、土地等不动产。浮财，指当时地主拥有的金钱、首饰、粮食、衣服、什物等动产。

〔2〕五种财物，这里指一九五〇年六月二十八日《中华人民共和国土地改革法》中规定的“没收地主的土地、耕畜、农具、多余的粮食及其在农村中多余的房屋”。

---

* 这是邓小平为中共中央起草的电报。

认真加强财政监察*

（一九五二年十月十五日）

各中央局、分局并转各省市区党委、地委及各级财委、各大军区党委、志愿军党委并转各级军区分党委、中央人民政府各党组、军管区所属各单位：

兹将薄一波同志关于检查违反财政纪律的总结报告转给你们，中央同意报告中对各级财政机关提出的四条意见〔1〕，望督促所属财政机关参照中央公安部、财政部及华北行政委员会、四野政治部等处经验施行。凡尚未向中央做检讨报告的单位，必须迅速补做，特别是对于建立与健全财政监察机构，认真加强财政监察一点，务必认真办到。

中　央

十月十五日

注　释

〔1〕政务院财政经济委员会副主任、财政部部长薄一波根据公安部等单位报告提出的四条意见是：一、积极提出具体可行的办法，克服比较空泛和抽象

* 这是邓小平为中共中央起草的电报。该电报于十月十九日发出。

的办法来纠正错误；二、综合分析下级报来的报告，提出问题，规定方法，再下发；三、督促没有做检讨的单位限期报告，不深刻的重做，做检讨后又违反者予以严厉处分；四、建立健全财政监察机构，加强财政监察工作。

加强宣教部门很重要*

（一九五二年十月十七日）

各中央局、分局，各省市区党委：

兹将中央教育部党组八月二十三日《六七月份综合报告》、八月二十日《关于中小学教育行政会议的报告》、八月二十四日《关于接办私立中小学问题的报告》、八月二十五日《关于实施小学五年一贯制问题的报告》转发你们。中央同意这四个报告有关大中小学和扫盲运动的方针和计划，望各地党委及宣传部仔细研究，指导和监督下级党委和政府文教部门贯彻执行。从报告中，特别是从初步拟定的教育建设五年计划要点中，可以看到今后党在领导文化教育方面的任务之繁重。在第一个五年计划中，国家开支的教育（不包括文化、卫生）经费，将年达三十余万亿元〔1〕。这样大的计划，花这样多的钱，如果没有党的严格监督，如果没有一个能够负责实行计划的比较健全的政府文教机构，那将是毫无保证的。因此各地党委必须重视这个问题。应与抽调经济工作干部同时，把党的宣传部门和政府文教部门加强起来，使宣教部门和经济部门一样能够明了实际情况，制订精确的计划，控制计划的进度和保证计划的完成。国家的教育建设计

* 这是邓小平为中共中央起草的转发教育部党组四份文件的批语。

划是与国家的经济建设计划密切配合的，如果教育计划不能准确地完成，必将大大影响国家经济建设，而我们现在的宣教机构是很难担负这样重大任务的，所以立即注意加强宣教部门，是很重要的。

中　央

十月十七日

注　释

〔1〕这里指旧人民币。一九五五年三月一日起中国人民银行在全国发行新人民币，新人民币一元等于旧人民币一万元。

关于教育工作的意见*

（一九五二年十月十七日）

教师的思想改造运动与其他运动一样，成绩是很大的。

前两三年的运动为这个运动打下了基础。主观上也是吸取了过去运动的经验，故比其他运动更健康。毛病也还是有的，但比其他运动要少。作为一个运动总是会有点偏差，这是难免的，因为这是群众的斗争。收获除了思想上外，在组织上的收获是很重要的。思想改造也是一个民主改造运动。经过这次思想改造，大量的有一般政治问题的人放下包袱，向我们靠拢了。如何巩固是一个大问题。

现在国家转入建设阶段，教育部的工作也应转入建设阶段，这就有一系列的工作。要建设新的教学秩序。过去教书是各教各的，有的学校没有统一课本，照着英美的本本念。教材可以组织若干人加以研究、编写。这样，经过若干年自然会有一套东西出来。苏联的课本可以先用，不行再改，请教育部再考虑考虑。

关于小学教师的工作问题，小学教师三年来基本上没有休息，搞得很疲乏，明年应该让他们休息了。小学教师组

* 这是邓小平主持政务院第一百五十五次政务会议讨论全国高校教师思想改造运动情况后的总结讲话。

织，目前是否可考虑采用小学教师联合会，经过这样的组织再过渡到工会。这个意见不成熟，还需要再考虑。总之，小学教师的思想改造工作不要急，可以采取多种多样的方法在明年内完成，原则是一不影响健康，二不影响教学。

三反五反运动可以结束*

（一九五二年十月二十二日）

一

主席、总理：

关于“三反”、“五反”〔1〕问题，可以结束。有些遗留问题可以交给各中央局及省市，但中央对此似应有一个交代。因此，我与子文、鲁言〔2〕两同志做了研究，由他们两人分别写了两个报告，我代中央拟了两个电报，兹送上审阅，不知恰当否？

如认为这个问题还须考虑一下，可要子文、鲁言向书记处专门作一次口头报告，然后再根据你们的指示改写或修改。

邓 小 平

十月二十二日

---

* 这是邓小平给毛泽东、周恩来的信和为中共中央起草的两份电报。两份电报于十月二十五日发出。

二

各中央局、分局并转各省市区党委：

中央同意安子文同志十月十八日关于结束“三反”问题的报告及其关于处理“三反”遗留问题的三项意见〔3〕，兹发给你们，望参照办理。

中　央

十月二十二日

三

各中央局、分局并转各省市区党委：

中央同意廖鲁言同志十月十七日关于结束“五反”问题的报告及其关于处理“五反”遗留问题的三项意见〔4〕，兹发给你们，望根据当地情况参酌实行。今后各地除判处死刑仍应报请中央批准外，只需由中央局每三个月将追缴退补罚款情形向中央报告一次。

中　央

十月二十二日

注　释

〔1〕“三反”、“五反”，见本卷第1页注〔2〕。

〔2〕子文，即安子文，当时任中共中央纪律检查委员会副书记、中央组织部副部长，人事部部长。鲁言，即廖鲁言，当时任中共中央政策研究室副主任。

〔3〕安子文报告提出的三项意见是：一、部分地区未进行“三反”的应在秋后普遍采用集训、整风方式进行；二、根据贪污分子不同情况，分别处理退赃问题；三、责成各地党委用负责精神，对上诉、控告的问题加以调查和处理。

〔4〕廖鲁言报告提出的三项意见是：一、建议尚未进行“五反”的城镇，今后一般地不再搞“五反”。对于工商户问题严重的，采用开会检讨方式，以教育为主。二、教育工人和劳动人民，警惕资产阶级重施“五毒”行为。三、抓住时机，认真注意有计划、有控制地分期催缴补退罚款。

请各地注意中医师失业情况*

（一九五二年十月二十九日）

全总党组转来医务工会工作委员会分党组关于中医师失业情况的报告，应请各地加以注意。他们所提四条解决办法〔1〕大体可行，亦望各地参照办理。

注　释

〔1〕一九五二年十月十四日，中国医务工会工作委员会分党组的报告所提四条办法是：一、各地领导机关进一步重视对中医师管理工作；二、酌情动员过剩的中医师到小城市或城镇去服务；三、审核后不符合中医师资格者，允许转行业；四、各地中医师很快组织起来，建立互助组织补救生活不足。

＊ 这是邓小平为中共中央起草的给各中央局、分局并转各省市区党委电报的主要部分。

调整公私商业的关系非常必要*

（一九五二年十一月十四日）

一

我们在商业工作中若干地方存在着盲目冒进的倾向，这是由于有些同志在“三反”、“五反”[1]之后只看到资产阶级坏的一面，不了解资产阶级在现阶段仍然是一个不可缺少的力量，不了解我党团结资产阶级是一个长期的政策，尤其不了解经营商业的还有为数很大的小商小贩，而依赖私营工商业谋求生活的人更以千万计。如果我们在这个问题上采取粗暴的政策，不但不能充分利用私人资本利于国计民生的一面，使之服务于国家经济建设，而且势必打击到广大的小商小贩，并使成千成万依靠私营工商业谋生的人丧失生活来源，而这些人的生活问题又不是国家所包得了的。最近已有些城市呈现出失业增加和就业困难的状况，必须引起重视。

必须了解，只有在正确的经济政策之下，才能导致国家经济的发展和人民生活的改善，也才能引导我们稳步地走向社会主义。三年来，正是由于我们在一九五〇年及时地调整了公私工商业关系，纠正了当时的“左”的偏向，又由于我

---

* 这是邓小平审改中共中央《关于调整商业的指示》稿时加写的文字。

们在今年上半年进行了“三反”和“五反”，打退了资产阶级的猖狂进攻，克服了当时的右的偏向，才使我们能够在这样短的时间内，在经济战线上获得了辉煌的成绩，既保障了抗美援朝的胜利，又争取了国家经济的根本好转；既改善了人民的生活，又奠定了国家计划经济建设的基础。同样，我们现在又必须克服当前存在着的在商业工作中的“左”的倾向，才能使我们即将开始的五年经济建设计划得以顺利地实施。所以，立即对公私商业的关系进行一次调整，是非常必要的。

二

过去三年，我们调整公私工商业的工作，主要是在工业方面，因而对于工业方面的公私关系，已经摸出了若干办法。当然，在这一方面，还是需要我们继续努力的。对于商业，我们虽然也做了一些工作，但尚未定出比较完满的办法。今后一个时期，我们要在这一方面加以努力。

注 释

〔1〕“三反”、“五反”，见本卷第1页注〔2〕。

扫盲工作要加强准备并重点进行*

（一九五二年十二月一日）

西南局：

贺龙同志在军政委员会第四次会议上的报告〔1〕草稿阅悉，我们同意这个报告，但请注意：（一）扫盲计划提得太高，在五年内基本扫除农民中青壮年的文盲是很困难的，而明年的扫盲工作只能是加强准备并重点进行，此点须加修改。（二）在文字上有若干地方还须请你们详细审订。

中　央

十二月一日

注　释

〔1〕这里指一九五二年十二月十日西南军政委员会副主席贺龙所作的《一年来的工作概况与今后任务》的报告。

---

* 这是邓小平为中共中央起草的电报。

在西南局委员会第十次全体会议上的讲话要点

（一九五二年十二月七日——九日）

抗美援朝影响不到我们的建设，故明年开始五年建设计划。计划方案所以未最后定下来，是因为主要看苏联的帮助有多大，其中最主要的是设备、技术，以及需要多少工人。我们的订货等于苏联整个计划的百分之八。我们明年的任务已经定了。明年的财政是有保证的。主要是需要技术干部，特别是基本建设更需要。毛主席指示，各地要学东北，都要搞像东北三四年前那样的措施，每县只留个别骨干，其余全部派到工厂去。因为起决定性作用的是工业。

我来时毛主席曾问到西南的工业怎样。这个问题我们还需研究。据西南局财委统计，已输送二千九百多个干部，以后除送中央外，必须把厂矿干部配好。现有厂矿是培养干部的学校。我们应以这种精神来考虑工作。干部配不够等于任务没有完成。现有厂矿不少，厂矿搞不好，固然主管部门要负责，而地方和厂矿的党委也要负责。干部一方面由外边调，一方面由内部提，这两方面都应检查。所谓领导中心转移到城市，应以此作标准进行检查。

关于商业问题，中央已有指示。商业问题，西南有冒进及“左”的倾向。冒进的倾向以前曾发生过，经调整工商业后纠正了，“三反”、“五反”[1]之后，冒进的倾向又发生了。突然出现的问题，是失业增加，就业困难，向毛主席写信的多了，主要是中、小工商业问题大。因无加工订货，多靠私商生活，故中、小工商业者叫得厉害。中央政治局会议[2]指出，私营商业的发展不可怕，主要怕“左”，因商业问题不仅是资本家的问题，而且是影响到不下于三千万人的生活问题，包括小商小贩、手工业者、小型工业者及城市贫民在内，拉洋车的也在内。所以商业问题不仅是资本家的问题，而且是三千万到五千万人的问题。问题的本质是社会问题。在五年之内，私营经济还要略有增加，但增加比例还是国营增加大，因此冒进要纠正，商业要调整。有些地方要收，有些地方还要占领阵地。无论收与占领，都要有步骤。收要坚决，但占领在步骤上宁可缓慢一点。

商业调整可稳一点。有的要减，有的要加，有进有退。无论进退，都要稳一点。要从不同的角度，无例外地进行调整。商业调整不只是商业合作部门的事，主要是党委部门的事。如农业物资价格一般偏高，对农民不利，将会陷于被动。合作社暂时停止，首先整理，以便稳步发展。

在城市中，搞供销合作不要急（农村的互助合作可急一点）。供销合作社应在企业、机关、学校等单位中去办，而不应在市民中去办。全国各地的经验是，在市民中办合作社的效果都不好，国家应集中力量搞主要的东西，不要搞分散的、次要的东西。

国家的组织形式要适应政治任务的要求。国家是要搞统一战线的，无论如何要把资产阶级拉住，这是肯定的，不如此要犯错误。但国家组织形式必须适应计划经济。最关键的问题是，计划建设没有集中统一是不可能搞好的。如纺织，由大区规定生产定额不可能，只能由中央纺织部门规定；又如轧钢标准只能由重工业部规定，钢铁生产中的问题大多是共同性的，也只能由中央钢铁部门掌握。由此类推，所有工业，连商业、财政也是如此，不统一，人民负担要加重。总之，地方的积极性要控制一下。毛主席说，遇事都有十分积极性，可减少一分。现在，有些同志总想一下把好事办完。如扫盲计划规定太大，原规定明年扫盲一千万人，这就需要六十万教员，这不可能办到，现已改变。又如办小学，原规定五年内办的小学招生四千九百万人，这也不可能做到。现在应把钱主要用在大、中学方面。

在编制方面，有的要求增加区、乡编制，现在已经否决，主要是提高干部质量，而减少数量。军队也是非编制人员太多，不解决也不能实行薪金制。地方系统也是如此，用人太多，不知浪费多少。考虑的结果是加钱不加人。明年准备拨一千万元解决多余人员的问题。学校问题也是首先要解决教师及学生营养问题，不要急于多办学校。小学教员明年不集训了，可用川南的办法，采用小学教师联合会的办法来达到整理的目的。学校也要做好检查，第一，检查上课是否够钟点；第二，检查学生是否睡够八个小时；第三，检查伙食、体育活动情况。

总之，国家的领导必须集中统一，组织形式必须适应这一要求。总的原则是，提高干部质量，不要急于增加编制。将来，中央的机构还要增加，主要是经济系统。教育方面，高等教育要集中，走集中统一的道路是肯定的。同时，组织形式还要服从于保守机密，要把党外人士安置得停停当当。根据这一原则，首先解决的是大区的问题。明年还要搞人民代表大会代表选举，对党外人士要适当安排，选不上代表的也要加以安置，可采取委派的办法，将这些人员团结起来。所有各级选举，一方面要选得恰当，同时还要照顾到这批人。

大区问题，编制表只供参考，可酌量增减。大区的机构宁可短小精干，节约出的干部分配到厂矿去。比如重庆，中央局可以不直接管厂矿，而由市委管。这即叫作加强工业。希望这次会议对大区一级搞一个编制出来，我带到中央去。像这样的问题可能解决迟了，对此重要性的认识和决心可能还不够。

一个大的运动必须非常慎重，建设时期工作必须非常仔细。《婚姻法》的贯彻也是轰轰烈烈的群众运动。过去，妇女干部不懂得领导妇女运动，妇女天天在运动，而有的妇女干部看不到，明年需大搞一下。民兵现在应该改变过去的活动方式，凡是疲劳的事情要尽量减少，不要做劳民的工作。民兵工作只做两件事：（一）把武器保护好；（二）一定时期上面派人到乡检查一下，其他不要做。铁路上的民兵过去是需要的，现在不需要了。现在，全国形式主义大发展，北京正在研究机关办公学习不得超过十小时。有的机关工作人员肺病达百分之四十。

关于党代表会议问题，除讨论五年计划外，还要发布第二个农业互助合作的指示。毛主席估计工业发展是会快的，问题是农业跟上跟不上，故农业问题仍列入党代表会议议事日程之内。

农村的基本工作是领导生产。一切工作可以推迟，生产不能推迟。凡损害这一利益的，可不办或缓办。工作可以结合搞，实在挤不上的不搞，土改复查则必须搞。

人民代表大会代表选举，要在内部积极准备，主要怕党外人士波动。明年选举从乡到中央全部完成（省是选政府委员会）。大体明年六月开始选举，九月举行全国人民代表大会〔3〕，普遍选举，但不是直接选举。县到乡的选举大约有两个月的时间。为了开人民代表大会，准备于明年二月开全国党代表大会（三月间开政协会议），主要议题是：（一）政治形势与工作任务；（二）人民代表大会及制定宪法问题；（三）通过五年计划；（四）农业互助合作问题；（五）补选候补中央委员。

注　释

〔1〕“三反”、“五反”，见本卷第1页注〔2〕。

〔2〕中央政治局会议，这里指一九五二年十一月三日在北京举行的中共中央政治局会议。

〔3〕全国人民代表大会，这里指一九五四年九月十五日至二十八日举行的第一届全国人民代表大会第一次会议。

我们的计划是要引导国家前进*

（一九五二年十二月八日）

我今天想谈谈我们国家的一般情况。

中华人民共和国成立到现在，刚刚三年零两个月。从我们国家建立起，毛主席就提出了一个口号，叫作三年准备，十年建设。在某些地方要一二十年的建设。当时，摆在全国人民面前的中心任务就是要在三年的时间内完成各项准备工作，以便于我们国家开始计划建设。

三年来，我们国家担负了抗美援朝的艰难任务，在这样的情况下，我们仍正确地、完美地完成了三年的准备任务。

这三年来，我们的工作性质是什么？是革命运动，是全国各方面的革命运动。三年来，我们搞了一系列的运动：抗美援朝、土地改革、镇压反革命、“三反”、“五反”[1]、工矿企业的民主改革、知识分子的思想改造、司法改革，以及其他各方面的运动。这一系列的运动都是革命运动，都是我们还没有完成的反帝反封建的革命运动。今天，在全国范围内，这一系列的革命运动基本上是完成了，仅有若干运动在若干地区还有一些尾巴。例如，土地改革，西南还有两百多万人口的地区没有完成，广东也还有一些；镇压反革命，就

---

* 这是邓小平在西南军政委员会第四次全体会议上讲话的要点。

西南来说，反动会道门[2]组织还没有受到应有的打击；各种知识分子的思想改造，中小学还没有完全进行；工矿企业的民主改革，少数分散的也还尚未进行。但总的说来，主要的部分已基本完成了。还有一个重要的社会改革运动必须做的，就是贯彻《婚姻法》。这是一个反封建的思想运动。这个运动可能要分若干年进行。因婚姻问题而死的主要是妇女，而且是妇女积极分子，都是为了要求得自己的解放。当然，这个运动不同于其他运动，是纯粹属于人民内部的，基本上是要从思想上去解决。当然，也有法律问题。

现在，摆在我们国家面前的问题是抗美援朝还没有完成，这就是说，仗还要打。摆在我们国家面前另一个更基本的问题是，三年准备工作完成了以后，还要做些什么？就是要开始我们国家的计划建设，包括经济的、文化教育的以及其他方面的各种计划建设。从明年起，我们就要开始国家计划建设，这是五年计划第一年的开始。

大家都知道，我们军政委员会每次开会的情况是不同的。在第一次开会的时候，情况很乱，土地改革还没有开始，土匪没有肃清，各方面的工作都还没有头绪。在第二次开会的时候，物价很波动。我们一方面抗美援朝，要花很多钱，一方面国内的经济情况还没有好转。当时的情况确实很紧张，外面要打仗，内部物价不稳定，各方面的工作还没有上轨道。所以，我们过去几年是很忙的，很紧张的。当时，毛主席提出的口号是，又要保证抗美援朝的彻底胜利，又要完成三年准备任务。三年来，由于全国上下的一致努力，仗打好了，财经完全稳定了，并取得了国家财经情况的根本好转。

现在具体来谈谈抗美援朝战争问题。抗美援朝战争经过一年多的谈判，一面打，一面谈判。谈判的结果，大家都知道，六十三款的停战协定剩下的是一个遣俘问题。美国出的题目就是想扣留我们的人（其中主要的是中国人民志愿军和一部分朝鲜人民军）。美国出这个题目实质上就是不愿签订停战协定。我们是完全按照国际公约办事，这是正义的斗争。从现在的情况看是有利于我们，而不利于敌人。毛主席曾多次分析过，决定抗美援朝战争的有四个因素：一曰死人，二曰用钱，三曰战略，四曰吵架。

死人这一条，美国是斗不过我们的。美国的兵源要比我们困难。我们是伤亡了就替换。

在用钱方面，我们是用不起钱的国家，而我们现在的人民币要比抗美援朝战争爆发时值钱了。这反映在物价上，我们的物价是平稳的。美国由于战争工业的发展，民用工业减少了，因而造成了经济上的严重危机。我们没有感到用钱缺乏，今年，国家的预算还有结余。这就是说我们虽然穷，但是我们钱用的结果很好，我们还用得起，不会影响到我们国家今后的计划建设。

三曰战略。世界上两大阵线，敌人出面的头子是美帝国主义，现在已经把它的主力放在朝鲜。我们这一方面的老大哥苏联，到现在根本没有出面，中国出了一部分，当然，朝鲜是出了全部的力量，这一点就决定了我们在战略上的优势。为什么台湾总不敢在我们沿海登陆？就是因为我们一方面在朝鲜打，一方面还有足够的力量来对付其他方面。

四曰吵架。用毛主席的话叫作矛盾。吵架最多的是美国，从美国内部来说有三种情况：第一，震动了人民，人民不满意政府，要求在朝鲜和平停战。第二，统治阶级内部的矛盾，资本家和资本家吵架，军火工业资本家赞成打，民用工业资本家不赞成打。当然，华尔街的当权者是军火老板。第三，军官和军官之间的吵架。越吵矛盾越深，矛盾越深，对美国越不利。而我们这个阵线是团结一致的。从我们国内来说，各党派、各阶层对于抗美援朝是团结一致的。从国际上来说，我们和苏联之间，和朝鲜之间，和整个人民民主国家之间，都是团结一致的。我们没有任何冲突，也根本没有吵架。

这四个因素是对敌人不利，对我们有利的。这四个因素就决定了抗美援朝战争的命运。

毛主席也分析了我们的不利之处。他说，敌人是四条都不利，我们最多是一条不利。这一条是两个半条组成的，即：一曰死人，二曰用钱。

在这样的情况下，敌人战也不是，和也不是。我们是主张正义的。实际上，打的结果，我们打出了好办法，我们不怕再打下去。如果要和，遣俘问题一定要按照国际公约办。按照毛主席的两句话是“办法由我们决定，时间由美国决定”，美国什么时候赞成停战，就什么时候停战。

当然，和最好。这次亚洲及太平洋区域和平会议[3]开会，各国代表在未来以前，以为中国的战争空气一定非常浓厚，而到了北京以后，看不到那样的情况。他们到各地参观，看到所有城市一片和平气象。就是抗美援朝战争再打下去，我们一样搞建设，一样有钱用，一样投资工业、文教，各方面的资金都不会感到缺乏。我们国家现在不是没有钱用，而是技术不够、人才不够的问题。

明年是我们国家第一个五年计划的开始，建设规模是庞大的。因为有了苏联的帮助，我们国家工农业的发展要比苏联快。

我们国家现在还很穷，各方面的建设还很不够，铁路只有这么一点，重工业也只有这么一点，人民的居住和生活状况还很不好。我们要逐步改变国家的面貌。房子高了，工厂多了，铁路多了，人才多了，各种情况都改变了，这个国家就真正可爱了。我们的计划是要引导国家前进。

国家的农业同样要随着工业的发展而前进，就是要农业向工业化进步。在文教方面，也要为工农业的需要而发展。

这就是国家的两大任务，争取抗美援朝的彻底胜利，开始国家的计划建设。根据目前形势和任务，国家的组织形式需要有若干的改革，因为国家的组织形式不能适应即将开始的计划建设了。中央考虑，今后还是编为七级，这七级叫作四实、三虚。四实是：中央、省、县、乡。三虚是：大区、专区、区。三虚为上一级政权的代表机关，不是民选，是由上级委派的。说得恰当一些，像原来的军政委员会是地方的高一级机关，颁布过各种法令条例，改为行政委员会以后，就成为大的督察专员公署，任务是督察地方和沟通上下，本身不颁布法令，一切都由中央制定。当然，在中央的一切命令下，行政委员会也可发一些指示，但主要是进行督察和反映情况。同样，专区和区也是如此。目前，专区和区的问题还没有解决，要逐步解决。这是搞建设的一个基本条件，因为许多东西只有中央集中才能做得通，分散了就有困难，会变成障碍。

现在凡属建设任务都是全体性的，我们的计划是全国性的。当然，一方面是政府的管理，一方面还必须由地方党委来保证计划的完成。将来，任何一个部门都要专业化，就是说在全国范围内一切都要走向专业化。将来，高等教育由中央领导，中小学由大区领导。地方工业、小的农业和林业由大区直接管理。所谓地方工业就是为大工业服务的中小型工业。

组织形式适应于国家计划建设，这叫作任务。形势要求我们，任务必须集中，只有集中才能办事，才不会变成障碍。从华北的经验来看，三虚是不可少的。像西南这样大的地区，没有一个督察机构来承上启下，那是不行的。当然，在组织形式方面，还有其他问题。现在各区正在研究，待各区研究后，再由政务院进行综合，做出规定。在机构方面不可能再有过去那样大了，但也不至于变动很大。例如军政委员会改为行政委员会以后，下面的几个委员会还存在，如财经、文教、政法，实际上分别是一个综合的大部，目前没有这些组织是不行的。但是情况变了，在编制上也要缩小一些。机构调整以后，中央、大区、省，各方面还要进行适当的调配。乡的组织也在考虑中。大体上，将来全国的基层组织叫作乡，乡的大小根据农村经济情况划分，大体上每个乡在二千五百人左右。目前也还有一二万人甚至三万人的乡，这太大了，这些组织形式要根据今后的任务来决定。

今后的计划建设不再像过去的工作那样了，国家的计划定出来以后，各方面的指标必须配合起来。所谓计划，就是按比例，国家的整个计划在任何一个小的角落里办得不好，就会影响到全部的过程。像一〇一厂的轧钢能力大于炼钢能力，炼钢能力大于炼铁能力，炼铁能力大于铁矿生产能力，这叫什么按比例？所以，这就需要全国精密地计划，需要多个部门有节奏地配合起来。不但是工业，农业同样要在国家的整个计划下有节奏地发展。否则，就不能互相配合。譬如，农业方面究竟需要多少拖拉机？如果配合得不好，不是生产供不应求，就是生产过剩。现在，我们有好多工作就是如此，工作是盲目的，将来都要有计划地进行。工作就是要使计划实现，保证计划的正确完成。因此，就要求加强我们国家的组织性与纪律性。加强纪律性对于国家的计划建设来说是很重要的。有好几位同志讲到监察工作的重要性，将来国家还要设置专门的监察机构，各个工厂里还要设置监察专员。当然，这不同于现在的监察通讯员。

在农业方面，第一个五年计划准备逐年增加到百分之五十。对西南来说，明年是计划增百分之九，按比例逐年增加，五年以后大约就是百分之五十，这是一件不容易的事。如果不搞生产互助，不把生产互助组织得很好，不真正在互助等价交换的基础上，是不可能做到的。将来必须要有相当数量的集体农庄、国营农场，以及相当数量的拖拉机，才能进到社会主义。总之，农业要和工业同时发展，但也不能急躁，叫作一不容易二不快，否则，生产互助就要发生强迫命令，这样就要使社会主义的实现推迟若干年。

我们相信，有了明确的任务，有了适应任务的组织形式，大家团结得好，工作上的困难一定能克服，明年的任务一定能完成。

注 释

〔1〕“三反”、“五反”，见本卷第1页注〔2〕。

〔2〕会道门，会门和道门的合称。是旧中国时期以封建迷信为联系纽带的民间结社。这类组织具有封建性和落后性，往往容易被反动统治阶级和帝国主义势力所利用。新中国建立后，人民政府明令取缔会道门。

〔3〕亚洲及太平洋区域和平会议，一九五二年十月二日至十三日在北京举行。参加会议的有来自亚洲、大洋洲、美洲、非洲、欧洲三十七个国家的代表团和九个国际组织的代表。会议通过了关于民族独立、关于日本问题和关于朝鲜问题等决议。

中央各部补充干部以统筹调动为宜*

（一九五二年十二月九日）

陈、薄[1]并周总理、中央：

大区改组期间，中央各部有直接向下边要干部的情形，这样就引起一些困难。大区改组期间，干部调整必须委托各中央局负责才有办法，事实上各系统干部要做若干必要的调剂，才能节约一些干部送中央，特别需要从紧缩机关中给企业厂矿加强一批财务干部及领导骨干。中央各部需要补充干部仍由中央组织部统筹调动为宜。再有，中央各工业部对大区及工业管理局组织编制有纵容扩大之意，以求达到物色干部的目的，大区审查颇感困难，望告各部实事求是确定编制。

邓小平

十二月九日

注　释

〔1〕陈，指陈云，当时任中共中央书记处书记、政务院副总理兼财政经济委员会主任。薄，指薄一波，当时任政务院财政经济委员会副主任、财政部部长。

---

* 这是邓小平写的电报。

修改劳动保险条例只能解决必须解决的问题*

（一九五三年一月二日）

这个条例在修改时，因劳动部所提的范围较大、标准较高，所以又改了一下。如果按照劳动部原来所提的范围和标准，一年增加的开支就要使国家少开六七个大工厂。凡是涉及大量用钱的事情，总是要慢慢地做，因为国家现在最重要的事情是多积攒些钱，多开几个工厂。我们应该集中力量，多开几个工厂，这才真正符合工人阶级的长远利益，才是走了群众路线。这就是目前利益与长远利益相结合的观点，这就是实际的观点。当然这次修改还不能完全满足工人们的要求，但现在只能解决可能解决和必须解决的问题。一些问题必须在国家经济发展的基础上才能逐步解决。这个条例，以后一定还要修改，还要再扩大范围，再提高标准，将来不仅会提高到劳动部原来所提出的那样的范围和标准，而且还会更高。做实际工作的同志应该全盘考虑问题，应该多向群众解释清楚。

---

* 这是邓小平主持政务院第一百六十五次政务会议讨论《中央人民政府政务院关于中华人民共和国劳动保险条例若干修正的决定》和修正后的《中华人民共和国劳动保险条例》后总结讲话的节录。

充实和加强经济保卫工作*

（一九五三年一月五日）

罗瑞卿[1]同志并告各中央局、分局：

我们同意瑞卿同志十二月三十一日的报告[2]。请各中央局、分局及省市区党委注意有计划地抽调一批干部去充实和加强经济保卫工作。在此次调整大行政区组织中，还可以从大区公安部现有人员中节约一些干部放到经济保卫工作岗位上面去。

中　央

一月五日

注　释

〔1〕罗瑞卿，当时任政务院政治法律委员会副主任、公安部部长。

〔2〕这里指一九五二年十二月三十一日罗瑞卿报送的《关于增强经济保卫机构和充实经济保卫干部的请示报告》。

---

* 这是邓小平为中共中央起草的电报。

努力为汉藏民族团结做贡献*

（一九五三年一月八日）

张经武[1]代表请转阿沛·阿旺晋美副司令员：

九月十五日函[2]悉。一年多以来，你为和平解放西藏协议的实现做了许多的工作，望你继续努力，在张经武代表和达赖喇嘛[3]的领导下，为加强汉藏民族的团结，发展西藏民族及西藏地方的政治、经济、文化建设事业做更多的贡献。

邓 小 平

一月八日

注 释

〔1〕张经武，当时任中共西藏工委书记、中央人民政府驻西藏代表。

〔2〕九月十五日函，指一九五二年九月十五日阿沛·阿旺晋美给邓小平的信。在信中，阿沛·阿旺晋美表示要紧跟毛主席和共产党的领导，为实现和平解放西藏协议本着所知所能努力工作。

〔3〕达赖喇嘛，指达赖喇嘛·丹增嘉措，当时是西藏地方宗教和政治领袖之一。

---

* 这是邓小平给西藏地方政府噶伦、中国人民解放军西藏军区第一副司令员阿沛·阿旺晋美的复信。噶伦，藏语，西藏地方政府行政官员的职名。

注意边远及贫瘠山区人民生活问题*

（一九五三年一月十二日）

各中央局、分局并转各省市区党委并告中财委党组、中政委党组及内务部党组：

谢觉哉同志关于边远及贫瘠山区人民生活情况的报告〔1〕是很重要的，兹转给你们，请你们在工作中随时注意这个问题。因为这种地区，只有在党和人民政府长期关怀和扶持之下，才能逐渐地脱离贫困的境地。谢觉哉同志提出的几项办法〔2〕，可供你们参考。

中　央

一月十二日

注　释

〔1〕这里指一九五二年十二月二十日内务部部长谢觉哉报送毛泽东并中共中央的《关于边远及贫瘠山区人民生活情况的报告》。

〔2〕谢觉哉在《关于边远及贫瘠山区人民生活情况的报告》中提出的办法

---

* 这是邓小平为中共中央起草的电报。该电报于一月十七日发出。

是：有贫瘠山区地方的各级党委、政府，必须重视并加强领导贫瘠山区的恢复建设和救济工作；山区的农业贷款、水利贷款要加多一些；增设山区的贸易机构，发展合作事业并改善运输条件；加强山区的卫生工作，要常有医疗队去巡回治病；贫瘠山区的征粮，要更多照顾；救济粮款应多注意山区；轮训现有干部，淘汰坏的分子；加强县乡的人民代表会议，提高山区群众的觉悟及政治积极性；等等。

做好对付敌人的各项战斗准备工作*

（一九五三年一月十三日）

华东局并转福建省委：

一月一日福建省委关于加紧进行备战工作的指示及一月二日华东局给省委的复电，均已阅悉，我们基本上同意华东局的意见。在福建工作中，必须具有充分的敌情观念，必须估计到敌人今后对于沿海的骚扰可能更加频繁，也应该估计到敌人登陆作战的可能，因而必须克服麻痹思想，并在实际工作中做好对付敌人的各项准备，使我们立于有备无患的主动地位。例如，**建筑坚守海岛的坑道工事，建筑某些海岸要地的战术性野战工事及少数几处的一些坑道工事；**〔1〕加强对于军队的训练；加强沿海地区民兵工作，船民、渔民工作；加强对于敌情的侦察工作和在沿海地区的群众中加强对付敌人骚扰，捕捉特务的组织和训练；等等。做好这些工作，就是做了实际的战斗准备。

福建省委提出的几项具体工作，都是正确的，必须做的，但在尚未判明敌人确有登陆作战行动的情况下，就去进行备战的紧急动员，成立支前委员会这类的组织，则是不恰

---

* 这是邓小平为中共中央起草的电报。

当的，因为这样会在党内和群众中造成经常的紧张状态，还会打乱自己的工作步调，甚至可能在工作上产生急躁草率的倾向，并给敌人以兴风作浪的机会，这点对我们是不利的。

在目前的情况下，福建可在“巩固海防”的口号下，去动员和组织人民的对敌斗争，克服麻痹思想，而不宜进行战争的紧急动员，亦不宜在腹地进行同沿海地区一样的战斗准备工作。你们对这个电报有何意见，望于研究后电告。

中　央

一月十三日

注　释

〔1〕黑体字是毛泽东审改时加写的。

爱国卫生运动要长期坚持*

（一九五三年一月十六日）

对爱国卫生运动，今后不是减弱，而是加强。这是一项长期的工作。全国的卫生情况，城市固然比过去好了，就是农村，也比过去进步了。但是否已经很好呢？还不是。要做得更好，爱国卫生运动就要长期坚持下去。既要长期坚持下去，因此所采取的办法，就必须是能够持久的。去年的爱国卫生运动突击性很大，一年可以，长期这样就搞疲了。所以，今后方法要有所改变。

---

* 这是邓小平主持政务院第一百六十七次政务会议讨论《关于卫生行政会议与第二届全国卫生会议的报告》时的插话。

民族平等，团结互助*

（一九五三年一月二十日）

果洛地区和甘南牧区，曾长期遭受国民党反动派的残酷统治和压迫，蒋介石和马步芳[1]匪帮一方面直接屠杀和掠夺藏区人民，一方面挑拨藏族同其他兄弟民族的关系以及藏族内部的关系，以利于他们的统治。这样就使得藏区人口减少，生产衰退，人民的生活陷入贫困和落后的境地。

三年来，由于人民政府实行了毛主席的伟大民族政策，各民族人民已经空前地团结起来。毛主席的民族政策是要我们各民族一律平等，实行团结互助，建设自己幸福美满的生活。只有团结得好，一切建设事业才能顺利地进行。内蒙古自治区就是因为团结得好，再加上其他的条件，所以五年来人口增加、畜牧业发展很快，做到了“人畜两旺”，成为各牧区向前发展的榜样。我们在藏区的工作人员，过去是帮助藏区人民做好团结工作，今后要继续努力，帮助藏区人民进一步加强团结，向着内蒙古自治区的发展道路前进。帝国主义和蒋介石残余匪帮是不甘心我们各民族人民团结，不甘心我们各民族人民过好日子的，他们总是用尽一切办法，挑拨

---

* 这是邓小平在招待来北京的青海果洛区藏族参观团和甘肃南部牧区各民族参观团全体人员宴会上所致欢迎词的一部分。

我们各民族间的团结，希望大家严加警惕。

注　释

〔1〕马步芳，曾任国民党青海省主席、国民党军新编第二军军长、第四十集团军总司令、西北军政长官公署长官。一九四九年十月后逃往沙特阿拉伯。

人民代表大会召开并不是统战政策结束*

（一九五三年一月二十八日）

这次会议主要议程是准备政协改组。过去政协会议代行全国人民代表大会的职权，现在中央人民政府委员会已决定召开全国人民代表大会，政协当不能再代行其职权。政协的组织还要不要？毛主席指示：政协的组织仍然需要，但性质上有所改变，是一个统一战线的组织，包括各党派、各人民团体、少数民族、海外华侨等。人民代表大会后，政协有建议权。

政协常务委员会政治分量不够，人数也少，这次会议上要增选一批。是改选还是增选现尚未最后确定，但原有常委中党外的都保留，增选的党外党内都要有。常务委员会任职期间，要担负起协商全国人民代表大会代表名单的任务。

这次会议日程：三大报告，周恩来的政治报告、陈叔通〔1〕关于今后政协工作的报告，以及郭沫若〔2〕关于世界和平的报告。讨论后会议做出决议，最后增选委员。

关于全国人民代表大会以及政协增选常委的问题，党外

---

* 这是邓小平在全国政协党组会议上讲话的一部分。

人士会有反应的，大家应进行了解，并做解释，无把握的不谈。关于今天《选举法（草案）》的报告亦可收集一些反映，主要是了解党外人士对《选举法（草案）》还有些什么想法。

对于召开人民代表大会的问题，各方面都觉得没有理由不开，但总想推迟，总认为政协的形式更好一些。一些人主要是害怕落选，因此，情绪有所波动。多数好的仍将选上，不可避免地有若干人会落选。党内可能存在着踢开一批的情绪。毛主席指示：团结他们是有益的，这些人有代表性，能代表各阶层的意见，可随时反映情况，这对我们考虑问题很有帮助，对我党决策有好处。人民代表大会的召开并非宣告统战政策的结束，而是要加强，要联系更多的群众。即便选掉一些党外人士，这些人仍要在其他方面予以安置，如在政协全国委员会，省、市地方协商委员会，政府及大行政区行政委员会安置。包括爱国分子中的右派，只要不是与帝国主义有联系的也要安置。总之，要安置妥当。

党外人士怀疑统战政策是否要改变，这次会议就是一个关键。行政委员会的名单公布后，他们放了心，反映“照顾得周到”。在这次会上他们还要看我们是否和他们合作，是否尊重他们的意见。上两次会议参加的人数多，会议开得热闹，这次没有特邀人员，但还应尽量开得热闹些。开会时我们一定要到会，要了解他们的意见，做些工作。主要是要表示热情，体现统战政策不变的精神。

注　释

〔1〕陈叔通，当时任全国政协副主席。

〔2〕郭沫若，当时任政务院副总理兼文化教育委员会主任、全国政协副主席、中国科学院院长、中国人民保卫世界和平委员会主席。

关于《中华人民共和国全国人民代表大会及地方各级人民代表大会选举法（草案）》的说明*

（一九五三年二月十一日）

主席、各位委员、各位同志：

一九五三年一月十三日中央人民政府委员会第二十次会议通过了《关于召开全国人民代表大会及地方各级人民代表大会的决议》，定于今年召开由人民用普选方法产生的乡、县、省（市）各级人民代表大会，并在此基础上接着召开全国人民代表大会；同时决议成立选举法起草委员会，进行选举法的起草事宜。选举法起草委员会成立后，遵照上述决议立即开始工作。我们根据《共同纲领》[1]有关实行普选问题的规定，研究三年多来我国人民民主专政的实际情况，吸收苏联选举的经验，并征求各方面的意见，经过了多次的讨论和修改，拟定了《中华人民共和国全国人民代表大会及地方各级人民代表大会选举法（草案）》。现在选举法起草委员会指定我对这个草案加以说明，提请中央人民政府委员会予以

---

* 这是邓小平在中央人民政府委员会第二十二次会议上报告的主要部分。在这次会议上，邓小平被任命为中央选举委员会委员。

审查和批准。

一

《选举法（草案）》贯穿着一个总的精神，就是如何根据国家的情况，规定一个合乎当前实际的最民主的选举制度。

毛泽东主席在一九四〇年所著《新民主主义论》一书中曾经指出："中国现在可以采取全国人民代表大会、省人民代表大会、县人民代表大会、区人民代表大会直到乡人民代表大会的系统，并由各级代表大会选举政府。但必须实行无男女、信仰、财产、教育等差别的真正普遍平等的选举制，才能适合于各革命阶级在国家中的地位，适合于表现民意和指挥革命斗争，适合于新民主主义的精神。"〔2〕我们就是遵循这样的基本原则来规定我们国家的选举制度的。

我们选举权的普遍性，表现在《选举法（草案）》中以下的规定，即：凡年满十八周岁之中华人民共和国公民，不分民族和种族、性别、职业、社会出身、宗教信仰、教育程度、财产状况和居住期限，均有选举权和被选举权。为着实行这种普遍性的选举，《选举法（草案）》对于妇女的选举权和被选举权做了专款的规定，对于各民族人民的选举，对于人民武装部队和国外华侨的选举，也都做了明确的必要的规定。当然，我们的普遍选举制对于一部分人的选举权利还是必须加以限制的，所以草案同时规定了那些依法尚未改变成分的地主阶级分子、依法被剥夺政治权利的反革命分子、其他依法被剥夺政治权利者和精神病患者，没有选举权和被选举权。但这几种无选举权和被选举权的分子占人口总数的比例是很小的。这就是说，我们国家的选民将占全国人口很高的比例。我们的选举具有最广泛的人民代表性。草案规定凡年满十八周岁的公民就具有被选为各级人民代表大会代表的资格，这是因为在我国目前情况下，把一些富于革命朝气、勇于批评和自我批评、勇于揭发坏人坏事的青年优秀分子选到各级人民代表大会中去，特别是到基层政权中去，是只有好处没有坏处的。至于所规定的对于一部分人的选举权利的限制，如对于尚未改变成分的地主阶级分子的选举权利的限制，不消说这只是一种临时的办法，是今天历史条件所不可避免的，而在不久的将来，当条件变化之后，现在所实行的这一类的限制就成为不必要的了。

我们选举权的平等性，表现在《选举法（草案）》中以下的规定，即：所有男女选民都在平等的基础上参加选举，每一选民只有一个投票权。这就是说，对于所有年满十八周岁的公民来说，他们的选举权利是不受限制的，他们的平等的民主权利是受到充分保障的。草案还规定了全国及地方各级人民代表大会代表的名额及代表的产生，均以一定人口的比例为基础。同时草案又适当地照顾了地区和单位，所以在城市与乡村间，在汉族与少数民族间，都做了不同比例的规定。这些在选举上不同比例的规定，就某种方面来说，是不完全平等的。但是只有这样规定，才能真实地反映我国的现实生活，才能使全国各民族各阶层在各级人民代表大会中有与其地位相当的代表，所以它不但是很合理的，而且是我们过渡到更为平等和完全平等的选举所完全必需的。

《选举法（草案）》规定了所有选举经费都由国库开支。

这是在物质方面保证选举人和候选人能够在实际上享受自由选举权利的重大的措施。

草案规定了选举人对于代表候选人的提出和代表的选举，完全可以自由地选择自己认为满意的和认为必要的人，并对选出的代表，有权依照法定手续撤回补选。草案还特别规定了有关选民登记问题的申诉程序和对一切破坏选举行为的严厉制裁。所有这些，都是使选民充分获得自由行使其选举权利的保障。

草案规定了我们只在乡、镇、市辖区及不设区的市等基层政权单位实行直接的选举，而在县以上则实行间接的选举。我们只在县以上采用无记名投票方法，而在基层政权单位则一般地采用举手表决的投票方法。这就是说，我们的选举还不是完全直接的，投票的方法也还不是完全无记名的。这是由于我国目前的社会情况、人民还有很多缺乏选举经验，以及文盲尚多等等实际条件所决定的。如果我们无视这些实际条件，现在就勉强地去规定一些形式上好像很完备而实际上行不通的选举方法，其结果，除了增加选举的困难和在实际上限制许多公民的选举权利之外，没有任何的好处。

必须指出，我们《选举法》的实质，是着眼于实际的民主。鉴于全国各地情况不一，而我们又系初次进行这样全国性的选举，无论领导方面或群众方面都还缺乏经验，所以有些条文只做了概括性的规定。有关选举的若干具体问题，留待省市人民政府制定选举实施细则时去解决，必能适合于各种具体的情况。不消说，这乃是在目前条件下能够充分保证人民民主权利的切合实际的行得通的办法。

但是，我们现在规定的这个选举制度，是任何资产阶级国家的选举制度所不能够比拟的。谈到选举，我们中国在北洋军阀时代和蒋介石时代都曾办过，无论北洋军阀或蒋介石所办的选举，从实质到形式都是臭气熏天的，我们大家对此都很熟悉，可以不必去多说它。不过我们国内确实有一些人对于欧美资产阶级的选举是着过迷的，他们中间的多数人现在已经认识到那种欧美资产阶级假民主的骗局，但是也许有少数人对那种骗局还没有看清楚。事实上怎样呢？拿美国来做例子吧。根据美国官方统计资料，美国有五十多种对于选举资格（例如对于财产状况、居住年限、教育程度、年龄、宗教信仰、“社会声望”等等）的限制。美国的“选举税”和“人头税”经常剥夺了广大贫困的劳动人民和广大黑人的选举权利。根据一九四二年的材料，美国年满二十一岁的黑人仅有百分之十列入选民名册，而参加投票者仅有百分之一。由于种种的限制，美国在一九四八年大选中有两千万合格的选民被无理地剥夺了选举权利；而在去年那次大选中，这种被剥夺了选举权利的人，据美联社估计，要增至两千五百万人，即占达到选举年龄的人数的四分之一。这还只是就选举权说的，至于被选举权，在美国更完全为极少数的亿万富翁所包办。美国如此，其他资产阶级国家在实质上也是一样。有许多资产阶级国家中的妇女和服兵役者全部地或部分地被摈除于选举之外，好些国家都蛮横无理地规定了民族和种族的限制，有些国家的上议院议员至今还采用着任命制和世袭制。资产阶级国家的候选人通常要缴纳大量税金，负担选举费用。这就使得穷苦的人们和富翁在候选人提名方面处在完全不平等的地位。除此之外，资产阶级更利用金钱采取贿赂、进行政治买卖及其他各种舞弊的办法，以达到其包办选举的目的。由此可见，资产阶级的选举制度，只能是以保护资产阶级剥削制度和民族压迫制度为基础，它绝不允许人民有什么当家作主的权利，它在形式上规定一些虚伪的看来似乎漂亮的东西，也纯系为着欺骗人民保护其特权统治的目的。

资产阶级国家不会有真正的民主，也不敢给人民以真正的民主。正如列宁所说："资产阶级的民主制……始终是——而且在资本主义之下不能不是——狭窄的，残缺的，虚伪的，假仁假义的民主，对于富者为天堂，对于贫人和被剥削者为陷阱为骗局。"〔3〕

与资产阶级国家完全相反，我们是人民当家作主的国家，我们的国家政权属于人民，全体人民都有权利选派自己的代表去管理国家的事务，而人民自己则有权利并有各种机会去经常地监督国家机关的工作。所以，我们愈充分发扬民主，人民民主专政就愈加巩固，人民政府与人民之间的联系就愈加密切，就愈能在充分发挥人民积极性的基础上，完成国家每一个具体的任务。这就是我们的选举制度之所以具有充分民主性的根本原因，这就是我们的选举制度之所以千百倍地优越于资产阶级选举制度的根本原因。

二

《共同纲领》规定："中华人民共和国的国家政权属于人民。人民行使国家政权的机关为各级人民代表大会和各级人民政府。"《中央人民政府组织法》又规定："中华人民共和国政府是基于民主集中原则的人民代表大会制的政府。"根据这些规定，我们就要在普选的基础上，产生人民行使政权的各级人民代表大会。《选举法（草案）》第二、第三两章，就是对于各级人民代表大会的代表名额，做出适当的规定。

对于各级人民代表大会代表的名额，我们是依据这样两个原则来拟定的，即：（一）它必须使各级人民代表大会是具有工作能力的国家政权机关，既便于召集会议，又便于讨论问题和解决问题；（二）它必须使各级人民代表大会与人民之间具有密切的联系，在人民代表大会中，既须有相当于社会各民主阶级地位和有相当于各民族或种族地位的代表，又须注意到代表的地区性，以便于随时反映各民族各阶级各地区的情况，并能随时将代表大会的决议迅速传达到各民族各阶级各地区的人民中去，把每个决议都变成为全体人民的实际行动。

根据这样的原则，我们认为乡、镇、市辖区等基层政权单位的代表名额不宜过多。因为基层单位的会议间隔短，具体问题多，如果代表人数过多，很难周密地讨论问题和解决问题，而且要耗费过多的人力和时间。所以，草案规定乡、镇代表名额一般为十五人至三十五人，市辖区代表为三十五人至二百人，是适当的。这样实行之后，在人口较多的乡、镇、市辖区，每一代表所代表的人口数可能较多，联系起来较不方便，这可采取一些适当方法加以解决。

县人民代表大会的代表名额，一般地说也不宜太多。因为县级政权接触的问题也比较具体，每年开会次数不宜过少，有时还要召集临时会议，当然代表人数过多是不便利的。草案规定县人民代表大会代表名额一般为一百人至三百五十人，特殊者还可达到四百五十人，这是因为有些县份所辖乡数过多，而每乡又必须有代表的缘故。

省、市人民代表大会的代表名额，在草案中规定得比较多。因为省、市管辖范围较广，涉及问题较大，必须有适当的名额才能容纳各方面各地区的代表，才便于处理比较复杂的问题。省开会次数较少，市容易召集会议，所以人数虽然较多，但并没有大碍。草案规定省代表名额一般为一百人至五百人，特殊者可以多到六百人，市代表名额不得少于五十人，不得多于八百人，这是适当的。

根据草案第三章计算，全国人民代表大会名额，约为一千二百人。这个数目略少于苏联两院代表的总和，但比其他任何国家的国会都大得多。这对于我们这样的国家，在现时条件下是适当的。

必须指出，草案中规定的地方各级人民代表大会的代表名额，在多数地方都比现在的各界人民代表会议的代表名额要少，甚至要少得多。这是因为代表名额较多，在进行宣传动员和训练干部这些方面固有好处，但在行使人民代表大会职权上，却不甚便利。

还须指出，省、县两级的代表名额，在条文上规定得比较机动，如两千万人口以下的省，代表名额定为一百人至四百人，即其一例。这是因为各个省、县人口多少不同，管辖单位多少不同，民族分布情况不同，城乡比重不同，所以《选举法（草案）》对于代表名额的规定，必须照顾到不同地区而应有适当的伸缩性。

与上述各项规定相适应，草案规定了各级人民代表大会代表名额产生的比例。

草案规定了各地应选代表的名额，以人口为基础，同时照顾到地区。乡、镇和市辖区人民代表大会代表的选举，是完全以人口为基础来确定的，即在一个乡、一个镇或一个市辖区的人民代表大会里面，其每一代表所代表的人口数是相等的。县、省两级则因必须照顾到所辖每一乡或每一县都有代表而又受到代表大会名额的限制，所以做了最大的乡应选到县人民代表大会的代表不超过三人、最大的县应选到省人民代表大会的代表不超过三人至五人的规定。全国人民代表大会代表的产生，也是按照以人口为基础同时照顾地区和单位的规定，这样，人口多的省、市比人口少的省、市代表名额要多得多，乃是当然的。同时草案中也注意了对于极小省份的照顾，规定每省代表名额不得少于三人。事实上小省多在东北、西北和西南，东北的小省多有工业城市的代表名额调剂，西北和西南的小省多有少数民族的代表名额调剂，所以这些小省的代表名额一般都不算少。例如新疆、甘肃的名额相当于陕西的名额，人口只有九十余万的宁夏也可选出五个代表。这样应该是合理的。

草案规定了城市和乡村应选代表的不同的人口比例。条文规定省每八十万人选举全国人民代表大会代表一人，而工业城市则每十万人就可选举全国人民代表大会代表一人。对省、市、县人民代表大会代表都做了同样性质的规定。城市是政治、经济、文化的中心，工人阶级、工业主要在城市，这种城市和乡村应选代表的不同人口比例的规定，正是反映着工人阶级对于国家的领导作用，同时标志着我们国家工业化的发展方向。因此，这样规定是完全符合我们国家的政治制度和实际情况的，是完全必要的和完全正确的。

草案规定了少数民族和人民武装部队在各级人民代表大

会中的适当的代表名额。同时规定了人口约一千一百万的国外华侨应选全国人民代表大会代表的名额为三十人，这反映了祖国对于国外侨胞的关切。此外，必须着重指出，草案中虽无须专门规定妇女代表的名额，但在各级人民代表大会代表的选举中，必须注意选出适当数目的妇女代表。不能设想，没有适当数目的妇女代表的人民代表大会，会具有广泛的代表性。

如上所述，按照《选举法（草案）》规定所产生的各级人民代表大会，将真实地反映出我国的现实生活和阶级关系，使各民族各阶级都在各级人民代表大会中有与其地位相称的代表，从而使我们的人民代表大会具有最广泛的人民代表性，使它能够充分地反映和集中各族人民的要求，切实地保障在工人阶级领导下的全体人民的利益。

三

《选举法（草案）》对于国内各少数民族的选举，做了专章的规定。

我国是一个多民族的大国，各民族人民对于新中国的缔造，都有或多或少的贡献。三年多来，由于贯彻执行了毛主席和中国共产党所规定的民族政策，已经根本改变旧中国长期存在的民族压迫和民族歧视现象，实现了或正在实现着真正的民族平等，使中华人民共和国成为各民族人民友好合作的大家庭。无疑地，我们的《选举法》应该把这种民族友爱团结的关系反映出来，并使之巩固起来。

全国各少数民族人口数约占全国人口总数的十四分之

一。草案规定全国人民代表大会的少数民族代表名额为一百五十人，并规定除了这个固定数目之外，如仍有少数民族选民当选为全国人民代表大会代表者，不计入一百五十人名额之内。所以全国人民代表大会的少数民族代表人数，预计实际上会接近代表总数的七分之一。我们认为，这个名额的规定是合理的，因为全国民族单位众多、分布地区很广，必须做这样的照顾，才能使国内少数民族有相当数量的代表得以出席全国人民代表大会。

同样的理由，地方各级人民代表大会的少数民族代表名额，也应根据上述精神去确定。

所以草案规定："地方各级人民代表大会，凡境内有少数民族聚居区者，每一聚居的少数民族均应有代表出席。"

所以草案规定："凡聚居境内的同一少数民族的总人口数不及境内总人口数百分之十者，其每一代表所代表的人口数，得酌量少于当地人民代表大会每一代表所代表的人口数，最少以不少于二分之一为原则。"比如一个十万人口的县，规定一千人选一个代表，而某一聚居的少数民族的人口在一万以下，则它可以少于一千人选代表一人，但最少不得少于五百人选代表一人。

但是，这种规定用之于少数民族人口较多的地方，则是不适当的。以广西为例，全省近两千万人，其中少数民族超过八百万人，如果援引上述规定，则汉族人民每十万人选代表一人，可选代表一百二十人，少数民族每五万人选代表一人，可选代表一百六十人，这当然是不合理的。所以草案又规定："凡聚居境内的同一少数民族的总人口数占境内总人口数百分之十以上者……其每一代表所代表的人口数，应相当于当地人民代表大会每一代表所代表的人口数。”

鉴于全国各少数民族的人口多少不一，分布地区很广，又有聚居、散居等等区别，所以各级人民代表大会的少数民族代表的选举，都需要按照所辖地区的少数民族情况，采取统一计算人口和统一分配应选代表名额的办法，才不至于发生处理不当的问题。

草案充分地估计到各种不同的情况，所以对于各民族的选举，只做了一般的概括性的规定，有关选举的具体办法和名额的分配，要由各级人民政府及其选举委员会根据具体情况去确定。

无疑地，《选举法（草案）》对于少数民族选举的各项规定，将获得各少数民族人民的热烈拥护，将大大地巩固三年来民族团结的成果，将使全国各民族在中国共产党和毛主席的领导下，在政治、经济、文化各方面，都能够获得进一步的发展。

四

《选举法（草案）》第六、第七、第八、第九等章，对于选举程序和选举办法做了具体的规定，这些规定充分地保证了选民在选举中的权利。

草案规定在办理选民登记并公布选民名单之后，对公布的选民名单有不同意见者，得向选举委员会提出申诉，选举委员会应在五日内做出处理之决定。申诉人如对处理意见不服时，得向人民法庭提出诉讼。这样就可以使基层人民政府和基层选举委员会在办理选民登记时，必须谨慎从事。草案同时规定了选民名单应在选举的三十天以前公布，这样就给了申诉人以进行申诉和诉讼的充分机会，并使选举委员会和人民法庭能有较多的时间，对于选民资格的申诉和诉讼进行妥善的处理。

草案规定中国共产党、各民主党派、各人民团体和不属于上述各党派、团体的选民或代表均得按选举区域或选举单位联合或单独提出代表候选人名单。当然，在实际上是应该而且可能以由中国共产党、各民主党派和各人民团体联合提名的方式，作为提出各级人民代表大会代表候选人名单的主要方式。但同时规定选民或代表能有单独提出候选人的权利，使选民或代表能有更多表达意见的机会，这在我们现在的情况下是有益无害的。按照以往进行选举的经验，代表候选人名单提出之后，必须先期公布，以便在基层选举区域提到各选民小组、在各级人民代表大会提到各代表小组去进行充分的讨论。经过这样的民主讨论，就能使选举人了解候选人的情况，并鉴别各个候选人是否提得恰当，以便根据这些意见校正候选人名单，尔后正式进行选举。草案还规定在选举的时候，选举人可按候选人名单投票，亦可另选自己愿选的其他选民。经过这样的程序，可以充分表达选举人的意见，并使选举获得圆满的结果。

草案规定乡、镇、市辖区和不设区的市等基层单位的选举，得按选民居住情况划分若干选区，分别召开选举大会进行选举，使选举地点和选民住地相距不远，这样就便利了所有选民都能参加选举。

草案还规定了必要的条款，以制止对于选举的违法舞弊行为。草案规定凡是采用暴力、威胁、欺诈、贿赂等非法手段破坏选举或阻碍选民自由行使其选举权与被选举权的人，特别是犯有伪造选举文件、虚造选票、隐瞒蒙混等违法行为或对控告者采取压制报复行为的人民政府的或选举委员会的人员，都应由人民法院或人民法庭给以刑事惩处。为了防止和及时处理在选举中可能发生的违法行为，必须加强人民法院和人民法庭的工作。人民法院应该组成和派出必需数量的人民法庭，随着进行选举的基层单位开展工作，以保障选举工作的顺利进行。

以上这些规定，表明了我们的选举制度是充分代表人民利益的。我们选举制度的优点，不但在于它规定了充分的民主的原则，而且还在于它在所有选举工作的各个环节上，都规定了切实有效的具体办法，使这些原则的贯彻有了确切的保障。

五

乡、镇、市辖区和不设区的市的人民代表大会的选举工作，是全国及地方各级人民代表大会选举工作的基础。办好这些基层单位的选举，县市以上的选举工作就较为容易了。

在这次基层的选举运动中，我们要在充分发扬民主的基础上，使所有政权的、党的和群众团体的基层组织的干部，都在群众的鉴别下，受到一次深刻的教育，借以克服目前在基层组织和基层干部中严重存在着的命令主义和许多违法乱纪的现象。我们要经过充分民主的选举，把坏分子、违法乱纪的分子和犯有严重的命令主义错误而为人民群众所极不满意的分子，从各种基层组织的工作岗位上剔除出去，把群众所爱戴的联系群众的人选到这些组织的工作岗位上来。我们要经过这次选举运动，使人民政府与人民之间的联系更加密切起来，并达到改进干部作风之目的。此外，因为各级人民代表大会的选举是以人口为计算的标准的，所以我们要在选民登记的同时，进行一次全国范围的人口调查。

基层单位最繁重的工作是选民登记。因为选民数量很大，又要进行人口调查，所以需要大量的人力才能办好这件事情。选民登记中的最大问题，是关于选民资格的确定。在这方面，无论城市或农村，都在一系列的民主改革运动中，遗留了一批尚待解决而在这次必须加以解决的问题。例如，对于地主阶级分子，需要确定哪些是经过五年以上劳动改造而又完全服从政府法令、没有任何反动行为应依法改变成分并给以政治权利的；哪些是尚未具备上述条件不应改变成分的。对于地主阶级的青年子女，需要确定哪些是没有参加过直接剥削而又完全服从政府法令应给以政治权利的；哪些是没有具备上述条件不应给以政治权利的。对于富农分子，一般并不存在有无政治权利的问题，即是说他们是有政治权利的。但在老解放区，对于旧富农分子有无政治权利的问题，需要按照政务院一九五〇年八月四日的决定〔4〕加以甄别和确定。对于被管制的反革命分子，也需要经过一次严格的甄别和清理，区别出哪些是需要继续管制的；哪些是改造较好可以缩短管制期限或取消管制但尚不给以政治权利的；哪些是改造更好可以取消管制并给以政治权利的；哪些是管制错了而应恢复其政治权利的。同时，在选民登记中，如果查出漏网的反革命分子，必须加以管制，并剥夺其政治权利。总之，选民登记是一件极其严肃的工作，我们不能听任一个反动分子或未经改变成分的地主阶级分子非法窃取了庄严的政治权利，我们也不能听任一个公民被错误地剥夺了庄严的政治权利。

基层的选举工作，无论选民登记和人口调查，无论对于选民资格问题的申诉和处理，无论候选人名单的提出和讨论，无论选举区域的划定和选举大会的召开，都是非常细致和庄严的事情。在整个选举工作过程中，必须同命令主义者、违法乱纪分子和破坏选举的分子进行坚决的斗争，才能保证充分地发扬民主，吸引广大的选民积极地参加选举。为此，基层单位的选举，必须在上级选举委员会派出的工作组的指导之下进行，基层选举委员会的主席，必须由上级选举委员会委派非本地的得力干部充任。只有把大量经过专门训练的干部派到基层单位去参加和指导选举工作，才能保证《选举法》在基层单位的确切执行。

六

为了监督和指导《选举法》的确切执行，在《选举法》通过和公布之后，即应迅速成立中央及地方各级的选举委员会，建立必要的办公机关，在同级人民政府的领导下和在上级选举委员会的指导下，负责办理选举事宜。

《选举法（草案）》对于中央及地方各级选举委员会的组织和任务，做了明确而详细的规定。为了便于办事，各级选举委员会委员的人数不宜过多，即使这样，计算全国各级选举委员会委员总数仍达两百万左右。同时我们这次又是初办选举，任务繁重，经验不够，如果选举委员会工作能力不强，是无法胜任的。所以挑选一批为人正派、办事公道而又联系群众的人到选举委员会工作，是办好选举的关键。

对于各级选举委员会委员是否可以被提名为代表候选人的问题，即应否回避的问题，我们认为没有做出回避规定的必要，因为我们现在所实行的主要是间接选举，在各级人民代表大会召开期间的选举工作，不是由选举委员会而是由大会主席团主持的，而基层选举工作又是在上级选举委员会派去的工作组的监督和指导下进行的。

各级选举委员会成立之后，应该制定自己的工作程序，在当地人民政府领导之下，与有关部门通力合作，立即开始进行《选举法》的宣传，研究在本地区执行《选举法》的具体办法，以及制订计划报请上级批准等项工作。但要指出，县、市以上各级选举委员会的工作重点，必须放在指导基层单位的选举上面，首先是放在挑选和训练工作队的工作上面。只要我们有了经过训练的、懂得政策的、通晓选举法令的工作队，而又采取典型试验、逐步推广和分期完成的工作方法，我们是可以在几个月的时间内，办好基层选举工作的。只要基层的选举工作办好，就为县以上的各级人民代表大会选举工作的胜利完成奠定了基础。

以上是对于《选举法（草案）》的说明。

《选举法》的通过和公布，是我们国家一件具有伟大历史意义的事件。如果说我们国家正开始的第一个五年建设计划标志着我国经济、文化发展的新阶段，那么，《选举法》的颁布标志着我国人民民主政治发展的新阶段。

斯大林一九三六年三月曾指出：“我们新的选举制度，使一切机关与团体的工作紧张起来，逼迫他们来改善自己的

工作。苏联普遍的、平等的、直接的与不记名的选举制度，将成为人民手中的鞭子，用去鞭策工作不好的政权机关。”〔5〕

无疑地，我们的《选举法》现在还不及苏联一九三六年以后的选举制度那样完备，但也将产生大体相同的效果。它将大大增强各级人民政府的工作效能；它将使官僚主义者、命令主义者和违法乱纪分子失去藏身之所；它将进一步地加强人民政府与人民之间的联系，并使人民民主专政的国家制度更臻完备；它将更加增强全国各民族之间的团结，并使人民民主统一战线获得进一步的巩固和发展。

无疑地，我们的《选举法》将大大发挥人民群众的积极性和创造性，使全国人民更加紧密地团结在毛主席、中国共产党和中央人民政府的周围，去争取抗美援朝斗争的彻底胜利，实现国家的各项建设计划，并由此引导我们的国家稳步地走向社会主义。

我们的《选举法》是中国人民在毛主席和中国共产党领导下，从长期艰难困苦的斗争中获得的胜利果实。全国人民将以欢欣鼓舞的心情迎接它的诞生，将以自己的实际行动为它的实现而努力奋斗。

注　释

〔1〕《共同纲领》，见本卷第 2 页注〔3〕。

〔2〕见毛泽东《新民主主义论》（一九四〇年一月），《毛泽东选集》第二卷，人民出版社 1991 年版，第 677 页。

〔3〕见列宁《无产阶级革命和叛徒考茨基》（一九一八年十月、十一月），《列宁选集》第三卷，人民出版社 2012 年版，第 601 页。新的译文是：“资产阶级民主……始终是而且在资本主义制度下不能不是狭隘的、残缺不全的、虚伪

的、骗人的民主，对富人是天堂，对被剥削者、对穷人是陷阱和骗局。”

〔4〕这里指一九五〇年八月四日政务院第四十四次政务会议通过的《关于划分农村阶级成份的决定》。

〔5〕见斯大林《和美国斯克里浦斯—霍华德报系总经理罗伊·霍华德先生的谈话》（一九三六年三月一日），《斯大林文集（1934—1952）》，人民出版社1985年版，第95页。新的译文是：“我们新的选举制度，将对一切机关和团体起督促作用，促使它们改善自己的工作。苏联普遍的、平等的、直接的和无记名的选举制度，将成为人民手中的鞭子，用来鞭策工作做得不好的政权机关。”

关于审批新疆民族区域自治实施计划（草案）的两份报告

（一九五三年二月二十四日、三月二十七日）

一

主席并中央：

新疆民族区域自治实施计划（草案）已送来中央审查，包尔汉、赛福鼎[1]两同志一再表示希望在他们离京返新前能得到中央的批示意见。我于本月二十日约集仲勋、维汉、刘格平[2]等同志初步研究了一下，认为建立新疆维吾尔自治区的方案是可以同意的。自治区的地域名称，如果新疆各民族人民不大喜欢“新疆”二字，可考虑改为“天山维吾尔自治区”或其他适当的称呼。实施步骤，也大体可以采取计划草案所拟，即先帮助境内其他聚居的少数民族逐步实行区域自治，最后乃建立新疆维吾尔自治区。不过在具体进行中要真正做到各民族人民充分酝酿成熟，不必太急，完成期限以规定为一九五四年底为宜。我们还考虑到在目前情况下，搞好新疆的区域自治还有一个较为关键的问题，即如何适当地教育维吾尔族的广大干部克服某些大民族主义的思想，真正从思想上切实执行中央的民族政策，搞好各民族的团结。

拟利用此次之便，将这个问题也适当地向包尔汉、赛福鼎两同志说清楚。以上意见，如中央同意，拟即本此精神约集仲勋、维汉、格平、刘春〔3〕、包尔汉、赛福鼎等同志共同谈一次。当否？请批示。

邓 小 平

二月二十四日

二

毛主席并中央：

三月十七日上午，小平、仲勋、维汉、赛福鼎、包尔汉、刘格平、汪锋〔4〕等同志开会研究新疆民族区域自治实施计划（草案），会上先由赛福鼎同志提出新疆民族干部在讨论区域自治时争论未决的几个问题：

（一）对哈萨克族行署一级自治区区划有三种意见：1. 不包括伊犁地区；2. 包括伊犁地区而不划给伊宁市，即伊宁市归新疆直辖；3. 包括迪化地区〔5〕。

（二）对新疆自治区名称有两种意见：1. 沿用“新疆”旧名称“新疆维吾尔族自治区”；2. 改名“天山维吾尔族自治区”。

（三）认为新疆自治区行政地位应相当于大行政区一级，直接受中央领导。

经会议讨论，一致意见如下：

（一）基本同意新疆民族区域自治实施计划（草案）。

（二）在新疆推行民族区域自治，是一件极为重大的事情。因此，必须加强党的领导，充分做好准备工作。要求做到全党动员，认识一致，行动一致，以保证民族区域自治政策的正确实施。为使准备工作做到切实具体，可在土改基本结束后，先从维吾尔族以外的其他少数民族聚居区着手推行，取得经验，而后逐步完成全省范围的区域自治。

（三）在进行民族区域自治及有关民族政策的宣传教育过程中，必须强调贯彻爱国主义教育。这在新疆还有着更为重大的实际意义。务使干部和群众对伟大祖国能有正确的认识，对毛主席的民族政策能有更深刻的体会，从而使各族人民更加热爱祖国，热爱各族人民的伟大领袖毛主席。与此同时，还应进行中苏友好的教育。

（四）维吾尔族在新疆如同汉族在全国一样，是其他各兄弟民族的多数，是主体民族。因此，必须教育维吾尔族干部如同汉族在全国范围内团结、帮助和照顾各少数民族一样，来团结、帮助和照顾新疆境内的其他少数民族。在推行民族区域自治过程中，既要注意到以少数民族聚居区为基础，又要照顾到各少数民族自治区经济、政治的发展需要；不仅要使各少数民族人民在政治上享有平等权利，而且要使他们从事实上真正体验到维吾尔族对自己的帮助和照顾。只有这样，才能通过推行民族区域自治运动，更进一步地加强和发展新疆各族人民的团结合作。因此，如不把较为发展的伊宁划归哈萨克自治区就等于从该区挖去一块最好的地方使该自治区无指导中心，对今后发展不利。所以不愿把伊犁地区划给哈萨克自治区的意见是不正确的。〔6〕

（五）大区行政单位不是一级政权，而正是代表中央督导一个地区工作的机关。因此，提出自治区应成为大区一级并直接受中央领导的问题，是没有实际意义的。新疆自治区仍应相当于省级，与内蒙古自治区和西藏一样，均直接受中央领导并受大行政区行政委员会的督导。

（六）“新疆”二字并无污辱少数民族的含义，而改名“天山”亦不完全切合实际，且可能引起国内外某些猜测，故名称以不改为妥。

以上各点，赛、包皆同意。主席指示不加“维吾尔”族名，只用“新疆自治区”的名称后，仲勋同志又与赛、包研究，包无表示，赛不同意，经再次深谈，已表示接受，但思想上还未完全打通，认为民族区域自治实施纲要上规定民族自治区名称“由民族名称冠以地方名称组成之”。这还需要再做解释。〔7〕后仲勋告包、赛，成立新疆自治区是明年的问题，还可继续研究，目前暂不以此名称问题在干部中讨论，免得把大家的注视引向不关主要的争论上去，此一点，包、赛都赞成。

我们根据上述取得一致的原则，代中央拟了一个复电〔8〕请予审查批示。

邓小平　习仲勋　李维汉

三月二十七日

注　释

〔1〕包尔汉，当时任新疆省人民政府主席。赛福鼎，即赛福鼎·艾则孜，当时任中共中央新疆分局第四书记、中央人民政府民族事务委员会副主任委员、西北行政委员会副主席、新疆省人民政府副主席。

〔2〕仲勋，即习仲勋，当时任中共中央宣传部部长、西北局第二书记，西北行政委员会副主席。维汉，即李维汉，当时任中共中央统战部部长、政务院秘书长、中央人民政府民族事务委员会主任委员。刘格平，当时任中央人民政府民族事务委员会副主任委员。

〔3〕刘春，当时任中央人民政府民族事务委员会副主任委员。

〔4〕汪锋，当时任中共中央西北局统战部部长、中央人民政府民族事务委员会副主任委员。

〔5〕迪化地区，即迪化专区，一九五四年改名为乌鲁木齐专区，一九五八年撤销。

〔6〕一九五四年十一月二十七日，行署级的伊犁哈萨克族自治区在伊宁市成立，管辖伊犁、塔城、阿勒泰三个专区，同时代管博尔塔拉蒙古族自治区。一九五五年二月五日，伊犁哈萨克族自治区改称伊犁哈萨克自治州。

〔7〕一九五三年六月十一日，毛泽东主持召开中共中央政治局会议讨论决定新疆民族自治区成立时，名称定为新疆维吾尔自治区。

〔8〕这里指一九五三年四月十三日中共中央复电新疆分局并西北局，称中央基本同意新疆民族区域自治实施计划（草案），并提以下意见，请参照执行：一、在新疆推行民族区域自治，是一件极为重大的政治任务。因此，必须加强党的领导，充分做好准备工作。二、在推行民族区域自治及有关民族政策的宣传教育过程中，必须强调贯彻爱国主义教育。三、维吾尔族在新疆如同汉族在全国一样，是其他各兄弟民族的主体民族。因此，必须使维吾尔族干部如同汉族在全国范围内团结、帮助和照顾各少数民族一样来团结、帮助和照顾新疆境内的其他民族。

加强监察工作，发动群众监督*

（一九五三年二月二十五日）

任何一个部门的工作出现错误，不仅会造成这个部门的损失，而且会影响到几个甚至几十个部门的工作，计划经济的特点就在于此。这就要求所有的环节都要把工作做好。过去我们许多工作人员只凭政治积极性和良心办事，许多人确实诚心诚意地办事，有时却把工作做坏了。那时我们还不是那样专责，影响不太大，还可以补救。有的没有经验还可以原谅，有些只能作为经验教训进行检讨。今后必须要联系到法律、纪律，要明确分工，各有专责。有专责就应该把工作做好。有些共产党员认为党的纪律可以遵守，对国法却不重视，这是错误的。国家利益与党的利益是一致的。今后要做好事情，不能只凭良心。良心是要的，但单凭良心办事不行，要保证不出乱子。我们监察工作人员要有嗅觉，目前主要是对付那些自称有良心而把工作办坏了的人。纪律是一个鞭子，鞭策国家工作人员把工作做好。这就要加强监察工作，发动群众监督。国家监察工作则是政府内部的监督。做好监察工作就是一个保证。缺了这个保证不行。加强监察工作就是加强反对官僚主义、命令主义和违法乱纪，提高国家

* 这是邓小平在第二次全国监察工作会议上讲话的一部分。

工作人员的责任心，培养他们的纪律观念。官僚主义、命令主义和违法乱纪，不坚决反对是不行的。应该说现在官僚主义、命令主义和违法乱纪现象比过去少一些，但这些现象还非常严重。这些严重情况过去也是存在的，只是过去没有完全发现，现在发现了就是进步。现在注意了这个问题，群众觉悟了，告状的人也多了。如果群众对坏人坏事都敢说话，那我们国家各方面将有更大的进步，坏人坏事就存不住了。因此，在所有的工作中都要提到反对官僚主义、命令主义和违法乱纪。

监察工作要发现、揭露、处理官僚主义、命令主义和违法乱纪这些问题的任务是很大的，做好这些工作是不容易的。你们提出充实机构、增加一千多人的要求是合理的，但这个问题要等到五月间全国编制会议上研究解决。这次会议总结了过去的经验，就现有力量也可以把工作做得更好。

做好监察工作要有两个支持，党政领导机关、领导同志的支持及自己支持自己。单有一个支持不行。如果只有领导支持，自己站不起来，只等人家支持，是不行的。首先是看你自己是否坚持原则、站稳立场，对坏人坏事敢于斗争。有人说同级领导包庇犯错误的人怎么办？你可以给他提意见，如果他不理，可以往上级报。如果省包庇专署，你提出意见他还不理，可以报到中央来。同时还有党的纪律检查委员会的支持，问题总是可以解决的。过去党政领导支持不够是事实，但也要检查我们自己，我们要用工作来争取支持。毛主席说要会做宣传，下级对上级也要会做宣传。

最后谈谈干部问题。监察工作是找缺点的，如果不找缺点，还要监察机关做什么？监察工作是专门处理违法失职、坏人坏事的，这是积极的重要的工作。当然我们也要发现好人好事，在监察坏人坏事中去发现。我们不要怕得罪人，自己的脚要站稳。官僚主义者、命令主义者和违法乱纪分子对我们是会不满意的，只要我们做得周到，他们没有话讲。当然，我觉得监察干部增加数量是需要的，但质量很重要。质量好是主要的，尤其政治质量是主要的，监察机关现有不合格的干部还应调做其他工作。监察机构应该逐步完备起来，首先是基本建设，干部一步一步地配备，不要心急。监察通讯员的质量也应好些，一定是积极分子，作风正派，经过群众选举。监察通讯员是监察工作很好的武器，是政府的耳目。他们反映的问题，很好。但是，通讯员只能告状不能处理问题。监察通讯员的权力又大又小，大到谁犯错误都能告，小到任何问题都不能处理。现在监察机关有威信，但监委要注意处理问题不要粗糙，要自己支持自己，使监委能起更大的作用。

要研究救灾的各种基数和具体标准*

（一九五三年三月三日）

应研究一下三年来救灾经验，大体定个基数，如每年按灾民两千万人，每人平均每天半斤粮食，救济四个月计算，作为国家救灾费的总基数，再按不同的灾情定不同的救济标准。救济采用集中发给的办法，这样可使灾民有力量搞点生产，不搞零碎救济。

对于今年的灾情，如按前述标准及预算中已定的数目，再加上地方分到的机动粮，大体可以解决，不需要追加。

由内务部即召集有灾情的省及县的一些同志，召开小规模的会，研究救灾的各种基数和具体标准，并具体解决今年的灾情。

---

* 这是邓小平召集有关方面负责人研究救灾问题时谈话的一部分。

做好基层选举工作*

（一九五三年三月八日）

这次内务部召集会议讨论普选问题，大家提了很多意见。昨天我又与大区的负责同志谈了一次，交换了一些意见，现在谈一下选举问题。

一、选举工作的具体要求。

选举是一件很大的事情，我们国家从来没有做过。过去老解放区虽然搞过选举，但现在与过去不同。过去的选举一般不能叫普选，这次是普选。《选举法》对选举的过程和办法都做了规定。

《选举法》的通过和公布，在我们国家的政治生活中，是一件具有重大历史意义的事件。如果说我们国家刚刚开始的第一个五年建设计划标志着我国经济、文化发展的新阶段，那么，《选举法》的颁布则标志着我国人民民主政治发展的新阶段，是划时代的。为什么？因为我们的选举制度充分发扬了民主，使人民民主专政更加巩固，使人民政府与人民之间的联系更加密切。只有在充分发挥人民积极性的基础上，才能更好地完成国家每一项具体任务。

---

* 这是邓小平在中央选举委员会第一次会议上报告的主要部分。在这次会议上，邓小平被任命为中央选举委员会秘书长。

根据《选举法》，我们要做很多工作，但有些《选举法》上没有写的也要做。第一件工作是人口调查登记。全国到底有多少人？过去的说法是四亿五千万，现在的说法是五亿六千万，应该做一个调查。我们如果连人口的数目都搞不清楚，如何搞计划？所以说，人口调查登记工作是经济建设的基础之一。第二件工作是选举工作要结合反官僚主义、反命令主义和反违法乱纪。

我们是一个很大的国家，选民约有三亿五千万左右。这样多的人，这样大的事，选举任务是很繁重的。《选举法》的规定是比较概括的，是为了简便易行。其实无论怎样简便也要全国动员。苏联的《选举法》就比我们具体，因为他们有基础。另外，我们这次选举正赶上农忙季节，所以中央和省、市在考虑加条件时，注意不要繁琐。因这里一动，底下就是个全体动员。今天如果想要搞得很完备，那就是打算行不通。

这次选举要实现的目标主要是三点：第一，把人口调查清楚，把选民登记清楚。这两项工作要一次做完，不能分两次做。第二，结合“新三反”〔1〕。农村中主要是结合反官僚主义、反命令主义、反违法乱纪，把坏分子、违法乱纪分子和犯有严重的命令主义错误而为人民群众所极不满意的分子，从各种基层组织的工作岗位上剔除出去，把人民群众所爱戴的联系群众的人选出来。这次汇报中说有些不好的干部在恐慌。他们应该恐慌，否则这次的选举就没有意义了。第三，参加选举的人不能少，要做到最大限度地动员选民参加投票。一定要有相当大数目的选民参加选举才能与我们国家相称。这次参加选举的选民数目要公布，不能造假。所以一定要动员最大多数的选民参加选举。

以上就是这次选举的三个要求。我们整个的工作都应该围绕着这三点进行。在整个选举工作中最麻烦的是基层单位的选举（乡、镇、市辖区和不设区的市）。而基层单位的选举最繁重的就是刚才讲的三件事。所以一定要做工作，要组织好，宣传工作也应该围绕这三点进行。但不能在选举工作中搞命令主义。

下面再具体说一说。

第一个要求，人口调查与选民登记要结合起来一次做。

怎样做？首先要划定选区。选区要结合人口与居住的自然条件划分。先划选区的好处是简便易行，省去好几道手续，否则会浪费很多时间、很多人力。其次是设立调查登记站。有人提出是否可以采取挨户登记的办法？不行。选民的登记是与选民资格的审查同时进行的，采取挨户登记的办法无法进行审查。要采取调查登记站的办法，就是每个站有一个选民资格审查小组。审查小组是由选举委员会组织的，并吸收当地的积极分子参加，一边登记，一边就确定是否有选举权。有选举权的就当场填发选民证。做法是放两张桌子，一张桌子办理人口登记，一张桌子办理选民登记。每户来一两个人就行了，先办好人口调查登记，再办选民登记。登记的人都让他们一个时间来，这样大家面对面地一讲，就可以确定谁有选举权、谁没有选举权。当然一定会有当场搞不清的。搞不清的只是个别的人。搞不清的怎样办呢？可以带回去研究后再补发榜。调查登记站距离选区不会太远，对选民来说也很方便。当然亦可能有更好的办法，但总的来说，手续一定要简便易行。我们可以多动些脑筋，多做些准备工作，千万不要让几亿人的脚动得太多。尽量争取一道手做好几件事。

第二个要求，与反官僚主义、反命令主义和反违法乱纪相结合。

这次选举，是以选举为主，结合“新三反”。怎样结合？与选举有关的要结合。譬如第一个关就是选民登记。过去在确定有无政治权利这项工作上或多或少地存在着宗派、公报私仇等现象，结果把一些不应剥夺政治权利的给剥夺了，也有的是应该剥夺的没有剥夺。假若一个地方的选民权利被剥夺得太大，这里面一定有问题。另外一个关是讨论候选人，一定要展开批评和自我批评，要结合“新三反”。候选人的提名是很重要的，一定要充分表达人民的意见。赞成哪个，不赞成哪个，为什么赞成，为什么不赞成，要很好地把人民的意见搜集起来，否则不是命令主义就是形式主义。只有把这两件事做好了，才能最大限度地争取选民参加选举。我们的工作也应该在这些主要环节上多用些功夫，要多宣传，多解释。

二、选举时间安排与选举的组织工作。

这次的选举，要有足够的时间。原来想用三个月的时间把基层选举做完，现在看，不能不把时间拖长些。昨天和各大区的负责同志交换了意见，大致确定：基层选举准备用半年的时间，即从今年五月到十月。如果时间不够，恐怕办不好。说基层选举准备用六个月的时间，是指全国范围说的，并不是一个乡的选举就要用六个月。一个乡的选举最少要四五十天。一个县，有的多到三百多个乡，有的只有几十个乡，平均每县有一百多个乡。一百多个乡的县的乡选，分批做，如布置得周到，能做得好。一般的县，三个月就可完成乡的选举，时间再拖长，对县本身也不利。作为一个省来说，有的省在今年春耕前才完成了土地改革，当然可晚些进行选举。这样，县选可以在十一月进行，省选可能在十二月进行。因为中央人民政府委员会决议〔2〕决定要在今年召开省、县、乡三级人民代表大会，因此，我们的一切工作都要为在十二月召开省人民代表大会做准备。

以上讲的是时间的安排，有了这样一个时间的安排，就可以使大家心中有数。实际上，时间是很紧的。县人民代表大会名额分配，要在乡选中确定（因为乡人民代表大会要选出席县的人民代表大会的代表），其中还要注意民族的名额、妇女的名额及其他方面，这些又需要事先布置。因此，县人民代表大会虽开得晚，但召开县人民代表大会的计划送到省里去批准的时间要早。

要特别提出的是，不能因为选举耽误生产，这就需要准备得非常周到，不要因为技术问题（如领发表格、款项及制发印章等等）而耽误时间。对选民来说，一定要让他们花的时间少。一般选民至少要花两个整天时间：一天进行人口调查，办理选民登记；一天开选举大会。此外，各个选民小组（这种小组是临时性的，基本上按照地区划分）可能开一次或两三次会。因为有两件事：（一）选民名单如果有疑难问题，人民法庭、选举委员会可能找他们议；（二）要讨论候选人名单。讨论候选人名单的会一定要组织得好，不要开得太长。如果一个人耽误一小时，几亿人就耽误几亿小时。选举本来是一件好事，但在时间上要节约，不要搞得大家不耐烦。比如宣传问题，本来一句话就可以说完，偏要说十句话。宣传一定要搞，但也要节约时间，也要有准备。又如，过去有的地方敲锣打鼓，用牲口接送代表，这一次不但不要提倡，而且要禁止。不要搞这些没有意义的东西，统统取消。

总之，一切的方法都要简便易行，使大家不觉得麻烦。要做到这一点，首先是县的选举委员会要准备好，因为做好这一次普选的关键是乡选，而做好乡选的关键又在于县的组织与领导。因此，县的准备工作，一定要做得非常周到。要计划好需要多少做选举工作的干部，多少指导选举的，多少做技术工作的，要交待清楚政策，要进行填表方法的训练。还要事先拟好每个乡的选举委员会的名单，确定好每一个乡的人民代表大会代表的名额，准备好表格、印信等等。派下去的工作组，把这些东西一起带下去，免得再往返耽误时间。乡代表选出来了，一定要把每一个乡应该选的县人民代表大会代表名额拿下去（当然，也可能是乡人民代表大会的第一次会议只选乡人民政府委员，不选县人民代表大会代表）。所以要布置得非常周密，才可能办好。

总的来说，选举时间看起来很长，实际上很紧。因此，准备工作要做好，方法要简便易行，而其关键在于县的领导，这就是选举的组织工作。

三、选举权问题。

现在已经起草了一个关于选举权的“问答”，大家也讨论过。但这不够，还需要各地提出他们在实际工作中所遇到的问题。现在规定了一个章程，就是以后对所提的问题必须自己写好答案。因为中央对这些问题不可能考虑得那么多，那么周到。有些问题，就是有答案也解决不了。例如，有人提出地主的兄弟、子女有没有选举权，这就很复杂，就要看具体情况。《选举法》的说明只说了“没有参加过直接剥削而又完全服从政府法令应给以政治权利”，具体到某个人，要看群众的意见。当然，我们要有一定的法律，但还要看群众的意见，群众看问题往往看得很清楚。这就是说，有了“问答”，可以解决一些原则问题，应该以此为据，不能违反这些规定。但具体情况复杂得很，单单靠条文、“问答”是说不清的。大家提了很多问题，一般都说这个“问答”太条文化、太笼统了。中央选举委员会只能写这样原则性的东西。中央规定得过于具体了，对一部分情况照顾得很周到，可能对大部分情况反而照顾不到。

选举权问题中，最大的还是清理管制分子问题，现在各地已在清理。在选举前做好这件事是非常必要的。比较复杂的是城市中的问题。地主到了城市，有各种不同的情况：有的原来在城市中兼营工商业，或当教员，就是按工商业者或教员算，这没有问题；有的没有固定的职业，就难办了。例如，有的当摊贩，这也可叫参加劳动吧，参加了五年，就可改变成分。

总之，关于选举权的问题，的确应很好地研究一下。有的有了答案的，也不见得完善，也可能有毛病。你们看到解释得不够或不对的地方和行不通的地方，可以提出，将来还可以补充修正。

四、提候选人和选举代表的问题。

候选人由什么单位提？提了如何讨论？应该说明的是，候选人不是由选区提的，而是由乡选举委员会主持提名的。乡选举委员会找农村中的共产党、青年团、合作社、农会、妇女会等组织的代表，对所在选区应选多少代表共同协商后，由这些团体联合提出候选人名单。民主党派在农村是没有的，所以在基层的人民代表大会的选举中，一般不涉及民主党派的问题。提出来的候选人也可能有的不是这一选区的人，在农村中这样的情况不多，但如果有就要向选民说明道理。如果一个选区只要两名代表，结果提了五六名候选人，这就要进行讨论，定出最后候选人的名单，实际上就是一次预选。应该选出多少代表，就相应地提多少名候选人，这是一个原则。候选人必须有到会选民的半数以上的票数，始能当选。按照《选举法》的规定，选民可以单独提名，也可以不选候选人名单上的、选自己愿意选的人。应该让选民自由表达自己的意志。

一个乡所选举出来的人民代表大会代表，一定要能够代表各阶层，有广泛的代表性。首先，妇女代表要占一定的比例。对于这一点，中央选举委员会将再研究，加以规定。究竟妇女代表名额的比例应占多少？我想最少应该有百分之十五到百分之二十。乡选举委员会要注意这一点。有二十名代表的乡的人民代表大会，其中至少要有三四个妇女代表，也可以到六七个。一个乡的人民代表大会中，没有一定的妇女代表名额，能说这一代表大会具有代表性吗？当然不能。我们不是说妇女占总人口的一半，因而就应该有一半的代表名额，但适当的比例是必要的。苏联的基层苏维埃代表中妇女的代表名额占百分之三十几，我们也应加以规定。

在基层的选举中，首先，共产党员的名额不能太多，最多不能超过三分之一。在代表大会中，如果只有不到三分之一的党员，有三分之二以上的非党员，代表们就比较敢发言、敢提意见、敢展开批评。多听一些批评和意见，这对我们党员来说是有好处的。现在一些强迫命令、违法乱纪的还不是共产党员吗？在县的人民代表大会中，党员的名额，我想最多也不能超过三分之一。

其次，干部的名额不能过多，不能把人民代表大会变成干部会。我想最多也不能超过三分之一。脱离生产的干部和不脱离生产的干部的界限应该划清。不脱离生产的农民、工人、教员、工商户，这些人的比例应该大些。除了乡长一般是乡人民代表大会的主席外，其他没有当选乡人民代表大会代表的，可以选为乡人民政府委员会的委员。在选举县的人民代表大会代表时，也可以选不是乡人民代表大会的代表。这样代表联系群众的面就比较广泛。

农村中也有阶层问题，比如说有中农，有知识分子等。因此，联系面要大一些。富农当选是比较难的，但如果选了出来，总不能说不行。总之，不能全都是贫雇农。一个乡中间如果住上几十户回民，如果这个乡的人民代表大会有十五个代表，总要有一个回民代表才行。如果这个乡的回民住户不少，那就应分配适当的代表名额。对于代表大会的代表性够不够、联系面广不广、应该提哪一些人为候选人，包括妇女问题、党与非党问题、干部与非干部问题，领导都要事先考虑好。人民群众能否提意见，主要看领导能否发扬民主，看选出来的人是不是好的，有没有代表性。有些少数民族，虽然地区分散，但是也应该给予一定的代表名额。《选举法》对少数民族、华侨等都有特别的规定，分配适当的代表名额。至于党与非党、干部与非干部这些问题，在法律上是不能规定的。要解决这些问题，主要就是看领导工作做得好不好。

五、经费问题。

经费由中央统一分配，控制到省（市）。省（市）以下由其自行支配。如个别地区情况比较特殊，比如东北、西北有些地区辽阔、人口分散、分配的经费不够的，可以提出来，增加一点是可以的，但不能漫天要价。大家可计算一下：一个有二千人的乡需要多少经费，一个县需要多少经费，在保证做好选举工作和节约的原则下拟出一个数目。现在究竟应该用多少钱，中央还未最后确定。

六、干部问题。

干部如何调配，由省自行解决，中央是没有多少人可以抽下去的。乡干部可多用一些，但不能在本乡工作，应该回避。

有些同志提出选举委员会的干部不够，要求增加编制，这一点肯定不行。事实上选举工作单是民政部门也搞不起来，要和有关方面取得配合，组织办公机构。至于领导问题，应由当地党委和政府部门负责。

基层选举工作做得好不好，决定于县的准备工作，这一点应该和县说清楚。县的准备工作，第一件是要研究整个工作如何做。全县有多少个乡，需要多少人、多少时间，做出计划，安排日程。第二件是要讨论怎样分配干部下去。一种干部是指导选举工作的，一种是搞技术性工作的。有的人认为三个区一个人民法庭，恐怕管不过来。这就要看组织、计划得如何。人民法庭工作做得好不好，主要是看它的工作方法和对案件处理得如何。

县在计算干部、拟定计划后，就可开始办训练班。因为选举时间有限，训练班的时间不要太长，文件也不要太多，三天或一个星期，可根据情况自行考虑。

搞典型试验，不能一次只搞两三个乡。如果这样就浪费时间、人力了。所谓典型试验，就是领导干部直接下去，可以分为二十几个工作组，搞二十几个乡，也可以叫作第一期。搞完这一期，第二、三期就有办法了。典型试验现在还不能进行，要等中央的文件下去以后。

关于人口调查的宣传问题，有人提议应把兵役包括在内，这是不对的。这次人口调查，首先最主要的就是要知道全国到底有多少人，其次要知道男性有多少、女性有多少，第三是年龄的情况，第四是民族。

乡只负责填表，至于统计，一律放在县，因为每一县至少有一所中学，人也比较集中，工作可以放重一些。县的综合工作做好了，省的汇总统计就比较容易了，到了中央就更容易了。

这次的工作，主要是放在县，专署的力量应该充实到县去，加强县的工作。

注　释

〔1〕“新三反”，指一九五三年在全国范围内和各级党政机关中开展的反对官僚主义、反对命令主义、反对违法乱纪的运动。

〔2〕这里指一九五三年一月十三日中央人民政府委员会第二十次会议通过的《关于召开全国人民代表大会及地方各级人民代表大会的决议》。

关于高等学校教学改革问题*

（一九五三年三月十三日）

这个报告总的精神是收缩的。即使收缩，也还是积极的，是有计划、有办法、有步骤的。所以，报告的总精神是对的。

在教育方面，需要人才的量多于供给的量，不相适应。高等教育部的工作，一方面要根据需要，一方面要根据可能，同时还需要超过些。高等学校教学改革中的问题，总的来说，是由于没有经验、任务紧、工作中的盲目性所造成，盲目性多是由于过分积极而来。我们国家落后，要积极，要赶。不积极、不赶不对，但积极过分、不顾可能也不对。原来的计划对需要是照顾了，但忽略了可能。就质和量来说，质是重要的，但工作无人做，质也就无法提高。质和量是统一的，要通盘计划。高等教育过去偏重需要、忽视质量的提高不对，但如果今后只顾可能、忽视创造条件增加数量也不对。不仅高等教育部，各方面都有此问题，下面的强迫命令，多半是上面的官僚主义造成的。

用苏联经验会一下子用不通的，需要从思想上动员，结

---

* 这是邓小平主持政务院第一百七十次政务会议听取并讨论通过《关于目前高等学校教学改革情况与问题的报告》后的总结讲话。

合实际。俄文是一把钥匙，一定要提倡学，但不要勉强。消灭俄文文盲的口号是错误的，要纠正。

救灾工作既要有计划又要主动*

（一九五三年三月二十日）

在幅员辽阔的中国，救灾是一个大问题。是否今年的春荒比过去严重呢？不是。过去财政还没有统一，各级都有钱，很多小灾都没有向上报，在县里、省里或者大区就解决了。现在财政统一，所有灾情都报上来了。所以，不能说今年的春荒比过去的还厉害。今年的春荒有特殊原因，主要是去年发生了寒流，冻坏了很多红薯。

我国为什么年年有灾？而且年年有那么多的灾呢？第一，中国那么大，全国丰收，也一定会有灾区。因为我们现在是靠天吃饭，老天爷总不会都照顾到，对山地好些，对平地可能就差些；对平地好些，对山地可能就差些。第二，我们有很大数量的地区是贫苦山区。这些山区下雨多些生活就好过些，一旱就没有办法。这样的地方不少。

我们一定要把救灾工作的规律摸清楚，做到有计划，做到主动。如果没有大的灾荒，在中上等收成的年份里，全国也会有灾民两千万左右。每个灾民需要多少粮食，应该有计

---

* 这是邓小平主持政务院第一百七十一次政务会议听取并讨论批准《关于目前灾区情况及预防春荒的报告》后的总结讲话。

算。这样就可以主动地准备好救灾的粮款，就有了把握。过去总是要价还价，零零星星，结果造成浪费。

在救灾工作上，我们还是做了事的，我们是有灾必救，所以死的人很少。因此，农民们才信赖人民政府。

对于灾民的生产自救，过去主要强调搞副业，这样的提法现在要改变。因为那时我国工业不发达，因此提倡搞副业，不仅能救灾，而且有市场。但现在情况不同，贸易部门积压着大批资金，如再让收购这些没有销路的副业产品，不但不能解决问题，反而增加很多麻烦，因此不如多发些救济费更好。是不是所有的副产品都不能收购呢？也不是，这可分为三种情况：（一）真正没有销路的，如粉条之类，肯定不能收购。如果灾民实在无法生活，倒不如救济。（二）能够找到销路的，我们不积极找那就错了，这就是我们党政机关的官僚主义。贸易、合作社部门如不积极地去为副产品找销路，那就犯了错误。（三）有销路，但要压一时才能销。对这一类，在灾区应该收购，因为收购了，压一压还可销出，总比单纯救济好。不能强迫贸易、合作社部门收购第一类副产品，但第二、第三类副产品，有些地方也许解决得不好，那就需要很好地解决。今后在生产救灾中，还应着重于农业，如种些菜，种些早熟作物，过了这一关，争取下一关好过一些。

报告中提到的具体问题都需要解决，这些问题与许多部门有关，需要与各部门商量解决。否则，你踢过来，我踢过去，那还不是官僚主义？如相互商量了还不能解决，可报财委、政务院解决。

救灾工作不能慢，因为每年有一两千万灾民等着救济。

人民为国家缴那么多税，这些钱就是用之于民的。在人民有了困难时，政府就应该帮助。

搬运业必须有统一方针*

（一九五三年三月二十五日）

首道、若愚〔1〕同志：

关于搬运公司将搬运工人全部包下来并实行固定工资制的问题，必须有统一方针，才好传达下去。所以，原搬运工会及交通部两个报告，都以不转为好。此事请你们（王首道负责）约集有关同志讨论一下，由交通部及全总两党组向中央作一专门报告，提出统一的方针，尔后由中央批示下达。邓子恢〔2〕同志的意见，请你们注意研究。

邓 小 平

三月二十五日

注 释

〔1〕首道，即王首道，当时任交通部副部长、党组书记。若愚，即赖若愚，

---

* 这是邓小平写的信。按此信的要求，四月二十四日，中华全国总工会和交通部两党组联合向毛泽东并中央提交全国搬运业的情况及今后组织领导问题的报告，提出必须加强国营运输工具的经营管理与对私有运输工具的组织领导，提高运输效率，降低运输成本，合理地调整运价，逐步地改进运输工具。五月十二日，邓小平为中共中央起草了批转这个报告的电报。

当时任中华全国总工会秘书长。

〔2〕邓子恢，当时任中共中央农村工作部部长、政务院财政经济委员会副主任、国家计划委员会副主席。

监察机关是有权威的重要机关*

（一九五三年四月十日）

今年监察机关工作是搞“新三反”，即反对官僚主义、命令主义和违法乱纪现象。检查的重点是经济部门、工矿企业。监察机关是国家一个有权威的重要机关。没有它，新社会的风气便不能树立。

在目前干部力量不足的情况下，这个部门的工作在今后一两年内是不宜过快发展的。因为担任监察工作的干部人选一定要选得恰当，不能滥用。现在监察机关的工作只能搞重点，即检查经济工作。其他工作只能推迟几年再做。今后如果要加人，也只能加到工矿企业去。因为那里的经济建设搞不好，就是几千亿元[1]的损失，比起一个乡村因违法乱纪而造成的损失要大得多。

苏联革命成功后，就设置了两个机构：一个叫检察署，一个叫监察部（与我们的监委名称不同）。我们的监察机关在最近几年内虽然还不能很快地发展起来，但是再过几年之后，它一定会得到发展的。

---

* 这是邓小平主持政务院第一百七十四次政务会议听取并讨论通过《关于一九五二年下半年监察工作要点执行情况及一九五三年一月至六月监察工作要点的报告》后总结讲话的一部分。

注 释

〔1〕这里指旧人民币。见本卷第17页注〔1〕。

解决农民盲目流入城市问题*

（一九五三年四月十七日）

这个《指示》主要是两条：第一，不能乱招工人。各建筑单位乱招来的，现在不需要，就由各该建筑单位负责处理。第二，不能乱开介绍信。凡县、区、乡乱给农民开了介绍信到城市后又找不到职业的，由县、区、乡负责动员农民还乡。

发这样一个指示，就可以解决农民盲目流入城市的问题，不发就不能解决。如果再牵涉到农村剩余劳动力问题，就要全面考虑，从各种不同角度去解决。

* 这是邓小平主持政务院第一百七十五次政务会议讨论并通过《政务院关于劝止农民盲目流入城市的指示》时讲话的节录。

出国考察后要做好宣传介绍工作*

（一九五三年四月二十四日）

过去我们有很多的代表团出国考察回来以后，工作就算结束了，往往把回国后对兄弟国家的宣传介绍工作忽略了。因此，人家对我们这一点是有意见的。我们必须认识到，出国考察只能说是工作的一半，更重要的一半是回国以后的宣传介绍工作，把在国外考察的情形介绍给国内的人民。因为文化交流不单单是几个人之间的交流，应当是两国人民之间的交流。要做好介绍工作，举办报告会是一个办法，但主要的是可以按国家或问题写文章，向国内广大群众进行宣传介绍。考察团从国外带回来的材料，也应当整理一些在报纸上发表。中国虽然有五千多年的历史，但总还是落后的。以踢足球为例，我们中国就比不过匈牙利。

今后，凡是出国的团体也都要照着上述的办法做。

这次考察团在国外的活动怎么样，也应该做一次检查。在国外，我们的同志是否表现了一种大国气概？对人家是否不够尊重？据说，过去有些出国的同志，虽然人家把我们招

---

* 这是邓小平主持政务院第一百七十六次政务会议讨论并批准《关于对东欧各人民民主国家文化教育考察的报告》后的总结讲话。

待得很好，但还是觉得不满意，有时就犯点“态度”。人家替我们安排好了的日程，我们的同志竟然可以不按时出席。像这种情形，不知道考察团犯过没有？希望检查一下。

清理邮电系统要害人员是重大政治工作*

（一九五三年五月十日）

各中央局、分局，各省市党委：

《政务院关于执行中共中央〈清理邮电系统要害人员以确保党和国家机密指示〉的决定》，业经中央批准，除由邮电部门直接下达外，兹发给你们，请据以领导和检查邮电部门对于这个决定的执行。全国邮电系统情况非常复杂，而该部门的政治领导又历来薄弱，像清理要害人员这样重大的政治工作，如果没有各级党委的就近领导和各级公安部门的就近帮助，是做不好的。因此，各级党委应指定专人负责联系邮电部门，明了其情况，并及时地给以具体的指导。至于该部门所需干部，亦望各地党委按照实际情况予以可能的帮助。

中　央

五月十日

---

* 这是邓小平为中共中央起草的电报。该电报于五月十四日发出。

把扫盲工作做得更好*

（一九五三年五月二十二日）

这个时期盲目冒进不单单在扫盲工作中有，像农村中组织生产互助组和实行公费医疗等方面也有。这些事都是好事，因此才容易冒进。冒进了只有退一步，退一步可以发展得更平稳。这个文件总的精神是把扫盲工作做得更好。这是带有方针性质的改变，是一个重要的问题。

---

* 这是邓小平主持政务院第一百七十九次政务会议听取并讨论通过《关于扫除文盲的工作报告》时讲话的节录。

要迅速纠正农业税征收中的错误*

（一九五三年五月二十五日）

一

由于各级党委和财政机关的努力，在困难的条件下，保证了巨额公粮征收任务的完成，成绩是很大的。但是，在过去农业税的征收工作中，存在着如同财政部报告中所列举的那些严重的缺点和错误。这些错误的产生，除了任务大、干部弱、工作基础差等原因之外，很大一部分是由于多年以来，我们不少同志往往只满足于数目字的完成，而忽视了对于农业税政策方面的检查，以致发生了许多违反政策、损害农民利益的事件。这种情况，不但已经引起了农民的不满，大大地损伤了农民的生产积极性，而且滋长了干部不关心群众疾苦和强迫命令的脱离群众的恶劣思想和恶劣作风，使党和人民政府的威信，受到不小的损害。

---

* 这是邓小平审改中共中央《关于彻底做好农业税征收工作的指示》稿时加写的文字。

二

在尖锐的对敌斗争中，农民对我们这些错误和缺点还是抱着忍耐和原谅态度的。

三

彻底地迅速地纠正我们在农业税征收工作中的错误，改善我们与农民的关系，是各级党委在一九五三年征收农业税工作中必须完成的任务。

加强邮电部门的政治工作和思想工作*

（一九五三年六月一日）

我们全国有十三四万邮电工人，要注意政治工作和思想工作。过去我们也做过一些，但是做得是很不够的。过去，邮电部门的分散主义上下都有责任。部里过分集中，下边也应当争取上门。如果应该上门的事，而以“垂直系统”来做“挡箭牌”，也是不对的。

“政治领导归工会”的说法，是明显的工团主义的错误思想。应该说政治领导就是党的领导，不是“政治领导归工会”，而是对工会要加强政治领导。过去我们不懂得，现在知道了，就要改正。

加强政治工作，要发扬群众的积极性、创造性。过去我们所犯的错误，一定有许多人是不满意的。十三四万邮电工人中不会没有人认为这样做是不对的，其所以没有人提出来反对，是因为缺乏思想工作和政治责任心，只觉得这些事很糟糕，摆摆头算了。团结技术人员的问题，也是思想工作问题。有些技术人员觉得与行政干部之间还有“鸿沟”。所谓团结一致，是政治思想上的一致。邮电工作是技术工作，只

---

* 这是邓小平在第二次全国各省区市邮电局局长会议上的讲话。

有政治和技术密切结合，才能办好事情。比如打电话，服务态度好不好是政治思想问题，电话机件有没有毛病、好用不好用是技术问题。只是服务态度好，而电话老是打不通也不能使人满意。对待技术人员，一定要把思想问题和敌我问题区别开。对于思想问题，要团结改造，使他们成为人民的技术人员，对国家和人民能有更多的无私的贡献。思想上一致了，就会靠拢党，“鸿沟”就会消除的。马列主义的思想是无私的。如果有的技术人员有资产阶级思想，不愿把技术全部贡献给祖国，我们就要热情地帮助他们，团结和改造他们。如果对那些没有反革命活动只是有思想问题的人采取敌我斗争的办法，这是错误的。对于思想问题，事实会使他们逐渐改变的。思想转变是要有基础的，首先我们的方针要明确。“鸿沟”能否消除责任在于领导。如果我们天天只是计算着人民币，只看到超额利润和增员数目字，而把这样的思想工作放在一边不管，自己的队伍还没有整理起来，工作是做不好的。特别是老干部、领导干部要注意这一点。

注意上门，注意深入地检查工作，注意做好政治思想工作，这三点做好了，工作就能做好。数目字本身只是问题的一方面，有许多事情从数目字上是看不出来的。

附带讲讲干部问题。有些老干部是从红军时代老三局〔1〕干起的，他们很刻苦，很努力。对于这一部分同志，有一个任务，就是他们要去发现培养有能力的德才兼备的年轻的新干部做助手，不要光看资格。这里有两种情况：一种是善于发现人才做自己的助手，把工作搞好；另一种是不会发现培养人才，只在几个老干部的小圈圈里打转转，工作平平淡淡。资格不要自己称，人家也承认。有的同志说自己“能力弱，不懂技术”，但是他能团结人，能发现有本事的人去担负工作，能培养新干部。这样的人，我就不承认他“能力弱”，这是很有本领做领导工作的。能发现人才，做好工作，会用有本事的人，就比那些自以为只有一九三几年的干部才有本事的人强得多。资格是谁也不否认的，问题要弄清楚“德才兼备”，“资”就表现在“德”里面，如果说只有“德”而办不好事情，那么你的“德”又在哪里呢？也要勤上门，找领导，克服过去脱离党和政府领导的错误。这次你们来开会，就是上门，以后再来开会的时候，主要的要检查上门的情形，检查政治思想工作。

大规模的五年建设计划已经开始了。我们过去不是没有做工作，但是辛辛苦苦并不等于把工作做好了，做得不好的要赶上去。我们的建设规模相当大，这就要求我们的领导要加强，要更加集中力量，要很用心地、兢兢业业地刻苦钻研。承认自己不行的，就一定会行。我们的社会制度决定我们要走社会主义经济建设的道路。这就要求我们不要随便订章程、发指示，要多考虑，多找领导研究，避免分散主义。即便这样，尚且不免要出错误，如果各自为政地蛮干，就危险得很，会把好事办成坏事。我们讲的集中统一领导，是要分清事情的轻重缓急，把主要的问题集中起来，发现缺点，改进工作。

注　释

〔1〕老三局，指中央革命军事委员会通信联络局，一九三四年成立，亦称第三局。

基层选举工作必须在不妨碍农业生产的原则下进行*

（一九五三年六月三日）

各中央局、分局，各省市委：

关于全国选举的时间，中央人民政府原定于今年十月底以前完成，后因有些省份灾情较重，工作拥挤，要求推迟，中央选举委员会曾于五月二十日通知各地，将基层选举推迟至十二月底前完成。

对于这个问题，中央经过慎重考虑，认为今年灾情严重，麦收减产，如果没有一个较好的秋收，将使我们遇到很大的困难。因此，加强农业生产的指导，成为当前各级党委和各级人民政府在农村中的压倒一切的中心任务，凡是足以妨碍生产的事情，都以停止进行或推迟进行为有利。全国基层选举的工作，也必须在不妨碍农业生产的原则下去进行。为此，中央选举委员会办公室又专门向各省市党委征求了一次意见，各地的答复是：主张今年十月份完成的有一省四市，主张十一月份完成的有一省三市，主张十二月份完成的有七省二市一自治区，主张明年一月份完成的有四省，主张二月份完成的有六省一市，主张三月份完成的有十省二市。

---

* 这是邓小平为中共中央起草的电报。该电报于六月六日修改后发出。

据此，中央确定：

（一）全国基层选举推迟至一九五四年三月底以前完成，县（市）人民代表大会推迟至一九五四年四月以前举行完毕。省（市）人民代表大会召开时间，届时另行规定。〔1〕

（二）各省市应根据上述规定，对选举工作重新加以安排。有些省市如计划已定，不宜变更，而又不致影响生产，亦可提前完成，其完成时间自行规定之。

（三）这个决定准备提到中央人民政府委员会通过，在中央人民政府尚未通过公布之前，只作内部掌握，不要对外公布，但应告知各级选举委员会的党外人士。

中共中央

一九五三年六月三日

注　释

〔1〕根据毛泽东、刘少奇等的意见，一九五三年六月六日邓小平对电报稿进行修改，最后确定："全国基层选举一般地推迟至一九五三年十二月底以前完成，有些省市亦可根据自己的工作情况，推迟至一九五四年一月份、二月份甚至三月份去完成。县（市）人民代表大会一般地推迟至一九五四年一月以前举行完毕，有些省市亦可推迟至二月份、三月份甚至四月份去完成。省（市）人民代表大会时间，以后另行规定。"

粮食可少征多购以刺激生产*

（一九五三年六月五日）

粮食问题在相当时期内是个严重的问题。过去我们地方小，供应问题不大，现在不同了，非得有六百九十四亿斤才能保证国家的工业建设及其他方面的需要。像北京如果没有三亿斤粮食摆在那里，问题会严重得多。

过去，我们依靠公粮保证了抗美援朝、稳定物价、国家的建设。三年来的农业税起了重大的作用。今后，公粮肯定要减少。国家需要的六百九十四亿斤粮食，可以少征多购，购比征虽然困难，但可以刺激生产。像毛主席讲的“使农民能够按照自己耕地的量和质计算交税数目。农民有了这个计算，就可以计算他全年全家收支的比例，就可以放手进行生产而增加生产积极性，保证粮食的增产；政府征税时就不发生不公平的问题了”〔1〕。有人讲，我们的粮食不出口行不行？不行，不出口粮食就换不来机器、大豆。现在不是过去的农村环境，条件不同了。我们要有价格政策、必要的政治工作、必要的经济工作。

购粮的问题也很多，购粮的季节很短，只有十月、十一

---

* 这是邓小平主持政务院第一百八十一次政务会议讨论政务院《关于一九五三年农业税工作的指示》时讲话的一部分。

月、十二月三个月。这三个月要购三百多亿斤的粮食，需做很多必要的工作。所以购粮比征粮还困难。

《指示》是必要的，要发表，发表后问题不会少。乡村干部也许可以少挨点骂，购粮干部不会不挨骂。因购粮工作有任务，不能购多少就是多少，需要做政治工作，需要组织工业品下乡。这方面的问题应该看到。我们不希望出问题，但出问题是难免的。

在现在的技术条件下，生产六百多亿斤的粮食，是否很容易地就可以完成？不行，没有拖拉机是不行的。估计十年后，我们可能会有七万台拖拉机，这七万台拖拉机也只能耕种一亿四千万亩地。国家的根本问题是实现工业化，没有工业化什么都不行。只有实现工业化，才能使国家脱离贫困。农民的最大利益也要靠工业化。过去所以犯盲目冒进的原因，主要是想使国家快点实现工业化。

注　释

〔1〕出自毛泽东一九四二年十二月为中共中央西北局高干会议写的《经济问题与财政问题》书面报告。

关于选举中的满族问题给刘少奇的信

（一九五三年八月十七日）

少奇同志：

格平同志报告[1]转上。我认为报告中的下列几点是可以同意的：

（一）满族是中华人民共和国的重要民族之一。

（二）凡自认为是满族的，自应确定其为少数民族；凡不愿承认为满族的，则听其自便。

（三）在满族较多的地方，应有适当数目的满族的代表人物参加政府及民委等组织。

但是，由于这个问题在东北牵涉很大，故在做法上似应采取哪里碰到这个问题就在哪里解决，哪里没有这个问题就不要勉强提起。

如何，请转复格平同志。

邓 小 平

八月十七日

注　释

〔1〕这里指中央人民政府民族事务委员会副主任委员刘格平一九五二年八月二日就基层选举中满族问题给周恩来、毛泽东和中共中央的请示。

邮电工作既要保密又要使人民满意*

（一九五三年八月二十七日）

今年，邮电部门召开了一个全国省、市以上局长会议，开得很好。这个《指示》[1]，就是经过了这次会议充分讨论拟定的。今天，我想讲三个问题：

一、邮电部过去犯了很多错误。为什么会犯这些错误？是不是邮电系统的工作人员不艰苦努力？不是的。邮电系统的工作人员和其他部门一样，是艰苦的、努力的。那为什么会犯这许多错误呢？就是因为工作脱离政治、脱离思想领导、脱离党政的领导、关起门来办事。因为这样，也使得邮电系统有许多应该办的又可能办到的，结果没有办到。例如，现在有许多县的邮局还是租的房子，如果不是关起门来办事，在土地改革中只要向当地党政机关提一提，哪个县里能连一所房子都给你找不到呢？过去，邮电部门不向地方党政机关请示，不与地方党政机关联系，这就叫作“集中统一”、“单一系统”吗？它离上级机关远，又得不到当地党政机关的监督，常常是犯了许多错误，上级还不知道。直到现

* 这是邓小平主持政务院第一百八十七次政务会议听取并讨论通过《关于邮电工作基本情况与一九五三年下半年工作部署的报告》后的总结讲话。

在，还有许多邮局和代办所里存在着很多问题，拆信、拆汇票的现象还相当多。这类情况必须改变。

开了邮电系统省、市以上局长会议后，只有两个月的时间，邮电系统的气象已经与过去不同了。所有邮电部的同志和邮电系统十四万的员工并没有因受到了批评而降低积极性，相反，因为会议给大家指出了方向，大家的眼睛亮了，头脑清了，愉快地工作，积极性反而提高了。由此可以看出，提高大家的政治觉悟是非常重要的。两个月来，也证明了这个《指示》是正确的，我们应该批准这个《指示》。

二、邮电工作有两个问题。一是保密，因为有许多东西要经过它；二是同人民的关系非常密切。过去，绿衣人到处受人欢迎，其原因就是他们不给人家找麻烦，但我们的邮电部门却找了人家的麻烦，所以人家见了我们就关起门来。现在提出了这样的方针：怎样努力做一系列工作，既要做好保密工作，又要使人民满意。这个方针是很重要的。

三、关于保密问题。邮电部门绝大多数职工是好的，危害我们的反革命分子是极少数。有“小广播”行为的人，不一定有政治问题。我们相信大多数是好的，只要把道理讲清楚，启发广大职工的觉悟，就会认清少数坏分子。其他部门也有少数坏分子，但由于邮电部门是要害部门，所以这个问题就显得突出。

批准这个《指示》，由邮电部斟酌修改文字后再发下去。大家提的意见，由邮电部研究。

注　释

〔1〕《指示》，指邮电部《关于邮电工作基本情况与一九五三年下半年工作部署的指示》。

解决民族问题的基础是经济*

（一九五三年九月三日）

这两个文件[1]是几年来的工作总结，很好。明年还可以再出一两本。牧畜区的生产经验很重要，未搞的地区有这个文件会很得益处。

大汉族主义现在是不是得到了纠正？是得到了纠正。问题是否严重？还是很严重的。这是一个长期的斗争。解决民族问题的关键是反对大汉族主义。大汉族主义就是资产阶级民族主义，其本质不是以平等的地位对待少数民族，而是剥削少数民族，不愿少数民族进步和发展。中华人民共和国各民族在政治上、经济上是平等的，这点无人怀疑。但推行民族区域自治的经验告诉我们，要解决这个问题还需要几年。解决民族问题的基础是经济。要提高其生活水平，与我们一道前进。当经济问题一天未解决，民族问题即未能解决。

自治权利中最重要的问题是财政。地方上没有一定的财政，其积极性就不能发挥。我在西南时，西康[2]成立区域自治，当初决定财政不能由汉人负责，后来变了，还是由汉人负责。因工作同志说他们搞不来，怕出乱子，怕浪费，这实际上就是资产阶级民族主义的思想在作祟。为什么区域自

---

* 这是邓小平在政务院第一百八十八次政务会议上的总结讲话。

治刚开始时很好，后来劲头不大了。原因是没有提出新任务，忘掉了接近群众，没有从经济上帮助他们解决问题。领导民族前进是一个斗争，而斗争的方式是各种各样的。这一点，应该注意。假若民族区域自治解决后，群众生活还不能改善，他们即会怀疑区域自治到底有什么好处？在工作方面，有关各部今天都到了。民委会提的要求是合理的，大家应该注意解决。当然问题也不是一下子都能解决，应该慢慢地来。

批准这两个文件，附个命令。文件的文字请李秘书长〔3〕及刘格平〔4〕同志再斟酌一下，送总理审后登报发表。

注　释

〔1〕两个文件，指中央人民政府民族事务委员会第三次会议（扩大）关于推行民族区域自治经验的基本总结和关于内蒙古自治区及绥远、青海、新疆等地若干牧业区畜牧业生产的基本总结。这两个文件于一九五三年九月三日在政务院第一百八十八次政务会议上讨论通过，九月九日经政务院总理周恩来批准予以公布。

〔2〕西康，旧省名，辖今四川省西部地区。一九五五年撤销。

〔3〕李秘书长，指李维汉，当时任中共中央统战部部长、政务院秘书长、中央人民政府民族事务委员会主任委员。

〔4〕刘格平，当时任中央人民政府民族事务委员会副主任委员。

关于选举试点工作的报告*

（一九五三年九月五日）

一

总的来说，基层选举的必要准备业告完成，普选工作已有了良好的开端。

各地的试办工作是有成绩的，是成功的。这主要表现在：广大人民积极地参加选举运动，重视选举权利；以严肃的态度审查选民资格，做到了敌我界限分明。通过检查政府工作和干部作风，群众从本质上认识到，原有干部的绝大多数为人民忠心耿耿地做了不少事情，因而又提他们为代表候选人，选举为人民代表，这样就巩固了人民内部的团结。妇女不单大量地参加选举，还有一定数量被选为人民代表。所有选出的代表，都是群众所爱戴和信任的，并且具有广泛的代表性。据部分试点统计：选民平均占总人口的百分之五十四左右，被剥夺选举权利的平均占总人口的百分之一点一四左右，选民参选比例在百分之八十七以上，原有干部当选为人民代表的比例在百分之八十一以上，妇女当选为人民代表的比例约占代表总数的百分之二十。经过选举的地区，群众

---

* 这是邓小平在中央选举委员会第三次会议上报告的主要部分。

解决了切身问题，满足了正当要求，学习了怎样运用民主权利去监督政府工作。干部增强了积极性，基层政权的“五多”[1]现象基本上得到克服，从而达到了团结群众、教育干部、加强政府与群众联系以及进一步巩固人民民主专政的目的，出现了空前团结与积极生产的新气象。

各地试办工作之所以取得这些成绩，关键在于选举工作中充分发扬了民主，密切地结合了生产，所有干部经受了群众性的鉴别，选民资格做了严肃认真的确定。在这些主要环节上，各地都能有所创造，取得经验。农村方面先走了一步，经验比较完整。但在个别地区、个别工作阶段，由于工作人员对选举的重要意义认识不足，领会政策精神不够，工作不深入，方法不恰当，也会发生过于追求形式等缺点。可以设想，全面铺开之后，干部力量必然比较分散。如何在这一新情况下做好工作，这就有必要把已有的经验总结起来，加以巩固和提高。相信依靠群众的智慧，依靠各级党委和人民政府的领导，不断地教育与提高干部，选举工作是一定能够做好的。

二

过去一个时期所接触到的有下列几个主要问题：

第一，审查选民资格，实质上是人民民主专政下阶级斗争在选举运动中的反映。试点的材料证明，地主阶级和反革命分子蠢动叫嚣“只要给我选举权，出钱负担都情愿”，千方百计地企图窃取选举权利。农民警惕着地主阶级“生姜干死断不了辣”，斗争还是相当激烈。经过群众审查，有相当一部分地主阶级分子具备了改变成分的条件，改变了成分，给予了选举权利。对于那些虽已满五年期限但未具备条件的，则坚决地不予改变成分，亦不给予选举权利。土地改革后，几年来农民专心搞生产了，这次选举运动对他们是又一次生动的阶级教育，进一步提高了他们的觉悟程度和警惕性。广大群众也更加深刻地感到政治权利的庄严可贵，体会到人民民主专政的威力，从而巩固和扩大了人民的队伍。

第二，选好代表，以进一步密切党和政府与人民的联系，这是基层选举的主要目的之一。试点中大量原有干部被选为人民代表的事实，充分说明了绝大多数基层干部基本上是好的。他们在各种运动中立场坚定，几年来为国家完成了繁重艰巨的任务。所有好的干部，都在群众热烈爱戴中被选为人民代表。一部分作风上有些毛病的干部，经过群众的批评，再经过诚恳的自我检讨，得到群众的谅解，仍被选为人民代表。个别坏分子、违法乱纪分子和犯有严重命令主义错误而为群众所极端不满的分子则被剔除出去。还须指出，被选掉的干部中，有相当一部分是老实人，没有能力办事，为新的积极分子所代替，这也是必要的。试点的经验证明，采取先期集中训练的方式，交代政策，打通这些人的思想，上级带头检讨，推动他们到群众中做深刻检讨。这一做法是合理的，也是可行的。

第三，少数民族地区的选举，主要在使国内各少数民族达到进一步友爱合作的目的。这些地区办不办选举，必须根据当地的具体情况及早确定。在决定进行选举的地区，又必须照顾其特殊情况。例如：少数民族中世袭土官、部落上层人物、土司、头人、寺院活佛等不拘于年龄限制，非自治区所辖的专区级、区级的自治区作为一级进行选举，自治区人民政府主席是少数民族者可兼任选举委员会主席，等等，都应作为特殊问题处理。

第四，选举结合生产。试点经验已证明，只要根据当地不同的生产季节与生产活动的规律，从了解当地当时生产上的各种情况和问题入手，帮助群众战胜困难，领导做好生产工作，这就不仅可以做到选举服从生产，并能进而为生产服务，推动生产。因为群众通过实践，体会到选举和自己的切身利益密切相关，民主有丰富的内容，生产热情也就更加高了。

第五，乡、镇及县人民代表大会的代表名额，试办中已经证明《选举法》的规定是恰当的。某些地区会以不同情况要求有所增减。关于这类问题，在乡、镇中，一般应执行《选举法》的规定。个别单位人口特多，确有增加名额必要者，只作特殊情形办理。在县，则分别情况，在不抵触《选举法》的原则下解决：凡是基层单位特多，各选代表一人将超过最高名额（四百五十名）的，可援引《选举法》第十一条“人口在两千以下者选代表一人”的规定，酌情增加县人民代表大会的代表人数。凡人口特多、基层单位特少，其应选代表人数与人口不相称，甚至将不足最低标准（一百名）的，可援引《选举法》第十条“人口在二十万以下者选代表一百人至二百人”的规定，酌量增加每一基层单位应选的代表名额。

为适应大中城市人口集中、群众工作时间极不一致的特殊条件，采取按选区分段设立票箱进行投票是一种可行的方法。随着此种改变而发生的提候选人、发票、检票、开票、发当选证书等问题，均由当地选举委员会适当处理。城市郊区在必要时，亦可作为一级，进行选举。

第六，各级党委和人民政府加强对选举工作的统一领导，愈来愈证明是做好选举工作的重要保证。凡是这样做了的，对选举如何结合中心任务，如何衔接其他工作，如何调配干部力量，如何进行有关政策的掌握与指导，如何检查和督促工作，以及其他各种具体问题，都得到了及时而切合实际的处理。

注　释

〔1〕"五多"，指任务多、会议集训多、公文报告表册多、组织多、积极分子兼职多。

反偷漏税斗争不可作为一个运动进行*

（一九五三年九月十二日）

福建省委报告[1]中提到要在福州等几个主要城市有领导有重点地开展一个反偷漏斗争。我们认为反偷漏斗争是必要的，但不可作为一个运动去进行，打击面要很小，并须采用恰当的方法，善于运用工商联的组织，不要使社会上觉得又来了一次小“五反”[2]，这点是须请你们注意掌握的。

注　释

〔1〕这里指中共福建省委《关于执行〈中共中央关于增加生产、增加收入、厉行节约、紧缩开支、平衡国家预算的紧急指示〉的报告》。

〔2〕“五反”，见本卷第1页注〔2〕。

* 这是邓小平为中共中央起草的给华东局并福建省委电报的主要部分。该电报于九月十九日发出。

救灾捐募要防止强迫摊派*

（一九五三年九月十九日）

东北局：

九月八日电悉，同意你们在城市中进行一次救灾捐募运动。此次捐募的目的，在于加强城乡互助和工农联盟的政治教育，故不宜机械规定捐募数目，捐募时间不宜太长，尤应防止强迫摊派的弊病。

中　央

九月十九日

* 这是邓小平为中共中央起草的电报。该电报于九月二十四日发出。

各民族共同建设祖国大家庭*

（一九五三年九月二十九日）

今天到会的共有二百多位代表，包括西藏及其他藏族地区的各方面的代表，这是一个盛会，表现着祖国的民族团结更加亲密了。

几年来，我们在实现民族政策方面的成就是显著的、巨大的。伟大祖国的统一和各民族的团结，西藏的和平解放，汉族、藏族及其他各兄弟民族之间的平等，各民族的宗教信仰获得保护，使我们的国家成为各民族平等友爱合作的大家庭。现在，祖国已经开始有计划的经济建设。计划几年内在苏联的帮助下，建设很多规模很大的工厂和矿山，以打下国家工业化和国防现代化的基础。这是一个伟大的任务。全国各民族都应更加努力巩固祖国的统一和各民族的团结，反对敌人的挑拨阴谋和破坏活动，共同建设伟大祖国的大家庭。

西藏及其他藏族地区几年来各方面的进步和发展都是很大的，这是同西藏上层领导人爱国和藏族人民的努力分不开的，是和中国人民解放军以及进藏的汉族干部对藏族的帮助分不开的。希望今后获得更大的进步和发展。在中国共产

---

* 这是邓小平在招待西藏及其他藏族地区国庆观礼团代表的宴会上讲话的主要部分。

党、中央人民政府和毛主席领导下，继续把西藏和其他藏族地区建设得更好。

充分发挥现有各种交通工具的效能*

（一九五三年十月八日）

交通部最近召开了全国交通会议[1]，今天章部长[2]又作了关于交通工作的报告，交通会议开得很好，这个报告也很好。

我今天再讲几点：

第一，交通工作的任务很可能比我们现在想到的还多，还困难。过去并不是没有东西运，而是没有组织好。我们有五亿七千万的人民，需要运的东西很多，铁路运输力量不够，承担不起，就要由交通承担。交通工作的任务很重，而且会一天比一天重，如果工作跟不上，就会被动。

第二，交通任务很重，因此要充分发挥现有各种交通工具的效能。我们的眼睛不仅要盯着运力只有六十万吨的轮船、四百万吨的汽车，还要注意发挥木船、大车的作用。所谓效能，包括管理和改进。码头上的搬运费，比船上运费还要高，现在要统一管理，会好一些。过去搞交通工作，管轮船的情绪就高，管汽车的情绪也好些，管木船、大车的，就

* 这是邓小平主持政务院第一百九十次政务会议听取并讨论通过《关于交通工作的基本情况与今后方针任务的报告》后的总结讲话。

总觉得自己没有什么成绩，情绪不高。过去总是点交通部的名，点名没有错，交通部的成绩不小，但看不见，主要是看不见使用落后运输工具的成绩。现在我们的近代运输工具只有六十万吨轮船、四百万吨汽车。在轮船方面，每年顶多也不过增加几万吨，增加十年，也不过增加几十万吨。因此，所谓发挥效能，眼睛一定要看到这些木船、大车。搞木船、大车运输，也并不是吃不开，也同样是为了国计民生，国家缺了这一部分就不行。苏联现在也还有木船，将来我们轮船多了，有些江进得去进不去还成问题。因此，木船、大车的使用是长期的、绝不可少的。过去没有注意发挥这方面的效能，今后要注意发挥。要加强对木船、大车的管理，降低运费，使大家愿意使用，并对它进行技术改良。我国有些东西，稍改良一下，就有很大进步。现在交通部门也正在搞拖驳运输。我们近代化的交通工具，汽车不多，主要在城市，所以，在省以下的交通部门，主要的就是搞这些木船、大车，其中包括修桥铺路。

第三，运输条例是需要搞的。苏联专家认为，如果不是计划经济，没有运输条例没有关系，但是，搞计划经济，责任不分明，就会天天打架。所以他们多次提议搞运输条例。他们的意见很对。我们要搞运输条例，要与我国的实际相结合，不能把苏联的一套东西原封不动地搬进来。有些适合于我们经济建设的立法不搞不行，但在制定的时候要慎重、要切实可行。

第四，交通部、外贸部派出去的人，有的不遵守纪律，有的有大中华民族的思想，看不起人家。对此要进行教育。我们在国际关系上，只准做好，不准做坏。交通部要重新审查出国人员，如果出了乱子，不管你是否知道都要负责。

注　释

〔1〕全国交通会议，这里指一九五三年八月在北京举行的全国交通会议。

〔2〕章部长，指章伯钧，当时任交通部部长。

拥护计划收购和计划供应政策是农民爱国主义的表现*

（一九五三年十月十六日）

一

国家和粮食投机商以及农民的资本主义自发势力做斗争的结果，使农民摆脱投机者的操纵和剥削，并将加快地促进农民对于社会主义的觉悟。

二

为了实行计划供应，在城乡和集镇上必须适当配置供应粮食的国营粮店、合作社或代销店，目前尚望此项供应采购者，应在实行计划供应之前配置完毕。

三

要在大约三个五年计划内，或者说大约十五年的时间

* 这是邓小平审改中共中央《关于实行粮食的计划收购与计划供应的决议》稿时加写的文字。

内，将我们的国家建设成为一个伟大的社会主义国家，使我国由新民主主义过渡到社会主义。

四

对农民，要使他们懂得，国家工业化的建设是全体人民的最高利益，也是农民的最高利益。只有实现社会主义的工业化，才能够使国家有可能用机器帮助农民发展集体农场，以便于大大地迅速地提高农业生产率，并有可能供给农民以丰富的和便宜的生活资料。因此，大力帮助国家工业化的事业，拥护国家计划收购和计划供应的政策，乃是农民对于国家的一种重要任务，是农民爱国主义的一种表现。

为实现总路线和达到团结要多做工作*

（一九五三年十月二十七日）

我今天就讲两个问题：一个是总路线问题，一个是团结问题。这是摆在我们全党和全国人民面前最基本的问题。要使所有的党员，所有的青年团员，所有革命的人民，在脑子里头都能装满这些问题，才能办好我们的事情。

我们党成立三十二年了。在这三十二年中能够克服困难，走向胜利，就是因为路线正确和团结一致。毛主席教导我们全党要有这样一个雄心，就是从今年起，在十五年内，把中国变成一个伟大的社会主义国家。过去我们那么艰难，还打倒了蒋介石，打倒了帝国主义，取得了全国的政权。现在我们有了工人阶级领导的以工农联盟为基础的政权，我想会比过去做得更好，一定会完成过渡时期的总任务，一定会在十五年内完成社会主义的改造，把我们的国家变成一个伟大的社会主义国家。只要我们全心全意、聚精会神地去做，完成这个任务比任何时期都更有把握。

但这不是说我们没有困难，不是说我们不会遇到风波，在这十五年当中，每年都会碰到困难。当然困难有大有小，

* 这是邓小平在党的第二次全国组织工作会议上讲话的一部分。

性质也各有不同，但总是有风波、有困难的，在哪个角落都是会碰到问题的。

比如中国的资产阶级，他们就愿意接受社会主义改造？既然今天还有资产阶级存在，有封建阶级残余分子存在，也有帝国主义思想存在，不能设想他们不会影响我们。不用说帝国主义、国民党、封建阶级，就是现在还在同我们合作的资产阶级，没有阶级意识的表现也是不可能的。有的资产阶级分子会拿农民做幌子。为什么呢？因为我们很多共产党员都是从农村来的，天天都讲很多的农民问题，大家对于农民感情很好，别的不能影响我们，这点总会影响。像这样的问题是不是风波？是不是应当引起我们警惕？

在我们内部来说，实行总路线，搞社会主义，是不是都赞成？不一定都赞成，拿农民来说，当然有赞成的，但是不是现在就都赞成呢？农民分了土地以后究竟走什么路？我们党内对于这个问题，有时候看得不大清楚，总觉得农民是十全十美的。当然，农民基本上是好的，是能够跟着工人阶级走向社会主义的。但这不是说就可以不做工作了，我们不仅要做宣传、鼓动工作，而且国家还要有一套政策，比如现在的粮食政策、合作社政策，就是要把农民纳入国家计划的轨道之内，就是要限制农民走资本主义的道路，引导他们向社会主义前进。只要我们做了工作，农民是一定会跟着我们走到社会主义的。如果不做工作，让他们自发地发展，他们就要走资本主义的道路。当然农民很赞成中国共产党，很拥护毛主席，但是，如果我们不去做工作，他们拥护不拥护总路线呢？不一定。所以我们也不能太天真了。

在手工业者中间我们做工作很少，党组织也没有发挥堡垒作用，所以我们还要到手工业者中间去做工作。在工人阶级中间有没有问题呢？也一定会有问题。在实行总路线的时候，在工人中就有个人利益与整体利益的问题，有目前利益与长远利益的问题。比如前一个时期我们的面粉不够，工人就提意见，并且写信给毛主席，说：我们辛辛苦苦增产节约，连一点白面都买不到。在实行粮食政策的时候，也会碰到这样的问题。还有在工资政策等问题上，我们也会遇到困难。

在党内也要做工作。党的总路线确定以后，我们就要有信心完成。但是形形色色的思想一定会反映到我们党内来，不是所有的党员思想一下都会通的，所以，我们也要做工作。

总之，就是要做工作。只有做了工作，全党和全国人民才能有共同的语言和共同的思想。有了共同的思想，才能有真正团结一致的基础，也才能有共同的行动。

有了总路线，还要有合乎每个时期、每个问题的具体政策，还要有正确的步骤和正确的方法。有了正确的路线，没有正确的政策、步骤和方法，也搞不成。总路线没有问题，但在具体事情上可能发生问题。总路线里面有“逐步过渡”四个字，毛主席在一次会议上解释过这四个字，他说：不逐步就会“左”，不过渡就会右。所以这四个字可不简单，很容易出偏差，不逐步就是冒进，就是“左”；不过渡就是不走社会主义道路，就是右倾机会主义。我看保守主义就是不过渡，就是右，就是不前进。不管在工业、农业、手工业方面还是在资本主义工商业方面，都要搞得恰如其分、稳稳妥妥，这就很不容易。

正因为问题是复杂的，不管地区也好，部门也好，不管在哪个岗位上，错误总是难免的。错误有大有小，有的知道，有的甚至还不知道。所以每个人都应该好好地发掘一下，有好处。

在这次会议上，大家说，有些话说得不恰当，我觉得这也是难免的。因为在复杂的情况当中总会遇到一些新问题处理得不恰当。问题在于及时纠正。

出现了问题，往往是因为对形势看得还不是那么明白，有时还摸不清。比如我管了几个部，你说几个部拿出来的文件，样样我都清楚？我没有把握。所有负一点责任的同志都会有这个经验，有时候是被逼上梁山，问题摆在面前，时间又那么紧，你就不得不签字。要想把事情都搞得那么正确，不可能，检查起来总会发现一些问题、发现一些错误。所以，在实现总路线过程中会遇到很多问题，错误是难免的。问题就是要区别错误的性质，是原则性的还是非原则性的，也就是说是路线性的还是个别的，这一点是很重要的。有些问题的性质要根据当时当地的具体条件才能搞清楚。有些问题今天看来可能很严重，但在当时却以为并不严重，有很多问题是属于这类性质。所以，应该用历史的观点，根据当时当地的具体条件来看问题，要看本质，看整体。

对同志的看法也是这样。对问题有两种看法，一种是看它的一点一滴，一种是看它的整体。比如西南工作，如果从一点一滴看，错误多得很，在许多问题上都有一些偏差，但是，我赞成毛主席的说法，那就是总的来说，西南的工作还是搞对了的。很多问题是有历史原因的，比如是不是有些人用得不很恰当呢？一定有的。比如到西南的干部，不管共产党员、青年团员，抓到人就用。你说这些干部都是好的，都用得对？不见得，一定有毛病，但是总的来说是搞对了。这就叫作历史。

所以，在分析任何一个问题的时候，注意当时当地的具体条件很重要。当然，根据当时当地的具体条件进行分析，并不是说对所有的问题都要加以原谅，而是说要根据当时当地的情况来进行研究，是大问题就是大问题，是小问题就是小问题，不应当犯的错误就不应当犯。由于对形势估计不够，看不清楚，而出一些偏差也是难免的。毛主席教导我们要实事求是，我们应该采取这样的态度来分析问题。

今后，在实现总路线的过程中，如果我们看不到资产阶级思想的影响，看不到我们党内的资本主义思想、分散主义思想、地方主义思想、本位主义思想，不同这些倾向做斗争，就要犯原则错误，就会成为庸俗的自由主义者。仲勋〔1〕同志刚才讲了，对党内的这样一些问题，应该按照毛主席在党的建设、党的作风方面所规定的原则处理，即从团结的愿望出发，经过批评与自我批评，分清是非，达到团结的目的。如果这样做了以后，有的人还坚持错误，坚持走资本主义道路，坚持分散主义思想，甚至搞宗派，那当然就要开除他的党籍，因为党是有原则的，党内不允许这些现象存在。

这里，我再谈一谈毛主席给我们树立的一套很好的党的制度、党的作风等问题。

中国共产党的建党理论、建党原则，如刚才说的，是从团结出发，经过批评与自我批评，分清是非，达到团结的目的。对犯错误的同志应采取与人为善、治病救人的态度，同志间的关系应着重采取批评与自我批评，特别着重采取自我批评的方法来解决。像这样一些问题，现在应该有意识地提请大家注意。七大[2]时提出的认识山头、照顾山头，以达到消灭山头这个任务，现在应该说是完成了。但是，像后来出现的这个部门和那个部门、这个地区和那个地区、军队和地方、这一部分军队和那一部分军队、熟悉的和不熟悉的、新的和老的等矛盾，就很容易忽略，应该提请大家注意。

毛主席还说过要照顾少数。我们现在是提倡集体领导，但是，对少数人的意见也要注意。因为有时多数不一定正确，往往是少数正确，少数即使不正确，也反映出一个问题。多少年来，由于我们发展得很顺利，所以这个问题就忘记了，现在应该再提一下。把问题提到党的原则、提到理论上来认识，这也是我们党的优良传统。但这个问题我们现在重视得不够，以后也应该注意。

要实现党的总路线，要达到团结的目的，就必须采用上面所说的党的制度、党的原则所规定的这套办法。这些问题在《毛泽东选集》里讲了很多，少奇同志也讲了很多，如果大家注意了，就不至于出什么了不起的问题，就可以保证我们党的团结，就可以保证总路线的实现。

为实现总路线，为达到团结而多做工作，这是一切组织工作者、一切共产党员的任务。

注　释

〔1〕仲勋，即习仲勋，当时任中共中央宣传部部长、政务院秘书长兼文化教育委员会副主任。

〔2〕七大，即一九四五年四月二十三日至六月十一日在延安举行的中国共产党第七次全国代表大会。

铁路是为经济建设和人民需要服务的*

（一九五三年十月二十九日）

关于铁路工作的情况，滕部长[1]报告得很清楚了，今天大家提的意见，铁道部应注意解决。

铁路是为生产服务的，为经济建设和人民的需要服务的。现在铁路最大的问题是满足不了需要。明后年整个国家计划的漏洞可能出在铁路上。现在还是勉强应付着，但已经出现了以下情况，有的工业部门说你们铁路要满足我们的要求，不然我们就减产。过去铁路有淡季有旺季，现在只有旺季，淡季的情况已经过去了。注意新建铁路是对的。苏联有十三万公里的铁路，我们只有两万四千公里，差得很远。但在国家现有财力和我们的技术条件下，一年中要修好多新线很困难，并且新线修得再多，也不能解决旧线任务问题。因为现在运输任务重的不在新线，恰恰是在旧线。因此，应该新旧线并重。旧线问题，主要是利用好现有设施增加车辆运转数量。车辆明后年大体够用，主要是车站、岔道、信号、枕木、钢轨、水供应问题。一定要从这些问题上想办法。譬

---

* 这是邓小平主持政务院第一百九十一次政务会议听取并讨论批准《关于铁道工作情况及今后工作部署的报告》后的总结讲话。

如过去只能开十对列车，就要研究怎样增加开到十四对、十五对。几年来，铁路利润多，原因就在旧线上花的钱不够，但事故也多。变轨最好，但变轨不是容易的事。所以，我们要着眼于旧线的加强，这是铁路工作的现实任务。

这几年，我们实际上对铁路的投资等于铁路的利润，对工业的投资等于工业的利润。其他的收入，工商业税、农业税、商业利润、公债等等，用到文教、社会、国防、行政上去了。我们真正用到工业、交通上的钱太少了，还没有把其他方面增加的收入投到工业和交通上。斯大林说，国家资金的分配，是个艺术。我们现在投资到工业、交通方面的资金还不够。当然，这种现象也还难免，但总要一步一步地改变这种情况。

在铁路运输中，还有一个法律问题，首先就是运输条例，苏联专家总顾问很强调这个问题。铁路部门的货主主要是重工业部、燃料工业部、粮食部、林业部、商业部、对外贸易部，铁路部门和这些货主经常有纠纷。过去，这些纠纷主要是大家互相照顾，靠调解解决的，但经常调解，不能解决这样的问题，所以我们需要有个法律章程，以解决铁路部门同各个货主之间的纠纷。但不能把苏联的运输条例原封不动地搬来，必须切合中国的实际。

现在有许多问题要改变，不仅火车上的喇叭需要减少，城市里的喇叭、腰鼓都要减少。到了建设阶段，要安静。这叫作阶段不同，观念要变，不变就脱离了群众。过去有的东西，现在已经有些不适当，需要改变了；过去没有提的事情，现在有些有可能提，也必须提了。

整个铁路的运费高不高？现在看来并不高。据说苏联的运费比我们的还高，这当然是由于生活水平不同。我们货运的价钱也不高，现在已经拥挤不堪，如再减低，就更拥挤了。我们的运费是要增加，国家也要求在这方面积累些资金，但也不能马上就加。现在还没有下最后的决心，要各方面摸清楚后，再下决心。

注　释

〔1〕滕部长，指滕代远，当时任铁道部部长。

做好征地搬迁说服工作*

（一九五三年十一月五日）

这个办法主要是控制用地单位。问题最大的首先是水利工程，如修水库，必须着重考虑搬迁多少人家。中国的特点是地少人密，有些非做不可的，就要做好说服工作。过去的问题是这方面的工作做得不够，引起农民很多意见。今后要多做工作。

---

* 这是邓小平主持政务院第一百九十二次政务会议讨论并通过政务院《关于国家建设征用土地办法（草案）》时讲话的节录。

做好粮食统购工作，提高农民生产积极性*

（一九五三年十一月、十二月）

一

这个报告说明粮食统购工作做好了，是会提高农民生产积极性的。

（一九五三年十一月二十三日对中共中央山东分局转呈的泰安地委关于泰安九区上高乡郝培英互助组完成粮食统购任务情况报告的批示）

二

这个报告[1]具体地说明了一个重要的问题，即在实行粮食统购政策时，如果工作做得不好，或者做得不充分，是会遭到农民的抵抗，并可能影响到农民的生产积极性的。但是只要工作做好了，就不但能够完成统购的任务，而且必然大大提高农民的政治觉悟和大大提高农民的生产积极性。这

* 这是邓小平写的一件批示、起草的两份电报和审改中共中央指示稿时加写的一段文字。

个经验值得各地加以重视和仿效。兹将该报告转给你们，请速转至各县委区委，并登党刊。

（一九五三年十一月二十七日根据毛泽东十一月二十六日做出的“此件宜速转各地仿办”的批示，为中共中央起草的批转各地电报的主要部分）

三

采取一些粗暴的办法，犯主观主义和命令主义的错误，那是可能损害农民生产积极性的。但是，根据现有的一些典型经验，已经可以证明，只要在统购工作中进行了充分的工作，就不但不会损害农民的生产积极性，而且可以通过粮食统购这个环节，大大提高农民的政治觉悟，大大提高农民的生产积极性，并使农村的互助合作运动向前推进一步。因为粮食统购政策的本身，不但没有损害农民的利益，而且正是保护了农民的利益。

（一九五三年十一月二十七日审改中共中央《关于必须为明年增产粮食做好准备工作的指示（草稿）》时加写的文字）

四

请你们及各地同志特别注意，在农村实行计划收购及其他各种措施的时候，必须围绕在提高农民生产积极性并为一九五四年增产做好准备这个中心环节上去进行，用充分的工作和实际的经验来证明，那种认为统购粮食会打击农民生产积极性的观点是完全错误的。

（一九五三年十二月二日为中共中央起草批转《西南局第十一次扩大会议讨论关于粮食、农村互助合作等问题情况的报告》电报的主要部分）

注　释

〔1〕这里指中共中央山东分局转呈的泰安地委关于泰安九区上高乡郝培英互助组完成粮食统购任务情况报告。

发行公债是国家建设筹集资金的重要方法*

（一九五三年十一月三十日）

发行公债需要讲的道理不多，已有书面说明。政府准备在明年财政预算中加上一项收入，即发行公债六万亿元[1]。本来想在今年发行，但因今年农村遭到灾荒，不可能再发，故移到明年发行。政务院指示[2]中指明发行公债是筹集资金的重要的和经常的方法之一。苏联差不多年年都发，我们已经转入经济建设时期，人民生活逐步改善，今后也可能年年发行公债，这是需要的。

今年的财政预算出现了很大赤字，计二十一万亿元。这是什么原因呢？因为预算中有虚假数字。地方企业多年存下的一笔四十万亿元款是国家收入，不能作为经常的收入，但我们的财政预算中把它作为经常可靠的款项打上了，在工业农业建设的投资中也把它打上了，于是这个铺底搞大了。因此，到今年三月预备费即已用完，出现了二十一万亿元的赤字。经过努力，现在估计除了弥补赤字之外，可能还有点盈余。这主要是靠增加收入、节约支出解决的。八月间的调整

---

* 这是邓小平在政协第一届全国委员会常务委员会第五十一次会议（扩大）上报告的主要部分。

税收增加不多，不过一万亿元左右。农业税调整后，还有一万多亿元的收入，铁道部有三四万亿元，商业部及各工业部门可作为实际收入的有近十万亿元，其他的就靠减少开支，这样就把赤字弥补了。这是毛主席的号召和大家努力的结果。

国家经常性的收入主要来源于工商业税、农业税和企业利润，它们总共占了国家财政总收入的百分之九十二。其他百分之八的份额，靠发行公债等办法解决。因此，发行公债是国家建设筹集积累资金的重要的和经常的方法之一。我们刚开始建设，开支数目不可能一下减下来。铁路、交通减少了一些，次要的工业亦减少了一些，但有些是不能减少的，苏联帮助搞的一百四十一个大项目，拼了老命也要搞下来，因此就要想办法。

发行六万亿元公债是否可能呢？附着的说明中已说明是可能的。农村中如果负担三万亿元是不可能的，因为今年有四千多万灾民，农业产量虽相当于去年水平，但未完成增产计划，所以在农村改为发行一万八千亿元公债，主要还是靠经济作物区、丰收区来购买，山区可以少买。为何定这个数目？因为既要照顾农村灾荒，同时还要计划收购粮食，故不宜太多。今年在农村计划收购的粮款是三十多万亿元。农村目前粮食确实是有的，农村干部有余粮者很多，一般农民有余粮可卖的占百分之三十至四十，有的地区到百分之七十，故在农村发行一万八千亿元是可以的。

大头是城市中的三万二千亿元，主要是工商界购买，城市中其他人员，工人、店员、公教人员是一万亿元。这样，估计发行六万亿元是可能的。

公债名称是“一九五四年国家经济建设公债”，因为：

第一，此项公债是用之于国家建设的；第二，“一九五四年”是为了区别于以后。

关于公债的推销方法。采取“一次认购，分期缴款”的办法。工人阶级可分为几个月交，摊开，愿一次、二次缴清也可。农村也是一次认购，可按农业季节（二季、三季）缴款。在农村采取自愿与摊派相结合的方式。根据经验，摊派比自愿较公道。上次认购时，有人虽不富裕但很热情，认的很多，有的人本来是能负担的但不负担，所以摊派比认购还公道。工商界也是一样，一次认购，分期缴款。

关于利息。上一次公债利息是五厘，现在是四厘，利息是降低了，因为公债利息不宜太高，应较银行利息稍低，四厘是恰当的。但与农村购粮储蓄一比就有问题了，因购粮储蓄曾规定较高利息，应该说明这是特殊情况。

关于偿还期限。这次是分八年偿还。上一次是五年，据说发行五年偿还，不如不发，因为刚发行完，接着就偿还，对国家财政无益。规定八年偿还，是最低年限，不能再少，以后再发可能是十年、十二年偿还，到那时人们有钱了，也就不在乎年限长短与利息多少了。

关于票面额。分一万元、二万元、五万元、十万元、五十万元五种，十万元以下者占百分之九十七，五十万元的占百分之三。另外，现在还可以考虑五千元的是否要发，主要是对农村。有两种看法，一种认为不需要，一种认为可以发，多发一点对农村方便。如果这样，五千亿元就要印一万万张，光用纸就要很多，而且在抽签还本时农民也不爱去，也很麻烦。农村有这个问题，城市里是不成问题的。为超额完成任务，也可能多发一点，暂先确定为六万亿元，五种票面。

此外，还有些照例办法，如不记名、不挂失、以人民币为单位等等，不做解释了。正式文件就是一个公债条例[3]，今天讨论后，交政务会议通过、送主席批准即公布执行。

注 释

〔1〕这里指旧人民币，见本卷第17页注〔1〕。

〔2〕政务院指示，指一九五三年十二月三日政务院第一百九十六次政务会议通过的《关于发行一九五四年国家经济建设公债的指示》。

〔3〕公债条例，指一九五三年十二月三日政务院第一百九十六次政务会议通过的《一九五四年国家经济建设公债条例》，十二月九日中央人民政府委员会第二十九次会议通过后于次日公布。

建筑工程要注意降低成本*

（一九五三年十二月三日）

我们的建筑要经济，又要有点民族风格。如像北京饭店的办法，很美观，花钱也不多。

请建筑工程部注意，全国经济、文化建设的投资大体上不到一百万亿元[1]，这一百万亿元之中至少有三十万亿元以上放到基本建设上。毛主席几次谈财政问题，要求明年国家基本建设的投资节约百分之十，节约百分之十就是三万亿元。平均一平方米的造价一百五十万元，节省百分之十即节省十五万元，我看是可能的，搞得好还不止这个数。国家建设投资第一位是基本建设，各部门都有基本建设，节省百分之十，只要大家稍微努把力就可以做到，今年下半年的情况证明了这一点。国家对基本建设的投资很大，这方面的工作是很重要的。监委的工作，苏联主要检查厂矿、企业的财政，苏联的做法对，我们也应该主要检查这方面。对建筑工程来说，就是检查建筑单价是否合理、有没有浪费等等。

我国已转入经济建设时期，最主要的政策就是投资的钱用得是否得当。国家经济、文化建设投资中占第一位的是基

---

* 这是邓小平主持政务院第一百九十六次政务会议听取并讨论通过《关于建筑工程部目前工作情况和今后任务的报告》后的总结讲话。

本建设，要占整个投资的三成至四成，因此，我们检查的对象第一就应该是这个范围。建筑工程部要特别注意降低成本，减少浪费。建筑工程部这三年的工作是有成绩的，工作做得不坏，但浪费现象是很惊人的，需要改进。造成浪费的环节很多，也不只是建筑工程部一个部的问题，各部门要很好地配合，如窝工问题，业主就应尽可能地配合解决。

各部门都在搞建筑，建筑要有一套规格，例如洋灰、木材、砖石，哪一等的应该用多少，造价多少等等，这应该由建筑工程部搞。建筑工程部在建筑上应该起一个综合作用，起一个参谋部的作用，应该搞一套建筑造价的标准。虽然现在要求标准统一还有困难，但总是一个方向。

注　释

〔1〕这里指旧人民币，见本卷第 17 页注〔1〕。

粮食统购中应注意的政策*

（一九五三年十二月二十一日）

一

《指示》中第八项摸清粮底，不要购光，防止在布置任务中层层附加这点很重要。对余粮户绝对不可采取如同对付地主那样的办法。我们只求完成预定的购粮数目，不要强求超过，不要超过太多，因为国家财力有限，不可能购买太多。而在统购之后，农民手中仍有相当多的余粮，这不是什么坏现象，而是一种很好的现象。这也须请各地加以注意。

（审改中共中央批转华东局《关于当前贯彻总路线教育与粮食统购统销工作中几个重要问题的指示》电报稿时加写的文字）

二

在粮食统购中，不要笼统地提出向富农做斗争的口号，只宜对个别确实顽抗的旧富农进行必要的斗争，而且在处理上不宜过严，以免影响到中农。因为粮食统购的对象主要是

* 这是邓小平审改中共中央电报稿时加写的一段文字和为中共中央起草的一份电报。

中农，如果一般地提出向富农做斗争的口号，或对个别富农处置不当，根据历来农村斗争的经验，是很容易伤害到中农的。此点请各地务必加以注意。

（为中共中央起草批转中共湖北省委《关于全面做好粮食统购工作的指示》电报的主要部分）

及时通报好的坏的事例，以资效法和警戒*

（一九五四年一月五日）

各中央局、分局并转各省市委：

兹将西北局关于统购粮食中两个强迫命令事例的通报[1]转给你们。在各种工作中，不但要及时地把好的事例通报出去，以资效法，而且要及时地把坏的事例通报出去，以资警戒。两种方法缺一不可，各级党委都须加以注意。

中　央

一九五四年一月五日

注　释

〔1〕这里指一九五三年十二月十八日，中共中央西北局转发的陕西省委关于乾县一区丈八乡在统购工作中发生强迫命令的通报和甘肃省委关于统购中发生自杀事件的通报。

---

* 这是邓小平为中共中央起草的电报。

挖掘潜力增加生产*

（一九五四年一月七日）

燃料工业部一九五三年的工作是好的。生产计划完成百分之一百零五，基本建设计划完成百分之九十七。多数部门也都超额完成了生产计划，全国各个部门的基本建设计划也完成了百分之九十以上，这是原来想象不到的，是很大的成绩。五年建设计划的第一年完成了这样大的工作量，是应该满意的。在贸易方面，营业额的利润超过了计划。在文教和其他方面，一般也都超额完成了计划。在财政方面，二十一万亿元[1]的赤字削减了，还有三万亿元的结余。而这二十一万亿元赤字是在没有任何财政发行，并且没有发行六万亿元公债的情况下，基本上是靠减少开支、增加利润削减的，工商业税增加得并不多。

我们应该确定一个观念，产品不是多，是不够。煤、电、石油都不够，特别是煤，发生了严重问题。上半年估计煤生产得多了，要商业部下乡卖煤，现在是控制，不要下乡卖煤了。所有的东西，除个别的（如猪鬃）外，都是不够的。猪鬃将来也不一定够用。布匹，现在已感到不够，问题严重，毛主席指示要增加纱厂。食油紧张得很，一个人多吃

---

* 这是邓小平主持政务院第二百零一次政务会议听取并讨论通过《关于目前燃料工业情况及今后工作部署的报告》后的总结讲话。

一斤，就是五亿七千万斤，猪肉也不够。总之，各种东西都不够。粮食实行了统购统销，情况是好的，计划收购七百亿斤，估计要超过，今后只要年成好，可以解决问题。各种东西都不够，怎么办呢？不够，就要节约，就要用得合理。粮食、油籽实行了统购统销，因为不实行就不够。煤，要节约。李四光〔2〕部长提出要节约，很对。其他许多东西也都不够，要分配得当，就要计划性更大些。一方面节约，一方面还要挖掘潜力，以增加生产。

一九五三年燃料工业是前松后紧。过去几年，一般都是前松后紧：上半年松，好像疲劳了，要休息一下；下半年紧，拼命增产节约。国家计委和中财委提出，一九五四年要改变这种情况。第一季度就不要松懈，各方面都要注意，都要做很大的努力，以克服前松后紧现象。黄任老〔3〕提到，燃料工业主要是如何使生产满足需要的问题，这是很对的，这要靠燃料工业部把增产节约经常化。

房荒问题不是燃料工业部一个部的问题，而是一个普遍的问题，应该解决，但要逐步解决。

关于人才的合理使用，是一个很重要的问题。对培养人才，应该在适当时机，搜集材料，专门研究，专门解决。地质人员如何调配？请国家计委研究解决。

注　释

〔1〕这里指旧人民币，见本卷第17页注〔1〕。

〔2〕李四光，当时任地质部部长、中国科学院副院长。

〔3〕黄任老，即黄炎培，当时任政务院副总理兼轻工业部部长。

不可搬用不适合西藏地区的财经制度*

（一九五四年二月十二日）

凡是不适合或不完全适合于西藏地区的财经制度，不可机械搬用，一切办法必须从西藏现在的实际情况及如何渡过困难的角度去加以考虑和衡量。

* 这是邓小平审改中共中央就西藏工委一九五四年工作计划（草案）批复西藏工委并告西南局、西北局电报稿时加写的文字。

抓紧粮食统销是当前农村的关键问题*

（一九五四年三月二十二日）

各中央局、分局并转各省市委：

抓紧集镇和乡村的粮食统销工作，是当前农村的关键问题。粮食统销做好了：（一）可以解决或有利于解决前一时期粮食统购中的遗留问题。（二）利于鼓励农民的生产积极性，推动农村目前最中心的春耕生产任务。（三）对于今后统购统销政策的贯彻更具有重大的和直接的影响。因此，请各级党委切实注意对于粮食统销工作的组织和领导。华北邯郸地委在这个工作上创造了良好的经验[1]，兹特发给你们，请即转给所属县委参考。

中共中央

一九五四年三月二十二日

注 释

〔1〕指中共邯郸地委在《关于建立国家粮食市场的经验向河北省委的报告》

---

* 这是邓小平为中共中央起草的电报。

中提出建立国家粮食市场以解决统购统销后粮食市场的问题，并总结了建立国家粮食市场的经验：一、反复贯彻市场管理政策，打通干部思想；二、在群众中进行深入的宣传解释工作；三、在粮食价格上掌握一般粮种与牌价相平，国家供应不足的粮种可稍高于牌价。

中学教育的两个问题*

（一九五四年四月八日）

关于初中、高小毕业生的升学就业问题。中学教育是现在教育工作中问题最多的，既不能满足高等学校招生的要求，又不能满足高小毕业生升学的要求。我们不可能设想初中、高小毕业生都可以升学。我国的情况和欧美国家不同，十八岁以下的特别多，占全国总人口的百分之四十，估计有两亿五千万，这些人中有一半是应该就学的，但现在我国就学的不过六千万人。应该就学的要比实际就学的多一倍。这不是国家在这方面关切不够，而是实际上不可能做到。不只是财政上不可能满足，特别是师资上不可能满足。这一点，要明明白白地讲清楚。既然不能满足初中、高小毕业生的升学要求，于是就有了就业问题。初中毕业生现在并不算过剩，因为不仅工业需要他们，农业生产合作社发展起来后，也需要他们。但高小毕业生就业就有问题了。在城市中，高小毕业生的文化程度高些，中学也多些，问题不大，实际上主要是农村高小毕业生的就业问题。工业是容纳不了多少的，还得由农业容纳。大批高小毕业生参加农业劳动，是不

---

* 这是邓小平主持政务院第二百一十二次政务会议讨论中学教育工作后的总结讲话。

是浪费呢？不是。他们参加农业劳动，对农业的社会主义改造可以起很好的作用。要想完成对农业的社会主义改造，提高农业生产，不仅需要高小毕业生到农村去，而且需要中学生、大学生到农村去。

关于中学的纪律问题。这个问题，娃娃们没有责任，即使发生请愿、罢课，主要也不是他们的责任。有些领导干部不懂青年人的心理，蛮干，引起了学生的公愤，就发生了问题，有时反革命分子就乘机捣乱。发生问题的原因，就是我们没有给娃娃们以教育，因此提出了纪律教育问题。要做一个好公民，就要从小养成守纪律的习惯，这就要经常做工作。解决这个问题，更重要的是提高办学校的干部和教员的认识。培养自觉的纪律，也要有人去教育才行。谁去教育？办学校的干部和教员。所以学校办得好坏，学校的干部和教员起很大的作用。教育行政部门主要抓什么？抓办学校的干部，抓教员。他们提高了，学生就可以提高，学校就可以办好。这个问题注意了，可以解决，但不能急。

把市场组织和领导得更好一些*

（一九五四年四月十五日）

必须指出，过去在市场问题上出现的那些毛病，不少是由于我们主观上的错误而发生的。因此，加强商业部门的工作，随时注意发现和改正错误，把市场组织和领导得更好一些，乃是各级党委必须经常注意和关怀的事情。

稳定市场物价，对于保障国家计划建设具有决定性的意义，而市场问题又是那样极端复杂，经常出现新问题，如果我们对于随时可能出现的新问题，发现得不及时或处理得不郑重，就会使市场出现不利的情况，发生或“左”或右的错误。

---

* 这是邓小平审改中共中央批转商业部《一九五三年工作的基本总结与一九五四年的任务的报告》电报稿时加写的文字。

开展批评与自我批评，克服文教工作上的冒进急躁*

（一九五四年四月二十二日）

这次全国文教工作会议[1]，主要是在一九五三年的文教工作基础上召开的。文教工作应该说是好的，当然也有缺点，过去存在的盲目冒进、急躁，主要是没有经验。

这次会议充分发扬批评与自我批评的精神，最大的收获是思想的收获。郭沫若[2]同志作的总结报告反映了这一点，虽然报告用的词句很温和。

文教队伍有二百四十万人，力量不小，但也有部分力量没用上，原因是我们的政治思想工作做得不够。有文化的人思想工作最难做，若干年来我们就注意了这个问题。党的七届四中全会[3]鉴于党内缺乏批评与自我批评，尤其是自下而上的批评，所以特别着重地提出这个问题。批评与自我批评能够增强团结，是马列主义的重要原则。我们的团结，主要是政治思想上的统一，只有政治思想统一了，团结才能巩固。

---

* 这是邓小平主持政务院第二百一十四次政务会议听取并批准《关于全国文教工作会议的报告》和《关于全国第四次文化工作会议的报告》后总结讲话的要点。

有些党员看不起人，骄傲自满，提高到政治上讲，就是一种宗派主义思想。宗派主义思想不仅在党内存在，在共产党员与非共产党员之间也存在。要成为具备共产主义道德的人，成为真正的共产主义者，就不能有宗派主义思想。学术上要靠自己的本事，本事包括政治思想，如果文字写得很漂亮，但不能以共产主义教育人民，也是没有用的。所以本事是有原则的。对于自己队伍中的党员和非党员同志，要以诚恳坦白的态度帮助他们改正错误，使他们不造成误会，不灰心丧气。批评与自我批评是一切工作的动力，没有它就无法改进工作，所以一定要开展批评与自我批评。

再讲几个具体问题：

一、高等学校学生的来源应该解决。我们应该尽可能满足高等学校的要求，因为这是为了长远打算。请习仲勋、安子文[4]同志邀各有关部门开会研究。

二、中等技术学校的领导关系问题，请高教部与各有关方面商量一下。

三、工农速成中学招收学生不要盲目追求数字，因为我们办工农速成中学还没有基础，工农群众的文化程度比较低。

四、纪律很重要，是长期培养出来的。纪律不好主要是我们教育工作者的责任，不能责怪学生。

五、城市卫生是很重要的问题，要监督。不管卫生的苏联专家也首先考虑这个问题。但是否采取苏联的法律规定，请卫生部同各工业部门研究一下。

六、节育问题要注意，这是个社会问题，采取什么办法要研究。

注 释

〔1〕全国文教工作会议，这里指一九五四年三月十二日至二十三日在北京举行的全国文教工作会议。

〔2〕郭沫若，当时任政务院副总理兼文化教育委员会主任、全国政协副主席、中国科学院院长。

〔3〕七届四中全会，即一九五四年二月六日至十日在北京举行的中国共产党第七届中央委员会第四次全体会议。

〔4〕习仲勋，当时任中共中央宣传部部长、政务院秘书长兼文化教育委员会副主任。安子文，当时任中共中央纪律检查委员会副书记、中央组织部副部长，人事部部长。

原子能的研究和利用值得考虑*

（一九五四年五月一日）

这个问题在第二个五年计划时是值得考虑的。这几年的准备工作也是需要的，建议请陈云〔1〕或富春〔2〕同志主管这个问题。是否可在书记处谈谈，请少奇同志酌定。

注　释

〔1〕陈云，当时任中共中央书记处书记、政务院副总理兼财政经济委员会主任。

〔2〕富春，即李富春，当时任政务院财政经济委员会副主任、国家计划委员会副主席。

---

* 这是邓小平对孙泱、范慕韩关于建议发展原子工业给李富春、贾拓夫的信以及所附同钱三强谈关于原子武器的原理、制造及原子能和平用途报告的批示。孙泱，当时任国家计划委员会第二机械工业计划局局长。范慕韩，当时任第二机械工业部基建司司长。贾拓夫，当时任国家计划委员会副主席。钱三强，当时任中国科学院近代物理研究所所长。

避孕是完全必要和有益的*

（一九五四年五月二十八日）

仲勋[1]同志：

我认为避孕是完全必要的和有益的。卫生部对此似乎是不很积极的，请文委同卫生部讨论一下，问问他们对此问题的意见，如他们同意，就应采取一些有效的措施。

如何处理，请你酌定。

邓

五月二十八日

注　释

〔1〕仲勋，即习仲勋，当时任中共中央宣传部部长、政务院秘书长兼文化教育委员会副主任。

* 这是邓小平对邓颖超关于帮助干部解决避孕问题来信的批示。邓颖超，当时任中华全国民主妇女联合会副主席。

正确看待在报纸上进行自我批评*

（一九五四年五月）

我们在报纸上公开揭露自己的错误，进行严肃的自我批评，要想完全不被敌人利用是不可能的。如果因为怕被敌人利用而把自己的手脚捆起来，那就会实际上走到抛弃批评和自我批评的道路，这也正是那些惧怕批评的人们拒绝批评的一种借口。

* 这是邓小平审改习仲勋报送的准备在第二次全国宣传工作会议上的总结（提纲）稿时在第四部分《有领导地正确地开展批评与自我批评》加写的文字。习仲勋，当时任中共中央宣传部部长、政务院秘书长兼文化教育委员会副主任。

关于撤销大区一级行政机构问题*

（一九五四年六月十日）

中华人民共和国建立以来，设立大区行政机构是必须的。它处理了许多具体而繁琐的工作，从而使中央能够集中精力来考虑和解决重大事情。现在，国家已进入计划建设时期，要求高度的集中和统一，并急需大量的人才。撤销大区可以减少很多层次，同时还可以将人员用于补充中央和省、市，大量地充实工矿企业，满足国家建设的需要。当然，撤销大区有一定困难。过去中央只管六个单位，而现在要管三十多个单位。如果领导不好，是会遇到困难的，并且在工作上会出毛病。所以，在组织形式上可以采取过渡的形式移交，在中共中央成立几个地区工作部，省、市有问题可先到那里。中央各部业务比较繁杂的，也可考虑在地方上设立工作处。大区要一个一个地撤销，时间可以放长一点。在撤销大区的同时，还要考虑合并一些省、市，将现在三十二个省（包括台湾、西藏）、十四个直辖市，合并为二十八个省（包

* 这是邓小平在政协第一届全国委员会常务委员会第五十五次会议（扩大）上说明的节录。

括台湾）和上海、北京、天津三个直辖市。这样，有利于中央管理和经济建设。

一九五四年国家预算草案的报告摘要*

（一九五四年六月十六日）

一九五三年国家预算执行情况

一九五三年的国民经济计划和国家预算，在中国共产党和中央人民政府的正确领导下，由于各民主阶级、各民主党派、各人民团体和各级人民政府、各经济机关、财政机关、职工会的共同努力，由于全国劳动人民劳动积极性、创造性的高涨，以及我国伟大友邦苏联的多方援助，已取得巨大的成就。

一九五三年全国工农业生产总值，按一九五二年不变价格计算，比一九五二年增长了百分之十一点四（预计数，下同）。工农业总产值中，现代工业占百分之三十一点六（一九五二年为百分之二十八），工场手工业占百分之七点八，个体手工业占百分之六点二，农副业占百分之五十四点四。现代工业在国民经济中的比重，显然是增加了，这意味着我们向社会主义工业化又迈进了一步。

---

* 这是邓小平在中央人民政府委员会第三十一次会议上报告的摘要，在一九五四年六月十八日《人民日报》发表。

一九五三年是我国开始大规模经济建设的第一年，建设时期国民经济发展的速度，当然不能与恢复时期一样，但是即使如此，一九五三年工业总产值仍比一九五二年增长百分之二十八。其中国营工业产值增长百分之三十三点七，合作社营工业产值增长百分之四十六点五，公私合营工业产值增长百分之三十九，私营工业产值增长百分之十八点五。国营工业中的主要产品，特别是发展国民经济基础的重工业产品，大部超额完成了计划：生铁完成计划的百分之一百零二点四，钢完成计划的百分之一百零七点四，煤完成计划的百分之一百一十一点六，发电量完成计划的百分之一百零三点一，原油完成计划的百分之一百零九点七。日用消费品的生产，一般也都完成或超额完成了计划。

一九五三年经济建设中开始施工或继续施工的重大项目共一百七十三项，工业建设限额以上的项目（即轻工业投资在三百亿元[1]以上的项目，重工业投资在五百亿到一千亿元以上的项目）共一百零七项，其中有不少重大项目如鞍钢的大型轧钢厂、无缝钢管厂、第七和第八号炼铁炉等，已在一九五三年建设完成，并已开始投入生产。

农业方面，一九五三年是全国解放以来自然灾害比较严重的一年，因此农业生产没有达到原定的计划，但总产值仍比一九五二年增长百分之一点五。发展农业经济的正确道路，就是实现农业的社会主义改造，目前特别重要的就是发展合作互助。过去一年中，在这方面也取得了很大的成绩，组织在农业生产互助组和合作社中的农户，截至一九五三年十月的统计，已达全国农户总数的百分之四十三，农业生产合作社达到一万四千一百九十二个。

交通运输方面，铁道新线铺轨五百八十九公里，接近原定计划，铁道货运总量比一九五二年增长百分之十九点九，客运总量增长百分之三十六点八。交通、邮电均超额完成了计划。

国内贸易方面，一九五三年的商品零售总额比一九五二年增长百分之二十左右，其中国营商业的零售额比一九五二年增长百分之五十六点六。为了保证人民生活水平日益增长后对粮食的需要，一九五三年冬季开始实行了粮食的计划收购和计划供应，这项工作已收到显著的成效。这在国家的粮食战线上，尤其在推动农业社会主义改造的前进上，是一个重大的胜利。

随着工农业生产的发展和劳动生产率的提高，人民的文化与物质生活也进一步提高了，这充分反映了中国共产党和人民政府对人民生活的关怀。一九五三年高等学校招生计划完成百分之一百零九点三，高级中学招生计划完成百分之一百一十三点六，中等师范学校招生计划完成百分之一百零四，初级中学招生计划完成百分之一百二十八。卫生部所属全国医院病床比一九五二年增加二万五千张。其他文化科学方面亦均有相应的发展。在人民的收入方面，一九五三年国营经济各部门职工全年平均实际工资比一九五二年增长百分之五以上。由于职工工资、农民收入与工商业者的利润均有增加，就业人数扩大，以及国家经济建设投资大量增长等因素，社会购买力比一九五二年提高百分之二十左右。

上述数字表明，我国第一个五年建设计划第一年度的国民经济计划所规定的各项任务，除农业因有自然灾害和工业中的麻袋、盐、面粉、糖等四种产品因气候、原料等原因没有完成计划外，其余都已超额完成了计划。社会主义和半社会主义经济的比重，有相当大的增加。对农业、手工业和资本主义工商业的社会主义改造，都在不同程度上前进了一步。人民的物质和文化生活，也在生产发展的基础上有了进一步的改善。这就说明国家的计划是正确的，是完全符合总路线的要求和全国人民的根本利益的。

在上述国民经济发展的基础上，一九五三年国家预算的执行情况是良好的。根据已收到的决算和预计数字来看，预算收入方面，不算一九五二年结余四十一万二千三百二十二亿元，一九五三年本年总收入共完成二百一十五万四千七百七十四亿元，完成原预算的百分之一百零五点九二。支出方面，总支出共计二百一十三万八千八百二十六亿元，为原预算的百分之九十一点六。

一九五三年预算执行的结果，经济建设费、社会文教费和行政管理费的支出，比原预算为少。这是因为这些项目中，某些数字原来编列过大；而更重要的是，我们在充分保证一切必需费用的同时，注意了节省一切可以节省的开支。一九五三年的国防开支项目，比原预算有所增加，这主要是因为一九五三年上半年美国图谋积极扩大朝鲜战争，为了应付各种可能发生的情况，我们必须在国防上采取一些有效的措施的缘故。

上述收支数字表明，一九五三年国家预算执行的结果，显然是有成绩的，既保证了国家在经济、文化教育和国防建设各方面必需的资金，又由于收入超过、支出节减，不仅没有动用一九五二年的结余，而且本年收支相抵尚有结余。到一九五三年年终为止，我们尚有结余四十二万八千二百七十亿元，这就给国家充实了信贷资金，巩固了货币信用，增加了财政的周转资金，增强了财政后备力量。

但是，一九五三年的财政工作还有不少错误和缺点。一九五三年年初对若干税收制度的改变，是犯了带原则性的错误的。对地方财政的管理，也有未注意因地制宜的缺点。在编制预算时，由于经验不足，把上年结余全部列入预算，并且作了当年的投资，因而使国家信贷和财政季度周转一度处于困难的状态；某些方面的投资在制定预算时规定得不尽合理，也助长了脱离实际的盲目冒进倾向。在收入方面，工商业税和企业收入计划订得有些保守，这也影响到国家预算的准确性。这些错误和缺点，由于中国共产党中央发出了重要的指示和在工作中采取了一系列的有效措施而迅速地获得了改变，预算执行的结果是良好的。但是，我们必须深刻记取一九五三年预算编制和执行中的经验教训，用来改进今后的工作。

一九五四年国家预算

一九五四年国家预算的任务，就是要从增加生产、扩大物资交流、提高劳动生产率、降低成本、厉行节约和正确执行税收计划与税收政策等一系列的措施中增加收入、积累资金，保证我国第一个五年建设计划第二个年度的国家需要，首先是工业建设的需要，并继续加强国防力量，和在发展生产的基础上进一步改善劳动人民的物质和文化生活。为了实现这个任务，就必须将国家预算建立在可靠的、稳妥的基础上，坚持收支平衡的原则，并力求达到收多于支和保持相当的后备力量。

一九五四年国家预算规定总计收入为二百七十四万七千零八十六亿元，其中本年实际总收入二百三十一万八千八百一十六亿元，结转上年结余四十二万八千二百七十亿元。总支出为二百四十九万四千五百七十八亿元，其中使用上年结余十七万五千七百六十二亿元。本年总计收入中所多余的二十五万二千五百零八亿元，作为本年结余，全部充作国家信贷资金和财政的季度差额周转资金。国家预算的收支都是建立在可靠的基础之上的，因此它是一个健康的预算。

一、预算收入的来源。预算收入中，工商各税共列一百零四万四千五百五十一亿元，占总收入的百分之四十五点零五，比一九五三年增长百分之十二点九。农业税征收量仍维持一九五二年的水平。

国营企业收入共列八十三万三千四百一十八亿元，占总收入的百分之三十五点九四，比一九五三年增长百分之十点四六。如果除去不可比的因素，则比一九五三年增长百分之十六点五八。

一九五四年国家经济建设公债，到四月底止已认购了八万一千六百亿元，超过预计百分之三十六。这也是国家预算收入的一个组成部分，它表明了我国人民对国家经济建设的积极支持和对人民政府的充分信任。

一九五四年国家预算的收入中，来自社会主义性质的企业收入继续占居首位。国营经济缴纳所占的比重，已由一九五三年的百分之六十二点六，增长到百分之六十三点五八。合作社经济缴纳所占的比重，由百分之二点四八，增长到百分之二点五六。公私合营经济缴纳所占的比重，由百分之一点二三，增长到百分之二点九三。上三项合计起来，已由占百分之六十六点三一增长到占百分之六十九点零七。由于人民政府坚决贯彻在三年内稳定农民负担的措施，近年来农民收入虽然增加较快，但其负担仍未增加，一九五四年农业税在预算中的比重由百分之十三点四八，降到百分之十三点四三。私营工商业税在预算中的比重，也由百分之十七点零二，降到百分之十五点四。一九五四年国家财政收入来源的分配，是与我国国民经济进一步的发展，社会主义经济成分的增长和公私经济比重变化的实际情况相符合的。

二、预算支出的分配。我们的国家预算是建设性的和平发展经济的预算。预算资金的绝大部分，是用在发展工业、农业、交通运输业、商业、公私合营企业和社会文化教育事业方面。其分配情况如下：

用于经济建设的拨款为一百一十三万二千二百七十亿元，占国家预算总支出的百分之四十五点三九，比一九五三年增长百分之三十一点六三。对经济建设的巨大投资，将进一步促进国民经济的发展。根据国家的计划，一九五四年我国工农业的总产值，将比一九五三年的工农业总产值增长百分之十二点六。

国民经济建设的重点是发展工业，特别是发展重工业。因而国家预算拨给工业部门的资金为五十四万一千二百一十八亿元，占经济建设费的百分之四十七点八，比一九五三年拨给工业部门的资金增长百分之二十六点二七。在工业拨款中，煤炭、电力、石油、钢铁、化学、机械制造等重工业的拨款又占百分之七十八点三，轻工业占百分之二十一点七。这些拨款，不但保证了以一百四十一项建设工程为中心的基本建设计划在本年度需要的资金，也保证了本年度工业生产的发展。一九五四年的现代工业产值将比一九五三年的现代工业产值增长百分之十八点三。在中央各工业部的几种主要产品中，一九五四年和一九五三年比较，生铁将增长百分之三十一点一，钢增长百分之十八点八，发电量增长百分之十四点九，棉纱增长百分之六点二，纸增长百分之十四，糖增长百分之二十三点二，卷烟增长百分之十六点六。

国民经济发展计划和预算也规定了本年要进一步发展农业、林业、水利事业，使之和工业的发展相适应。本年度在这方面的拨款为十一万九千四百二十九亿元，占经济建设费用的百分之十点五五，比一九五三年在这方面的拨款增长百分之五点五三。一九五四年要求粮食棉花产量继续提高，国营机械化农场增加五十四个，组织起来参加互助合作的农户将达全国农户总数的百分之五十九左右，农业生产合作社增加八万余个。

在一九五四年，也要求进一步扩大商品流转，以适应国家建设和人民需要。本年度给商业部门、对外贸易部门和粮食部门的拨款为十二万七千九百零七亿元，占经济建设费用的百分之十一点二九，比一九五三年在这方面的拨款增长百分之二十八点零五。一九五四年全国商品零售总额将比一九五三年的全国商品零售总额增长百分之十三点八，其中国营商业的零售总额将比一九五三年增长百分之八点二，合作社商业的零售总额将比一九五三年增长百分之三十五。全国私营商业的零售总额也将有所增加。

为了稳步地扩大公私合营的国家资本主义经济，国家从各方面用于公私合营企业的投资为二万五千亿元。

由于生产增加和商品流转额的扩大，铁道、交通、邮电等事业也应相应发展。本年度在这方面的拨款为十七万六千四百九十三亿元，占经济建设费用的百分之十五点五九，比一九五三年在这方面的拨款增长百分之四十二点零九。一九五四年铁道新线铺轨六百零三公里，货运总量要比一九五三年增长百分之十五点五，客运总量要比一九五三年增长百分之十四。内河货运量要比一九五三年增长百分之二十六点六，海上货运量要比一九五三年增长百分之四十四。

一九五四年的国家预算，不仅反映了国民经济的发展和社会主义经济因素的加强，也反映了国家对文化、教育、科学、卫生和社会福利事业的关心。

一九五四年国家预算对社会、文化、教育、科学、卫生的拨款为三十六万六千九百二十亿元（社会劳动保险费尚未计算在内），占国家预算总支出的百分之十四点七一，比一九五三年在这方面的拨款增长百分之十五点二。其中用于文化、教育、卫生支出为二十七万九千零四十八亿元；用于社会救济和优抚支出四万六千五百七十八亿元。一九五四年高等学校计划招生九万零五百零五人，比一九五三年增加一万三千九百八十八人。中等技术学校和工农速成中学招生十二万七千一百三十人，比一九五三年增加二万四千五百三十五人。普通中学高中、初中共招生一百三十四万九千六百五十人，比一九五三年增加三十五万三千四百七十六人。卫生部所属全国医院病床达到二十万七千五百三十三张，比一九五三年增加一万六千四百六十八张。

在发展生产、提高劳动生产率（一九五四年规定国营工业提高劳动生产率百分之十三点二）的基础上，一九五四年全国国营企业职工、文化教育部门和国家机关工作人员的平均工资将比一九五三年提高百分之五点二。社会购买力将比一九五三年提高百分之十三点八，劳动人民的生活将获得进一步的改善。

我们国家在大力进行经济建设的同时，必须注意加强国防力量，这是保证我们和平建设的重要因素。虽然我国从建国的那一天起，就一贯奉行着和平建设的政策，但对于美帝国主义好战分子的战争政策和敌视我国的行动，必须随时保持着高度的警惕。因此一九五四年国家预算中所规定的国防费，仍列了五十二万六千七百亿元，为总支出的百分之二十一点一一，这是完全必要的。

三、对地方预算的安排。一九五四年国家预算中，对地方预算也做了比较恰当的安排。在财政管理上，必须认真贯彻在中央统一领导和计划下的分级管理方针。

一九五四年各省（市）地方预算支出总额为五十九万六千四百六十二亿元，占国家预算的百分之二十三点九一，比一九五三年的地方预算支出总额增长百分之十四点九。其中地方经济建设费占地方预算的百分之二十三点八六；社会文教费占地方预算的百分之四十点六四；行政管理费占地方预算的百分之二十九点一六。一九五四年地方国营工业生产总值将比一九五三年的地方国营工业生产总值增长百分之三十一点三。

地方预算执行得稳妥与否，是关系国家预算收支平衡的重要因素之一，各级地方政府对于预算的执行，应进行严格的控制。总预备费和跨年度费用，要规定动用办法，严加审核。上年结余应尽可能用于增加周转金或补足地方国营企业的流动资金，以加强地方预算的后备力量。

为增加生产，厉行节约，胜利完成一九五四年预算而奋斗

一九五四年国家预算收入与支出的分配比例，充分说明了我国人民民主国家制度的优越性。一九五四年国家预算的编制，也比一九五三年有进步，所列收支都更加合乎实际，并注意结合了国家的信贷计划，这就使国家预算具有了更为确实可靠的基础。但是我们决不能因此就抱着万事大吉的态度。我们必须在执行预算的过程中，继续不断地努力增加收入和节约支出，争取一九五四年预算执行的结果，不但不至于动用上年结余，还要求获得更多的结余，以期更进一步地增强国家财政的后备力量。毛主席指示我们“增产、节约、多留后备力量，是巩固国家预算的可靠的三道防线”，这就是我们在财政工作上必须认真贯彻的方针。

为了保证一九五四年国家预算的实现，必须完成以下各项任务：

第一，全面完成与超额完成一九五四年国民经济计划。这是保证圆满实现一九五四年国家预算的基础。各级政府、各企业单位，必须充分动员广大职工及人民，继续贯彻增产节约运动，努力增加产量，提高质量，降低成本。各部门降低成本的指标是：国营及地方国营工业降低百分之五点二，铁道交通运输降低百分之五点三，基本建设中的施工安装费用争取降低百分之八，国营商业贸易流通费率降低百分之十三点七。完成了降低成本的计划，就可以为国家积累巨量的

资金。

加强企业的财务管理，是保证完成以上计划的一项重要工作。一九五三年国营企业财务计划的编制和执行，虽然已较往年前进了一大步，除个别部门外，利润及基本折旧的提缴，大多数部门都超过了计划。但这方面的工作仍然存在着严重的缺点。一般的是生产计划特别是企业收入计划定得偏低，挖掘潜力不够。例如国内商业、铁道运输的企业收入计划就定得较低，因而执行结果超过很多。对利润、基本折旧基金的解缴，大多不及时和前松后紧，有的甚至长期占用应缴的款项。对重点建设抓得不紧，投资使用仍有分散现象，工程预算及工程造价普遍偏高，宽打窄用，积压材料等情况仍然严重。某些建筑安装工程，由于设计力量不够，施工准备不好，在一九五三年初曾发生严重的窝工现象。已完工程也有质量不合标准而返工重造的现象。这就造成了国家资金的浪费。

为了克服这些缺点，各级党委、政府、经济机关、企业单位，必须严格遵守节约制度，与浪费现象进行坚决的斗争；必须注意寻找窍门、挖掘潜力、加强技术措施、改善劳动组织，提高劳动生产率，正确地制定合理的生产定额和技术定额；加强原材料物资管理工作，加强各经济部门的仓库保管工作，爱护机器，加强维护检修和安全措施；加速资金的周转，降低杂费开支标准，并及时地足额地提缴利润。

第二，完成各项税收。这是顺利实现国家预算的关键。因此必须认真贯彻税收政策，抓紧收入，进一步改进征收管理工作。对工商户一面要加强爱国守法纳税的思想教育，一面要继续与偷税漏税现象做严肃的斗争。农业税工作必须继续执行中央人民政府政务院一九五三年六月关于农业税工作的指示[2]所规定的各项原则，进一步贯彻公平合理和鼓励增产的负担政策。

第三，节减国家机关经费，精简国家行政机构。这是国家积累工业化资金的一个重要方法。过去在经济建设事业费、文化教育事业费方面，定员定额仍有不合理现象，必须从下而上订定既切合实际又符合节约原则的编制定额和必要的实物使用标准与财务开支标准，逐级批准核定，作为核计预算、拨付资金和实施财务监督的依据。

在国家机关中，目前仍然是机构大、层次多、冗员多，有些部门或单位的经费开支还有铺张浪费现象。必须切实地实行精简机构，适当地减少编制人员，以便提高工作效率，紧缩行政机关经费的开支。国家机关的编制，要坚持不经中央编制委员会批准，不得增加人员的规定。

第四，加强财政监督工作，严格财政纪律。财政监督工作是帮助企业、事业部门和行政机关改善组织管理，贯彻经济核算，实行严格节约制度的重要方法。目前这项工作还很薄弱，检查也不深入。财政部门必须下决心纠正官僚主义和文牍主义，将财政监督列为本年财政工作的重要任务之一，有重点地对某些部门、地区进行实地检查：对企业部门，要检查他们降低成本计划、财务计划、利润折旧缴款计划是否完成，有无积压原材料和积压资金的现象，非生产的开支是否过大；对基本建设单位，要检查他们的工程造价是否过高，款项是否按计划使用，使用的效果如何；对文教事业机关，要检查他们的定员定额是否合理，事业计划与财务计划是否相符；对行政机关，要检查他们是否按中央规定，紧缩编制，精简人员，有无机构庞大、人浮于事的现象。

第五，财政机关人员必须提高自己的政治业务水平，使政治与业务结合，理论与实际结合，展开批评和自我批评，反对骄傲自满的情绪，并在执行财政纪律上，尽到自己应尽的责任。要认识财政工作是一种综合性的关系到各方面的政治工作，必须服从党和政府的领导，必须依靠广大人民群众的支持，取得其他部门的配合和帮助，才能做好工作。而各级党委和政府对于财政工作领导的加强，经常关心和检查他们的工作，始终是完成财政工作任务的保障。

我们相信，只要能够在工作中贯彻上述各项要求，那么，一九五四年国家预算的顺利实现，将是没有疑问的。

注 释

〔1〕这里指旧人民币，见本卷第17页注〔1〕。

〔2〕这里指一九五三年六月五日政务院第一百八十一次政务会议通过的《关于一九五三年农业税工作的指示》。

关于基层选举工作完成情况*

（一九五四年六月十九日）

这次全国基层选举工作是完全按照《选举法》的规定进行的。除少数暂不进行基层选举的地区外，全国进行基层选举的单位共为二十一万四千七百九十八个，进行基层选举地区的人口共为五亿七千一百四十三万四千五百一十一人。在选举工作中，各地按照《选举法》的规定，建立了乡、县、市、省的各级选举委员会，动员了二百五十七万九千三百九十名干部参加选举的指导工作，并选择了不同类型的地区，进行了基层选举的典型试办，取得经验，然后分批展开。现在全国范围内普遍展开的基层选举运动已经全部胜利完成了。

在基层选举工作中，各地首先进行了人口调查登记工作。由于采取了切合实际的比较科学的办法，并做了复查核对和补登补报等一系列的细致工作，人口的调查基本上达到了不重复、不遗漏、全面、确实的要求。根据中央人口调查登记办公室的初步统计，一九五三年六月三十日二十四时的全国人口总数是六亿零一百九十一万二千三百七十一人。其中，五亿七千三百八十七万六千六百七十人为直接调查的数

* 这是邓小平在中央人民政府委员会第三十二次会议上的报告。

字；八百七十万八千一百六十九人为间接调查的数字；其余为台湾和国外华侨的数字。这是我国有史以来第一次经过全面的普查所得到的准确的人口数字。通过这次调查，不仅为选举工作的进行打下了基础，而且也为国家的计划建设提供了可靠的根据。

在人口调查工作进行的同时，各地进行了选民登记的工作，按照《选举法》的规定，正确地处理了选民资格的问题。根据中央选举委员会的统计，在全国进行基层选举的地区，选民资格审查的结果，登记选民总数为三亿二千三百八十万九千六百八十四人，占十八周岁以上人口总数的百分之九十七点一八。而全国依法被剥夺选举权的人并加上精神病患者，只占进行选举地区人口总数的百分之一点六四。这说明了我国选举制度的普遍性和平等性，也证明了我国人民民主政权具有极为广泛的群众基础。

从各地选举的情况来看，广大选民都十分重视自己的民主权利，热烈地参加了选举。根据中央选举委员会的统计，全国进行选举地区的选民，参加投票的有二亿七千八百零九万三千一百人，占登记的选民总数的百分之八十五点八八。选民中妇女参加投票的占登记的妇女选民总数的百分之八十四点零一。人民把选举的日期当作节日，张灯结彩，庄严隆重地进行选举。天津市四区郭庄子青年妇女蒋宝珍，结婚时正赶上选举，她为了投票，等了两个钟头才上花车。她说："结婚是大事，选举更是大事，结婚是喜事，选举更是喜事。"南京市浦镇妇女庞良芳，生了小孩子不能参加选举大会，就把孩子起名"选玉"作为纪念。广东省台山县大湾乡归国华侨陈聪，参加选举大会后兴奋地说："我活了九十多岁，到过许多国家，从来没有见过这样民主的选举。”

在这次基层选举中，全国各地共选出五百六十六万九千一百四十四名基层人民代表大会的代表，其中妇女代表占百分之十七点三一。选举结果表明：由于在选举运动中深入地进行了国家过渡时期总任务的教育，人民群众的政治觉悟提高了，“走社会主义的路”成为广大人民群众奋斗的目标，“社会主义带路人”成为挑选代表的主要标准。在群众的选择下，很多工业和农业生产战线上以及其他各方面的优秀人物被选为人民代表。这些优秀人物分布在城市和乡村中，和广大人民群众保持着密切的联系，这就大大有利于人民民主制度的进一步巩固。

各地的基层选举工作都是密切结合着中心工作进行的，因此对于各项工作也起了重大的推动作用。在基层选举中，许多厂矿企业的工人为了迎接和庆祝选举，掀起了生产竞赛，提前完成了生产计划。许多工地经过这次选举，出勤率大大提高了。在农业生产和互助合作方面，“搞好生产迎接普选”成为广大群众的行动口号。很多地区在选举运动中发展了互助组，整顿和新建了农业生产合作社，扩大和提高了生产。有些灾区从生产救灾入手进行普选，从而解决了群众当前生活上和生产上的困难，也顺利地完成了选举工作。

在普选运动中，充分地发扬了民主，选民们检查了基层政权的工作和干部的工作作风，使所有干部在群众鉴别下，受到一次深刻的民主教育，对于改进工作、改善作风起了积极的监督和推动作用。群众通过检查，从本质上认识到绝大多数干部都是忠心耿耿、任劳任怨的，为人民做了许多工作，因而这次又选举他们当了代表。对于一部分作风生硬、工作有缺点的干部，群众指出了他们的缺点，也肯定了他们的成绩，再经过干部诚恳的自我检讨，群众谅解说，“人有失脚，马有漏蹄”，“知过改过不算过”，仍然选举他们做了代表。此外，也有一部分干部由于工作能力不强，不能起领导作用，没有被选为代表；而更重要的是在基层选举中，把那些违法乱纪犯有严重命令主义错误的分子和窃踞在基层政权中的坏分子发现出来，并从基层政权中剔除了出去。这就更加纯洁了基层政权的组织，密切了人民政府与人民群众的联系，巩固了人民内部的团结。

经过选举，干部的工作更加积极了，更加关心群众的生产和生活。他们说：过去积极是为了翻身；现在积极，是为了早到社会主义社会。在那些工作落后的乡村，经过选举，人民的政治觉悟提高了，当选的代表积极领导群众，努力生产，发展互助合作，因而全乡工作出现了新气象。在选举工作过程中，一般基层政权还都整顿了组织和制度，调整了机构，减少了层次，使分工明确了，工作效能有了很大提高。

关于少数民族地区的选举，除部分少数民族地区由于条件未具备没有进行基层选举外，占全国少数民族人口四分之三以上的地区都进行了基层选举，并且都结合选举工作，进一步深入贯彻了民族政策，加强了各民族之间的团结。这些地区的基层选举工作主要是依靠当地的民族干部，并注意和各民族代表性人物协商，尊重各民族的风俗习惯和语言文字。这样，各族人民从选举中便更深刻地感到自己在当家作主，并进一步深切体会到中华人民共和国是我国各族人民友好合作的大家庭。

这次普选是我国历史上空前的规模巨大的民主运动，也是我国人民政治生活中具有历史意义的伟大事件。它的胜利完成，直接为县以上各级人民代表大会奠定了基础。在此基础上，我国的第一次全国人民代表大会将能够集中全国人民的意志，实现其庄严的使命。全国各族人民将更加紧密地团结在中国共产党、中央人民政府和毛泽东主席的周围，为实现国家过渡时期的总任务，为保证我国稳步地建设成为伟大的社会主义社会而奋斗。

同美蒋斗争的方针和措施*

（一九五四年七月二十七日）

中央最近研究了日内瓦会议[1]后的形势，认为在朝鲜和印度支那停战后，美国不会甘心于日内瓦会议的失败，必将继续执行其制造国际紧张局势，进一步地从英法手中夺得更多的势力范围，扩大军事基地、准备战争和敌视我国的政策。这种政策在东南亚，美国今后除了积极企图组织东南亚防御集团、武装日本等等措施之外，必将继续充分地利用台湾，采取海盗式的行为，劫夺到我国的各国船只，并且有把封锁我国的范围扩大到广东沿海及东京湾地区的可能。最近一时期，美国与蒋介石正在高调订立美蒋“共同防御条约”[2]，以及美国不断增加对于台湾蒋匪的军事援助，这是值得我们十分注意的。根据公开的消息，美国对于订立美蒋“共同防御条约”一事，似乎还有顾虑，似乎还未下最后决心，而如果美蒋签订了一个这样的条约，则我们与美国的关系将会长期紧张下去，更难寻求缓和与转弯的余地。所以，击破美蒋“共同防御条约”和东南亚防御条约[3]，乃是我们当前对美斗争的最中心的任务。

---

* 这是邓小平为中共中央起草的给周恩来电报的一部分。当时周恩来正在波兰访问，已定于七月二十八日访问苏联。

我们认为，在我国大陆解放战争胜利结束和抗美援朝战争胜利停战之后，现在我们面前仍然存在一个战争，即对台湾蒋介石匪帮的战争，现在我们面前仍然存在一个任务，即解放台湾的任务。提出这个任务的作用，不仅在于击破美蒋军事条约，而更重要的是它可以提高全国人民的政治觉悟和政治警惕心，从而激发人民的热情，以推动国家建设任务的完成，并且可以利用这个斗争来加强我们的国防力量，学会海上斗争的本领。

对于这个问题，中央拟采取如下的一些措施：

第一，在政治上，国内已开始了必须收复台湾和揭露美蒋的宣传，并且准备在你回京之后，以外交部长的名义就台湾问题发表一个公开的声明〔4〕，接着由各党派发表一个联合声明〔5〕，然后根据两个声明，在全国人民中进行广泛深入的长期的经常的宣传教育工作。此外，我们正在组织专门对台湾的广播工作。

第二，在军事上，也已由军委发出专门指示，加强沿海对蒋匪的海空斗争，同时严格规定我海空军的作战目标只能限于蒋介石的军用飞机和军舰，对于美国飞机和军舰除了它们向我军攻击的情况之外，不许向它们做任何主动的攻击。

第三，鉴于我们与美蒋在沿海的斗争是一个很长时期的事情，而我们的军队在海上斗争的能力和经验又极为缺乏的情况，加强海空军建设，成为我国军队建设的一个长期任务。我们的海军拟采取“先艇后舰”的建设方针，我们的空军必须学会在海上作战的本领。为了适应目前时期紧急斗争的需要，拟在今后三年内向苏联增加一批海空军装备的订货。

上述方针和措施，请面告苏共中央同志，并征求他们的意见。

注 释

〔1〕日内瓦会议，这里指一九五四年四月二十六日至七月二十一日在瑞士日内瓦举行的讨论和平解决朝鲜问题和恢复印度支那和平问题的国际会议。

〔2〕美蒋“共同防御条约”，指美国和台湾当局一九五四年十二月二日签订的“共同防御条约”。该条约一九五五年三月三日生效，一九八〇年一月一日起正式废除。

〔3〕东南亚防御条约，是美国、英国、法国、澳大利亚、新西兰、菲律宾、泰国和巴基斯坦一九五四年九月八日在菲律宾首都马尼拉签订的军事同盟条约。该条约一九五五年九月生效，一九七七年六月三十日根据该条约成立的军事组织正式宣布解散，该条约失效。

〔4〕这里指一九五四年十二月八日发表的《中华人民共和国外交部长周恩来关于美蒋“共同防御条约”的声明》，刊登在十二月九日《人民日报》。

〔5〕这里指一九五四年八月二十二日政协第一届全国委员会常务委员会第五十八次扩大会议上通过的《中华人民共和国各民主党派各人民团体为解放台湾联合宣言》，刊登在八月二十三日《人民日报》。

禁止动员职工辞职的做法 *

（一九五四年八月二十六日）

所谓“动员职工辞职”，是历史发展到今天出现的问题。这个问题要处理，请习秘书长〔1〕注意，由人事部研究一下，以总理名义发一个指示下去，禁止这种事情。因为所谓“动员职工自动辞职”，就会助长失业现象。解决办法要好好研究一下，解决不好会发生很大波动。为什么过去没有发生这个问题而现在发生了呢？过去是“包下来”，现在要实行经济核算制，定员定额。比如银行，如果减去一半人，工作效率就会大大提高。中央所有部门大都有这个问题。今年年初，要中央各机关减去几万人，同时又“不准卸包袱”，这样一来，问题就更大了，更显得臃肿了。当然，我们不能采取推出去了事的办法。要采取各种办法来解决这个问题，能还乡的送回农村，能补习的送去补习，病人、老人额外处理。这个问题，我们至少考虑一年了，一直下不了决心。现在，机关负担很大，要求它建立正常的工作制度确有困难。要规定一些办法，比如工资照给，不做实际工作，但不在定员定额之内，这样机关工作效率就可以大大提高，人的创造性才能发挥，干部的工作效率才能迅速提高。目前这种人员

* 这是邓小平在政务院第二百二十二次政务会议上总结讲话的一部分。

臃肿的状态是不能持久的，必须解决这个问题。但首先要禁止所谓“动员职工自动辞职”。等全国人民代表大会开过会以后，再研究几条办法，使各得其所，使所有的人都有生活。

注　释

〔1〕习秘书长，指习仲勋，当时任政务院秘书长。

应该正确解释毛泽东思想*

（一九五四年十一月十八日）

书记处谈了，同意这样解释[1]。同时，这个问题各地都可能有，请宣传部照拟一通知送我看后转主席、少奇同志看后发出。

注　释

〔1〕中共中央宣传部在一九五四年十一月九日的请示报告中提出：因毛泽东曾批示不应该用“毛泽东思想”这个提法，因此今后党内同志写文章作报告时，应照毛泽东的指示办理。至于讲解党章和过去党的重要文件决议时仍应按照原文讲解，不得改变，即“毛泽东思想”是“马克思列宁主义的理论与中国革命的实践之统一的思想”，并应注意说明毛泽东思想就是马克思列宁主义思想，它的内容和马克思列宁主义是同一的，从而避免对两者有不同内容的可能误解。

---

* 这是邓小平对中共中央宣传部《关于对党章中提出的“毛泽东思想”应如何解释的请示报告》的批示。

在全国农村基层组织工作会议上的讲话要点

（一九五四年十二月六日）

这次召集的讨论农村基层组织工作的会议，开得很好。会议情况已向中央做了报告。中央对马明方[1]同志的报告以及会上讨论的一些问题，基本上是同意的。就这个机会我讲四个问题。

一、过渡时期党在农村中的任务。

过渡时期党在农村中的任务就是，要在一个相当长的时期内完成农业的社会主义改造，把落后的小规模生产的个体经济变成先进的大规模生产的合作经济，实现农业的机械化。大规模的合作经济必须实现机械化才有可能。我们现在搞的农业合作社还不算是大规模生产的合作经济。农业社会主义改造是一个相当长时期的任务，过去曾经说过在十五年左右，经过三个五年计划，加上三年的恢复时期，大概是十八年时间。今天看来，合作化可能不用那么长时间，但是要用现代化技术装备农业，普遍地使用拖拉机，使用机械耕耘，十五年也不能普遍做到。从土地革命开始，到三年恢复时期和第一个五年计划已过去的两年，我们只是为农业社会主义改造做了准备工作，创造了条件。要完成农业社会主义改造，要完成农业的现代化，更复杂的任务还在后面。那么究竟是搞革命容易，还是搞农业社会主义改造容易？过去搞革命我们都熟悉，搞土地改革也比较熟悉，但是搞农业社会主义改造就不大熟悉，我们要从头学起。办农业生产合作社我们有些初步的经验，但是经验还差得远，做农村工作的同志要明确地认清这一点。我们国家的三个改造〔2〕，最难、最复杂的还是农业改造。从重要性来说，今天突出的是农业问题。搞五年计划，最感困难的还是农业生产赶不上。农业生产完不成计划，不能保证城市的需要，不能保证工业用的原料，不能保证出口的需要，其他计划就要受影响。

我们工农业的基础薄弱，技术落后，经验不足，发展不平衡。拿工业来说，一九四九年接收旧中国的遗产是多少呢？工业只占工农业总产值的百分之十七。直到一九五二年底，工业比重才增长到百分之二十七。设想到一九五七年，即第一个五年计划完成时，我们的现代工业还只占工农业总产值的百分之三十七点五。而作为一个工业国，工业总是要占工农业总产值的百分之六十以上才行。我们农业的总产量也并不多，一个人平均五百多斤粮食，苏联现在一个人平均一千多斤粮食。基础薄弱主要表现在技术方面。所谓发展不平衡，主要表现在工农业的比重方面。最近两年，工业增长还是比较快的，但是农业增长得不多，发展不平衡。社会主义经济是按比例发展，现在这个比例有问题，最大弱点就是在农业方面。我们要看到农村工作的重要性，如果我们党不能克服农村工作方面的弱点，势必要影响工业计划的完成。总的来说，就是要在发展农业互助合作运动为中心的基础上达到增产。要使我们的农业更有计划性，必须把农民组织起来。根据中央农村工作部提出的计划，在第一个五年计划期间，农业生产合作社准备发展到二百五十万个到三百万个，使百分之四十以上的农户加入农业生产合作社，耕地要达到百分之五十以上。如果做到这样，就可以说全国一亿一千万农户里面有五千多万户可以有点计划性了。农村工作要向这个方向走。我们还很落后，还有很多问题，把个体农民组织起来很不容易。党在农村的任务是很重的，所以我们要加强党在农村的作用，加强力量做农村工作。

二、加强党在农村中的堡垒作用。

巩固党和发展党，加强党员的教育，提高党员和农民群众的社会主义觉悟，加强农业合作社的政治工作，改造落后乡落后支部，加强农村里的政权工作和各个组织的工作，等等，这都是加强党在农村中堡垒作用的重要工作，也是巩固党和加强党的作用的一些重要方法。

关于巩固党的问题。这几年在中央领导下，有些地方做得是有成绩的。今天看来，凡是执行了一九五一年全国组织工作会议决定〔3〕的，都做得有成绩；凡是执行不力的地方都受到了损失。只要党存在一天，总要采取一切必要措施来做巩固党的工作。一九五一年召开的全国组织工作会议，鉴于多少年来发展了这么一大批党员，过去在战争环境当中没有很好地整顿，所以计划集中力量来整顿一下，这是完全必要的、完全正确的，有很大好处，而且有成绩。那个计划并没有完成。凡是没有完成的还要继续做，因为有了这几年的经验，可能做得更快一些，方法也可能更好一些。在新区来说，也应该注意整顿党的工作。任何一个支部都是这样，不注意整顿就会出问题。过去我搞军队工作，只要那个团的总支部、团政治委员、团政治处有一两个月不下支部，那个支部的问题就会很多，就不知道那个支部会成什么样子。现在我们一个县管几十个、几百个支部，所以，巩固党的工作是个经常性工作，要保持党在农村组织的战斗力，就要经常注意支部工作。今天是很好的支部，过上半年不管他，就会有问题了。因为我们党不是孤立的，是要受社会上各种影响的，比如在农村还有地主阶级的影响，地主阶级消灭了并不等于地主影响就没有了，还有资产阶级的影响。地主、军阀、官僚、资产阶级的影响，会随时侵蚀到我们党内来。所以，这个问题一刻也不能忽略，我们党的领导机关时时刻刻要提醒这个问题，要经常注意巩固党的工作。

关于发展党的问题。要加强农村党的堡垒作用，发展党的问题很重要。这次会议提出了计划，很必要。毛主席过去经常提到，党要管起来，要有计划。过去有这样的情况，突然一下冒出了二百多万党员，这就是由于没有计划，没有控制。很明显党员发展得比较乱，要不然就是好久没有发展。今后发展党员全国要有计划，一个省、一个市要有计划，一个县也要有计划，不要放任自流。

过去多少年来有一条很好的经验，就是各个地方要有党的组织，每个乡都应该有。现在全国有六万个乡没有党的组织，全国一共是二十三万多个乡，也就是四分之一的乡还没有党的组织，还有八万个乡，每个乡只有几个党员。这种情况决定了我们这次会议有必要向全党提出这个问题。搞社会主义，没有党的组织是不行的，这个观念要很明确。凡是没有支部的地方，一定要建立支部，一定要发展党组织，要订计划、规定具体任务。如果到一九五七年我们发展到二百五十万到三百万个农业生产合作社，一个合作社里有一个党员，也得要发展二百五十万到三百万党员。这个数目有没有危险呢？少奇同志在讨论这个问题的时候说，没有危险。他说，搞社会主义革命首先要有党，要有力量，要有堡垒。现在是在直接参加社会主义运动的分子里面，在直接参加互助合作运动的分子里面建立党组织，所以，危险不大。我们是按照有无社会主义觉悟这样的标准去选择对象，去发展党员。为了保证完成农业社会主义改造的繁重任务，为了保证我们的农村工作适应国家工业化的需要，使农业和工业能够相应地按比例发展，我们必须发展这样一个数目的党员。

在单干农民的家庭成员里面也是有积极分子的，也是有有社会主义觉悟的分子的。不管在互助合作组里面，或者是在个体农民中间，我们都是把有社会主义觉悟的分子、走互助合作道路的分子、搞社会主义的分子，作为发展党员的对象。发展党员要注意成分。关于农村的阶级政策，我们向来的提法是：依靠贫农，巩固地联合中农，对富农采取由限制到逐步消灭的政策。这个阶级政策，反映到我们发展党员的工作中，就是发展党员要注意成分，要发展老贫雇农，包括过去是贫农、现在变为中农的那一部分人，注意成分，又是按有无社会主义觉悟来作为我们发展党员的标准，就不会有危险性。

关于建党应该严还是应该宽的问题。今后三年发展二百五十万到三百万农村党员，是不是标准宽了呢？必须要明确肯定，我们建党一定要严。我们共产党要搞社会主义，将来要搞共产主义，不严怎么能够实现这个任务呢？不能把我们党的水平降低。我们党是有战斗力的，但是我们党员的政治水平不能说是很高的，应该一步一步地提高党员的水平。

讲到这个问题，我要说一说党员标准的八项条件。这“八条”是：（一）必须了解中国共产党是中国工人阶级的党，是工人阶级的先进部分。（二）中国共产党的最终目的，是要在中国实现共产主义制度。它现在为巩固新民主主义制度而斗争，在将来要为转变到社会主义制度而斗争，最后要为实现共产主义制度而斗争。一切党员必须具有为党的这些目的而坚持奋斗的决心。（三）必须是一辈子坚持革命斗争。（四）必须执行党的政策和决议，积极参加党所领导的革命运动，严格地遵守党的纪律，对于党内党外一切损害党的利益的现象必须进行斗争。（五）必须把人民群众的公共利益，即党的利益，摆在自己的私人利益之上，党员的私人利益必须服从人民的即党的公共利益。（六）在革命斗争中，必须勇敢坚决，不能在严重的艰苦的环境中退缩，不能向敌人投降，不能叛变共产党和共产主义。（七）必须为人民群众服务，使党与人民群众建立很好的关系，认真地了解人民群众的要求和意见并及时地向党反映，把党的政策向人民群众做宣传解释。（八）必须努力地学习，使自己懂得更多的马克思列宁主义、毛泽东思想，使自己觉悟更加提高。自从一九五一年全国组织工作会议提出党员标准的八项条件以后，党内有一部分人不赞成这个“八条”。究竟怎样看这“八条”？应该说“八条”内容同党章规定的内容、精神都是一样的，但它归纳得更简单一些，使我们一般水平的党员更容易了解一些。不能说“八条”违背了党纲党章，不能说“八条”比党纲党章的内容更多，要求更高。“八条”是完全合乎党纲党章的，是把党纲党章的内容归纳起来，更便于进行教育，进行宣传，所以，它是必要的。今后“八条”还是适用的，只是在个别地方为适应我们党一定时期的任务，适应我们党在一定时期的政策，使之更接近于今天的具体实际，可以修补一下，但总的来说是完全对的。当然，我们并不是要求每个人都完完全全符合“八条”才能入党，而是说要向入党的人宣传“八条”，承认了“八条”才能入党。当然，要完全做到这“八条”，还要在入党以后经常做工作，我们有好多老党员现在也还不能完全做到。要以这“八条”作为自己努力的方向，要承认共产党是工人阶级的先锋队，赞成社会主义、共产主义，愿意革命到底，起模范作用，努力学习，服从领导，服从党和人民的利益，不当老爷，要当勤务员。

关于加强党的堡垒作用的组织形式问题。农村党的组织形式要适合于工作要求，适合于政治任务，适合于具体条件。这是加强党在农村中的战斗力必须要解决的一些问题。

三、坚持群众路线。

坚持群众路线同充分的宣传、说服工作不能分开，不用充分的说服方法来进行工作，不可能有群众路线。群众路线就是任何工作、任何活动都要在群众自觉自愿的基础上进行。这一点，我们党是有传统的。七大[4]的时候，毛主席在作《论联合政府》的报告中，把我们党的作风归纳为三句话：第一，理论联系实际的作风；第二，批评与自我批评的作风；第三，密切联系群众的作风。我们革命之所以能取得胜利，就是因为坚持了这三大作风。

理论与实际联系的作风，就是马克思列宁主义同中国具体实践相结合的作风。我们党的领导之所以正确，我们党之所以能够取得胜利，就是坚持了这个作风。马克思列宁主义同中国革命具体实践相结合，过去是这样，现在是这样，将来也必须是这样。

批评与自我批评的作风，是以毛主席为首的党中央所提倡的。我们党之所以能够团结，有战斗力，是离不开批评与自我批评这个作风的。凡是不开展批评与自我批评的地方，党的团结、党的战斗力就受到损伤，对一个支部来说是如此，对一个省、一个地区来说也是如此。

密切联系群众的作风，就是党的群众路线。为什么我们能够得到群众的拥护，能够依靠人民诚心诚意的拥护取得革命的胜利？就是因为我们联系群众。得不到群众的拥护，能打胜仗吗？我们之所以能够以弱胜强、以少胜多、以小米加步枪打胜仗，就是因为依靠了群众。如果我们没有密切联系群众的作风，不去同群众打成一片，党的方针不能给群众说清楚，那么，虽然党的政策是符合于群众利益的，但是群众不懂，能赞成、拥护你吗？不会的。群众不拥护，要想取得胜利是不可能的。

为什么反对命令主义？就是因为这个东西影响了我们同群众的联系。群众不赞成，我们什么事情也搞不成功。所以，一定要坚持群众路线，坚持说服的工作方法，反对命令主义。一个党的好作风是不容易树立起来的，树立起来以后，如果不注意保护、不注意检查，那也容易消失，摧毁也容易。坏作风一发展起来，克服就比较难。这是长期的艰苦的工作，要经常不断地努力。

过去有这样一个说法：强迫命令是因为任务一堆堆地压下去，强迫命令是不可避免的。我们要说清楚这个问题，是不是上面的任务一堆堆地压下来就必然要强迫命令呢？这个话站不站得住？如果我们在理论上承认这一点，下面的强迫命令都是由于上面的任务压下去造成的，那结论必然是永远无法克服命令主义。因为过去任务一批批地压下去，今后仍然会是任务一批批地压下去。任务永远多，永远没办法克服命令主义，这个逻辑是说不通的，这样的说法是错误的。

任何时候都有新情况，总会提出新任务。不提出新任务，我们思想上就要混乱，我们的战斗力就要减弱。因为我们革命不能停止，总要前进，社会主义革命完成了，还要实现共产主义。

领导机关对命令主义要不要负责呢？要负责的。在哪一方面负责呢？第一，比如过去讲的“五多”[5]。比如表格，一填就是几十张，弄得下面无法应付，结果有许多作假的。这样的责任领导机关得负。第二，应该做的事情，只交代任务不交代方法。比如对农村党组织、对农村干部帮助不够，指导不具体，领导机关当然要负责。从中央到县、到区，都要注意这个问题。我们不能只是把任务交给支部，交给乡干部，他们的任务那么多，他们的水平又只有那么高，他们也着急。所以我们说，有许多问题是领导帮助不够。要区别强迫命令发生的原因：有的是由于地富分子把持政权；有的是由于干部作风十分恶劣，脱离群众，完全蜕化；有的是由于上面领导的缺点，甚至是失误，比如刚才说的“五多”，只交代任务，不交代方法；有的是由于本身确实办法少，水平不高，能力比较弱，又要完成任务。要分析这些原因，但是无论如何，不能说强迫命令不叫错误。农村党员犯了这些错误，应该更耐心地帮助他们改正。任何人犯错误，都必须纠正，只是由于犯这种错误的程度有不同，原因有不同，我们要区别对待。无论在农村也好，在城市、工厂也好，我们的党员进行工作时要用充分教育说服的方法，要搞群众路线。革命就是这样搞成的，搞革命就靠这一条。事实上并不是任务越重越多的地方就一定要脱离群众。有的地方任务比较重，并没有脱离群众，而在任务轻的地方，有时也脱离群众，这样的例子在农村工作中普遍可以找到。这次会议专门提出这个问题，很重要，很必要，要经常注意这个问题。

四、县委的领导问题。

县委的领导是很复杂的，县的工作面更宽，压到县的任务比压到乡和支部的更多。县委是领导机关里面最基础的单位，既是领导机关，又是执行机关。任何的工作，一到县就要具体化了，什么问题也逃不掉，你不具体化毫无办法。有许多问题是在支部里面、乡里面发生的，也要县里解决。有的问题解决的原则，中央、省委规定了，到县里还要具体化。比如猪饲料问题，中央无非提出解决猪饲料问题的原则，至于怎样具体解决，不好规定，顶多说说某某地方多种红薯或者用什么办法解决。但是有的县根本没有红薯，那就要具体化解决。比如养猪，现在有好多地方杀小猪，中央或者省委只能说，某某地方发生了大量杀小猪的事情，必须解决这个问题，顶多指出杀小猪的问题是个政策问题，怎么解决呢？要县来解决。究竟怎样执行这个政策，因为这个县和那个县不同，运用这个政策在各个地方发生的问题也不同，所以到县就一定要具体化，这就靠县的具体领导。所以县的领导很要紧，县的领导骨干很重要。县里面至少要有一个得力的领导骨干，能够成为团结的中心，能够发挥大家的智慧能力，不然不容易搞好。如果能有两个领导骨干就更好了。

除了加强领导骨干以外，县还有一个组织形式和工作方法的问题。组织形式影响工作方法，要解决工作方法不解决组织形式也不行。这个问题我们还没有很好地解决。过去不管土地改革也好，镇压反革命也好，统统是一揽子。那个时候只能这样做，必须这样做。为什么我们能打胜仗，能够搞那样大的运动，完成那么大的任务，就是当时的组织形式和工作方法，适用于当时的具体条件。今天搞建设，搞社会主义改造，出现了这样一个问题，就是组织形式和工作方法与现在的工作任务不是完全适应的。我们要研究解决这个问题。如果现在我们不把主要力量放到底下去具体帮助基层单位，那我们县的工作是搞不好的。当然，也需要有必要的人留在领导机关工作，但主要力量必须放到基层去。

县里面党和政府的编制究竟怎样才比较适当？现在很显然有些是不合理的，不是根据具体任务来搞组织形式，来搞编制。一个一百几十万人的县，党、政、群众团体的编制也不过四百人的样子，而一个三五万人的县，县级机关就有一百多人。江苏的武进县有四十二个中学，县里也是一个教育科，只有那么几个人；保安县〔6〕只有几万人，也是一个教育科。这很显然不合理，武进县不是根据有四十二个中学来配备干部的。中央讨论像武进县这样的县，无论如何不能叫科，要成立教育局，因为如果没有一个局的编制，三五个人绝不可能管好四十二个中学。一百多万人的县，或者是工商业比较发达的县，组织编制就应该多一点，四五万人、五六万人的县，就不需要那么多局的编制。而现在是一视同仁，一般化。这个问题中央在原则上解决了，就是要根据具体任务、情况来确定每个县的编制。

省的编制也是一样的问题。现在人口少的省，如西康[7]、青海，人口不过一千五六百万，省一级机关是一千五百多人，像四川、江苏、山东、河南这样的省，人口都在四千万以上，省一级机关也不过三千几百人。就是每个省，也有不同的情况。比如四川，虽然有六千万人口，但工商业同江苏的工商业比，江苏工商业发达得多，工商业机构江苏就应该大一些，可能在教育方面江苏也应该比四川的编制更大一些。总之，现在有些地方的编制不合理。过去中央原则上决定每个省每个市搞一个编制，由省来决定县的编制。县是分五等：特、甲、乙、丙、丁。中央组织部要考虑一下，把县搞成十等编制，搞个控制数字，按具体情况去编。每个县必须有一个编制。县同省有关，省同中央有关，归根到底还是要从中央这方面去做工作。

我这里讲的是县的编制和工作方法问题，在今天的新情况下，这是个全国性的问题。从中央到乡，这个问题都需要解决。今天为什么提出县呢？因为讲农村，县是很重要的，县是农村的指挥机关。什么事情到了县里就要具体化，包括组织形式和工作方法。现在一个县领导机关的人并不少，包括事务机关在内有七八百人，问题就是这七八百人的力量没有发挥出来。天天在吵人不够，这个系统叫人不够，那个系统叫人不够，但加起来一看，确实人不少。中央也一样，一个部有好几千人，还是叫不够，讲需要八千人，我们说有两千人就够了，可是我们说不出两千人就够的理由，因为没有研究，说不出道理来，只是一个概念，就是看到人多。中央组织部要研究这个问题。今天我们提到农村，要解决农村的问题，主要是县的组织形式和工作方法问题要研究。解决的原则就是，我们的工作要具体帮助乡村，要有一批人专门指导乡村工作。人从哪里出，用什么方法才能达到这个目的？这是个重要的问题。解决这个问题不能太迟了。

注　释

〔1〕马明方，当时任中共中央副秘书长、中央组织部副部长。

〔2〕三个改造，指一九五六年基本完成的国家对农业、手工业和资本主义工商业的社会主义改造。

〔3〕全国组织工作会议决定，指一九五一年三月二十八日至四月九日举行的中国共产党第一次全国组织工作会议通过的《中国共产党第一次全国组织工作会议关于整顿党的基层组织的决议》、《中国共产党第一次全国组织工作会议关于发展新党员的决议》。

〔4〕七大，见本卷第142页注〔2〕。

〔5〕“五多”，见本卷第127页注〔1〕。

〔6〕保安县，旧县名，今陕西省志丹县。

〔7〕西康，见本卷第122页注〔2〕。

认真研究解决农村经济生活的紧张情况*

（一九五五年一月八日）

上海局、各分局、各省市委并告河南省委：

河南省委讨论中央十二月三日指示的报告[1]，省委《关于缓和目前农村紧张情况，稳步实现社会主义改造的紧急指示》[2]，以及省人民政府通过的关于活跃农村经济生活和冬季生产救灾工作两个文件，均已收悉。中央认为河南省委所采取的各项措施，是必要的和正确的。目前全国各地农村经济生活的紧张情况，是多方面的，如果不做系统的研究和统一的安排，是解决不了问题的。河南省委就是这样做了全面的安排，其经验值得各地效法。现将省委十二月二十七日的报告及河南省人民政府《关于目前活跃农村经济生活的紧急方案》[3]两件，转发各省市委参考。

中　央

一九五五年一月八日

---

* 这是邓小平为中共中央起草的电报。

注　释

〔1〕中央十二月三日指示，指一九五四年十二月三日中共中央转发商业部《关于目前牛羊市场和毛猪生产问题通报》的批语。中共中央要求各地党委必须注意：一、认真检查在政策执行上有无偏差；二、必须加强对农民社会主义的思想教育工作；三、在粮食统购统销工作中，克服地方主义倾向、本位思想和片面照顾农民的观点；四、对农业合作化运动，必须强调健康第一；五、有关引起农民不利于生产举动的其他原因，都要分析清楚一一解决。十二月二十七日，中共河南省委向中央作出了《中共河南省委讨论中央十二月三日指示的报告》。

〔2〕一九五四年十二月二十四日，中共河南省委在《关于缓和目前农村紧张情况，稳步实现社会主义改造的紧急指示》中提出缓和农村紧张情况的主要措施是：一、在经济工作方面，要使供应工作及时地跟上去，保证灾区和经济作物区的粮食和饲料供应，根据需要和可能的原则做好土产收购工作，要正确贯彻对资本主义商业的利用、限制、改造政策和市场管理政策等；二、在灾区工作方面，所有灾区和与生产救灾有关的工作部门，都不能违背以生产救灾为中心的工作方针；三、对农业合作化运动的指导上必须紧紧掌握健康第一的方针；等等。

〔3〕一九五四年十二月二十七日，河南省人民政府在《关于目前活跃农村经济生活的紧急方案》中提出的主要措施是：一、大力组织农村经济生活，活跃农村经济；二、制定若干具体政策，要求正确贯彻国家的统购统销政策，正确贯彻对资本主义商业的利用、限制、改造政策和市场管理政策，国营和合作社必须进一步明确分工以适应市场变化的需要等。

党的高级干部提高理论水平具有特别重要的意义*

（一九五五年三月二十一日）

加强党的思想工作，不断地同腐蚀我们党的各种资产阶级思想做斗争是我们党的一项基本任务，在这方面工作的任何减弱都是对党有害的。每一个党员都应该努力提高自己马克思列宁主义的思想水平，提高共产主义者的“嗅觉”，使我们能够敏锐而正确地鉴别什么是资产阶级的东西，什么是共产主义的东西，以便发扬共产主义的东西，反对和肃清资产阶级的东西。党必须在经济战线上有系统地改造资本主义工商业的同时，在思想战线上有系统地批判和战胜资产阶级思想的影响。党的高级干部提高理论水平尤其具有特别重要的意义。马克思列宁主义有没有学好是我们能否做好领导工作，能否经受得住尖锐的阶级斗争的考验的重要关键。党要求每一个高级干部经常地认真学习，并将实行按期分批把党的各级干部调到党校学习的制度。

---

* 这是邓小平代表中共中央在中国共产党全国代表会议上作的《关于高岗、饶漱石反党联盟的报告》的一部分。

必须对党员实行严格的监督*

（一九五五年三月二十一日）

毫无疑问，我们的党鼓励每一个党员充分发扬和不断提高自己的才智，但同时我们的党必须经过一定的组织对任何一个党员（哪怕是最负责的党员）的工作实行严格的有系统的监督。没有由上而下的和由下而上的监督，一个好的党员也可能犯严重的错误以至变坏。诚诚恳恳地把自己的工作摆在党组织的监督之下，而不是相反地把自己摆在党组织之上，这是我们共产党人必须遵守的原则。

在我们党内，各级党委还不都是认真地执行着集体领导的制度，对党员干部特别是高级干部，对党的各个组织特别是高级组织的监督，还不是经常和严格的，这些就成为高岗、饶漱石〔1〕这样的阴谋家可以利用的空隙，以致他们的所作所为中央在一个相当时期内不能明了真相。

我们必须接受这样严重的教训，切实健全各种必要的制度，首先是建立和加强中央对全国各地方和上级对下级的巡视检查制度，一定的党的工作部门监督一定的国家工作部门的制度，管理干部的部门同时负责检查干部的实际工作情形

* 这是邓小平代表中共中央在中国共产党全国代表会议上作的《关于高岗、饶漱石反党联盟的报告》的一部分。

的制度，以保证任何党员都在党的监督下面做工作。同时，必须迅速建立中央和各级党组织的监察委员会，以便经常检查和处理党员干部和党的组织各种违法乱纪案件，同一切违反党章党纪的分子进行经常的坚决的斗争。

注　释

〔1〕高岗，曾任中共中央政治局委员、中央人民政府副主席、中共中央东北局第一书记、东北行政委员会主席、国家计划委员会主席。饶漱石，曾任中共中央华东局第一书记、华东行政委员会主席、中共中央组织部部长。一九五三年，他们进行分裂党的阴谋活动。一九五四年二月，中共七届四中全会对他们进行了揭发和批判。一九五五年三月，中国共产党全国代表会议通过决议开除他们的党籍。

关于建部队演习场的意见*

（一九五五年四月二十五日）

德怀、剑英[1]同志：

贵州一省只有一个师，我觉得为一个师搞这样大一个演习场，是不妥当的。如所有部队必须大的演习场，则似可考虑把部队集中一些，如贵州一个师靠近云南，共同利用演习场。如不行，还可考虑将这个师移至贵州比较偏僻的或占土地极少的地方。总之，在贵筑[2]这类好地方演习一个月也是不行的。如何，请剑英同志再考虑。这个问题可能其他各省也有，必须注意。

邓 小 平

四月二十五日

注 释

〔1〕德怀，即彭德怀，当时任中共中央政治局委员、中央军委委员，国务院副总理兼国防部部长。剑英，即叶剑英，当时任中国人民解放军武装力量监察部部长、训练总监部代部长。

〔2〕贵筑，旧县名，今贵阳市花溪区。

---

* 这是邓小平写的信。

妥善处理厂矿企业多余职工*

（一九五五年五月二十一日）

上海局、各分局、各省市委、党中央各部委、国务院各部委党组、中央编制工作委员会：

中央同意北京市委《关于厂矿、企业精简编制问题的请示报告》。中央认为，北京市提出的增加班次、组织轮班学习，以等候国家调配的办法，是目前处理厂矿企业多余职工的比较妥善的一个办法，望各地、各部门立即仿效试行。同时，中央认为这个办法，对于某些国家工作机关也是可行的，各地、各部门亦可根据这个原则加以试行。中央特别责成中央编制工作委员会，在进行中央机关整编工作中，选择一两点试办，以吸取经验。

中　央

一九五五年五月二十一日

* 这是邓小平为中共中央起草的电报。该电报于六月八日发出。

中国社会主义革命和建设的几个问题*

（一九五五年五月二十六日、二十七日）

一

过去中国是一个半殖民地半封建社会，中国革命的任务首先是打倒帝国主义、封建主义、官僚资本主义，实现资产阶级民主革命。我们党成立以后，即确定了这个任务，同时也确定了社会主义革命阶段即第二个革命阶段的任务。

毛泽东同志根据马克思列宁主义的原则，一再强调资产阶级民主革命的中心问题就是土地问题，因此中国共产党从来就注意土地改革。当革命取得全国胜利以后，中国共产党在全国范围内普遍地实施了土地改革。现在除西藏和其他一部分少数民族地区外，全国都已完成了土地改革。土地改革的经验，主要可归结为三点：

第一，坚决执行中共中央确定的关于土地改革的总路线与总政策，即：依靠贫农、雇农，团结中农，中立富农，有步骤有分别地消灭封建剥削制度，发展农业生产。

---

* 这是邓小平会见南斯拉夫共产主义者联盟中央委员斯塔门科维奇、贝哥维奇时谈话的一部分。

第二，认真贯彻有领导地放手发动群众的方针，做到领导骨干与广大群众相结合。中国的封建统治有几千年的历史，十分强大。如果不发动群众，即使分配给农民土地，也不能算把它打倒了。我们的民主革命搞得比较彻底，因而为社会主义改造打下了基础。

第三，建立城乡最广泛的反地主的统一战线。在农村团结了百分之九十以上的人口，在城市，工人阶级当然欢迎土地改革，资产阶级也没有理由反对。

土地改革完成后，我们党就着手进行农业的社会主义改造。因为不实行这种改造，农民就不可能摆脱贫困，获得彻底的解放，农业就不能为工业提供足够的粮食和原料。

二

中国是个多民族国家，主要是汉族，约五亿六千万人，少数民族人口总计有四千万左右。

我们党历来主张中国国内各民族一律平等。新中国成立后，根本消灭了民族压迫，建立了国内各民族平等友爱互助的新关系。但这并不等于说，中国不再有民族问题了。我们党在民族问题方面还要做很多工作，这就是巩固中国的统一和各民族的团结。在统一的祖国大家庭中，保障各民族的平等权利，在祖国共同事业的发展中，逐步地发展各民族的政治经济文化，包括稳步进行必要的社会改革，逐步消灭历史上遗留下来的各民族间事实上的发展不平衡，使落后民族得以跻身于先进民族的行列，过渡到社会主义社会。

为了完成以上任务，我国宪法规定保障各民族一律平等，禁止对任何民族的歧视与压迫，禁止破坏各民族团结的行为。

在发展少数民族地区的经济文化方面，国家尽可能帮助他们改进农业和畜牧业生产，建设与发展交通，活跃物资交流，实施各种防疫治疗，创办学校，培养少数民族干部。对于没有文字的民族，帮助他们创造文字。

进行社会主义改造是必要的，但必须用更多的时间，用更缓和的方式逐步去实现。什么时候进行？怎样进行？容许各民族人民群众以及各民族中同人民群众有联系的公众领袖去从容考虑，并按照他们的意愿去做决定。换言之，即由他们本民族决定，而不是由汉族来替他们决定。不过，少数民族地区一般比较落后，均须帮助他们，使各民族一同进入社会主义。

此外，少数民族地区在社会主义改造之前还有民主改革的问题。民主改革在汉民族地区进行得很猛烈，在少数民族地区就不应那么猛烈。

民族问题是一个长期的问题，到了社会主义社会也还会存在。所以毛泽东同志经常教导我们全党，对这个问题一时一刻都不能疏忽。

我们党根据马列主义原则实行民族政策，现在各民族团结得很好，包括西藏在内。

根据我们的经验，搞好民族关系最重要的是必须经常不断地反对大民族主义，反对不尊重少数民族语言文字、风俗习惯和干涉少数民族的宗教信仰，反对不培养和不提拔少数民族干部。大民族要帮助少数民族，先进民族要帮助落后民族，同时也要反对少数民族的地方民族主义，要在反对大民族主义的前提之下反对地方民族主义。

三

人民民主国家最重大的任务，就是建设社会主义，就是按照社会主义经济法则制订国家经济建设计划和各种相应的经济政策。没有一个全国统一的经济建设计划，没有统一的经济政策，没有集中的管理，就不可能建设社会主义。

我国的经济建设计划是怎样制订的呢？它是根据党的总任务来制订的。党的总任务就是逐步地实现国家的社会主义工业化，逐步完成对农业、手工业和资本主义工商业的社会主义改造。为了实现这个任务，在制订统一的经济计划时，必须考虑到中国经济各方面的情况。这个计划既包括经济和文化的各个部门，又包括各种经济成分；既要包括大型的、集中的现代化经济，也要包括小型的、分散的落后经济。这是为了把各种经济逐步地纳入计划轨道，加以安排，并经过改造，把非社会主义经济逐步转变为社会主义经济。

有了这样的统一计划，譬如我们对私营工业，就可以采取国家资本主义的方式，逐步地把私营企业变成公私合营的企业；中小工厂需要联营的就先让它们联营，然后再吸收为公私合营；必须淘汰的，可以逐步淘汰。同时国家还根据计划，为它们分配原料、分配订货、规定生产品种、组织生产之间的协定、指导业务的改进，以及限制一定的利润等等。

在领导经济建设上，中央与地方的关系是既统一又分工合作。中央根据全国各方面情况拟订出全国的计划，而各省市又据此因地制宜地拟订出地方的计划。国家鼓励他们积极地完成地方计划，保证全国计划的完成。

四

我党干部的骨干是在长期革命战争中，在长期建设革命根据地的过程中成长起来的。他们忠实于马列主义原则，具有一定的管理国家和经济建设的经验。这些经验对于我们管理全国政权，建设新的社会主义经济有一定的用处。但是仅仅依靠这些经验是远远不够的，因为全国胜利后，的确有很多新东西是我们所不熟悉的。那么怎么办呢？这里有一个最重要的经验，就是毛泽东同志说的，联共是我们的最好先生，我们必须向联共学习。〔1〕怎样学呢？第一，学习和运用列宁斯大林关于建设社会主义的理论。第二，聘请苏联各方面的专家，来帮助我们经济文化等部门的建设。第三，派遣留学生和专家到苏联学习。同时，也要向人民民主国家学习他们的成就和长处，派人向愿意和中国交流经验的国家学习。此外，党和国家创办许多新的学校和训教班，调遣大批工农分子入学，培养他们成为干部和专家。帮助干部总结工作，教育干部虚心向群众学习，这也可以用来提高我们的干部。

培养干部是一个长期的工作，也是我们最薄弱的一个环节。学习不是一下子的事，要有时间。我们有些干部不大愿意学习，有些人学了一点就骄傲自满起来。我们要不断克服这些现象。毛泽东同志经常教导我们，必须虚心学习，要承认自己不行，做小学生。

五

我们国家的政权是工人阶级领导的、以工农联盟为基础的人民民主政权，一切权力属于人民。我们的国家机构绝不是封建地主或资本家用来统治压迫人民的官僚机关，而是为人民服务，并用来保卫人民自己的工具。有些人不分政权的性质，把人民民主专政的国家机构也看成是官僚机构，这种看法是绝对错误的。

既然我们的国家机构不是官僚机构，那么我们是否还有官僚主义呢？有的。其典型的表现是：某些同志饱食终日，无所用心；某些同志缺乏调查研究，缺乏检查和总结工作，只知发号施令；某些同志埋首事务，不问政治，抓不住工作中的主要方向和主要环节。此外，还有拒绝群众批评，骑在群众头上作威作福，等等。所有这些表现，其实质就是脱离人民群众。

我们党是非常重视同官僚主义做斗争的。我们党依靠加强对政权机关的领导和检查，依靠加强对人民的民主教育，使他们习惯于运用批评和自我批评的武器，来克服和反对官僚主义。我们党中央经常提出要和主观主义、官僚主义、命令主义进行斗争。

六

中国共产党非常注意和工人阶级以及广大人民群众的密切联系。在这方面我们党是有传统的。

中国共产党是中国工人阶级的先进部队。党之所以能够联系广大人民群众，主要依靠于下列各种办法：

第一，必须不断地来扩大党、巩固党，用马列主义理论教育党员，把党建设成具有理论与实践相结合、和人民群众紧密地联系在一起、能不断进行自我批评的党。只有这样正确的、光荣的、伟大的党，才能获得人民的真诚拥戴。

第二，巩固共产党领导的人民民主专政，吸收广大人民积极地参加管理政权，这样才能广泛地集中群众的意见，并使党的各种政策变成为群众自己的行动。

第三，把广大群众组织到群众自己的组织——工会、妇女联合会、合作社、青年团等中去。党通过这些组织，用党的政策、口号来团结教育广大群众。

第四，通过统一战线的组织——各级政治协商会议，来加强与各民主党派和民主人士的团结。

总起来说，党与群众的关系，就是党与非党群众的关系。在这个关系上，由于我们党既反对了狭隘的关门主义，又反对了崇拜自发性的尾巴主义，因此使得我们党能够同群众紧密联系在一起，并领导群众胜利地前进。

注　释

〔1〕参见毛泽东《论人民民主专政》（一九四九年六月三十日），《毛泽东选集》第四卷，人民出版社1991年版，第1481页。

动员全党力量做好粮食定销工作*

（一九五五年五月二十八日）

上海局、各分局、各省市委并转各地委、各县委：

兹将安徽省潜山县委《关于模范乡整顿统销工作的报告》[1]转给你们，望加研究，并督促所属区乡切实仿行。模范乡的事实证明，全国各地这一时期的粮食紧张情况，有很大部分是由于我们没有认真领导定销工作的结果。只要我们切实注意了这个工作，如同潜山县模范乡所做的那样，就不但能够使粮食销量大大减少，使紧张情况和缓下来，而且能够确实地充分地保障对于真正缺粮户的供应，并大大鼓励农民的生产积极性。中央要求全党重视这个问题，务必动员全党力量，在一切乡中普遍做好定销工作，采取群众路线的方法，进行充分的群众教育工作，坚决削减那些不该供应或多供应了的部分，压低总供应量，并充分地供应真缺粮户。

中　央

一九五五年五月二十八日

---

* 这是邓小平为中共中央起草的电报。

注　释

〔1〕《关于模范乡整顿统销工作的报告》，是中共潜山县委一九五五年四月十六日报送给中共安徽省委的，四月二十九日由安徽省委转报中共中央。

在全国青年社会主义建设积极分子大会上的讲话

（一九五五年九月二十八日）

同志们：

我代表中国共产党中央委员会向全国青年社会主义建设积极分子大会，向正在成长起来的青年一代，致热烈的祝贺。

中国青年正在同全国人民一道为把我国建成繁荣昌盛的社会主义国家而奋斗。中国青年不但一定能够亲眼看到社会主义社会的建成，而且还要把社会主义社会进一步推向到共产主义社会。多少年以来中国人民所争取的伟大理想，将要在你们年轻一代的手里成为光辉的现实。

我们的党十分重视青年在国家生活中的作用。这一代的青年广泛地受到党的教养，受到革命的锻炼。无数的事实表明了新中国的青年是敢于向前看的，是生气勃勃的，是对社会主义抱有无限热情的，是有强烈的上进心的。我们毫不怀疑青年是我们的希望和我们的将来。

在旧社会中对于青年的一切束缚，已经由于中国革命的胜利而扫除掉了。社会主义事业的推进更是为青年的全面发展打开了无限广阔的天地。你们有一切机会学会为建设社会主义所需要的本领，你们有一切可能把自己的聪敏才智和力量贡献给祖国。只要你们方向正确，你们的任何一点积极性都应当受到珍视，都应当得到党和国家的支持。任何力量都不能够阻挡你们的前进。

社会主义革命是一场最深刻的、最尖锐复杂的斗争。这里充满着革命和反革命的斗争，进步和落后的斗争，新和旧的斗争。这个斗争要求青年成为是非分明和意志坚强的人。你们要无限忠诚地为保卫祖国的社会主义建设而同一切国内外敌人做无情的斗争。你们要敢于同旧的东西决裂，抛弃那些同社会主义不相容的封建主义的和资产阶级的东西，你们要向懒惰、腐化、官僚主义挑战，向一切违法乱纪的坏人坏事展开斗争。你们要不懈怠地帮助落后的人前进。你们要坚决地为社会主义的新事物开辟道路。

青年应当有远大的理想，又要十分重视任何细小的工作。要有远大的理想，才能永远保持前进的勇气和方向。而达到理想的道路是要由无数细小的日常工作积累起来的。你们应当善于把远大的理想和日常的工作结合起来，在任何工作中，严格地要求自己，发挥大胆创造和不怕困难的精神。

青年应当努力学习。你们要用最顽强的精神去学习，使你们这一代的青年都成为识字的人，有文化的人，能够掌握科学和技术的人。你们一定要十分重视马克思列宁主义的学习，来不断地提高自己的政治觉悟。你们一定不要骄傲，一定要虚心地向有经验有学问的老一辈人学习，向群众学习。一个人，只要忠诚地为人民的事业服务，就不会自满而常常会感到自己的不足，就不会只看见个人的作用而能够看见群众的伟大力量，这样的人就一定会不断地努力学习。而只要虚心地努力地学习，你们就一定能够学到实实在在的本领。

在六万万人口的国家里建设起社会主义社会，这是一件具有极其伟大的世界意义的事情。全世界的人民都对我们十分关切。我国的人民是勤劳勇敢的和久经锻炼的，我们有伟大的中国共产党的正确领导，我们有全国各族人民的坚固的团结，我们有苏联和各人民民主国家的真诚援助和世界各国人民的支持，我们一定能够取得这个胜利。我们一定要努力取得这个胜利。

我们确信这一代青年决不会辜负党和人民的期望，一定能够成为无愧于伟大的中国人民革命事业的继承人，一定能够在社会主义建设事业中不断地取得新的成绩。

为社会主义而奋斗的青年万岁！

关于召开党的第八次全国代表大会的决议草案的说明*

（一九五五年十月四日）

中央政治局向这次中央全会提出了关于召开党的第八次全国代表大会的决议草案，现在我就这个问题做一个简单的说明。

从一九四五年召开党的七大[1]到一九五六年召开八大，相距十一年，时间是很长的。原因是：一九四五年到一九四九年这四年，我们正处在急风暴雨的革命战争中；一九五〇年到一九五二年这三年，我们全神贯注地进行了完成民主改革、恢复国民经济和巩固人民民主专政这些极为繁重的巨大的工作，并且进行了紧张的抗美援朝斗争。因此，在这七年中间没有召开党代表大会，是完全可以理解的。一九五三年我们国家开始了第一个五年计划的建设。在一九五二年底，中央政治局和书记处在考虑召开全国人民代表大会的同时，就曾经考虑到召开党的八大的问题，当时并且决定了先召开一次党的全国代表会议。接着在一九五三年下半年，经过全国财经会议[2]和全国组织工作会议[3]之后，党中央察觉了高饶反党联盟[4]的问题。从那时起，党经过了一九五四年

---

* 这是邓小平在中共七届六中全会（扩大）上所做的说明。

二月的四中全会[5]和今年三月党的全国代表会议[6]，对于这个事件做了严肃的处理。显然地，在解决了高饶反党联盟这件重大事件之后，再来考虑召开八大问题，无疑是更为适当的。还应当指出，在这两年多中，党规定了国家在过渡时期的总路线，全国人民代表大会通过并公布了国家的宪法，国家建设的第一个五年计划已经进行了一半多的时间，在社会主义建设和社会主义改造以及其他各方面的工作中，都有了更多更宝贵的经验。同时，党在这几年，经过老区的整党以及城市和新区的建党，经过审查干部的工作，经过总路线的宣传，经过社会主义建设和社会主义改造一系列的实际斗争的教育，特别是经过了对高饶反党联盟的斗争，党的组织比过去更为团结和巩固，党员的政治觉悟水平比过去也有所提高。所有这些，就实际上对党的八大做了更为充分的政治准备和组织准备。这样看来，八大的召开迟了几年固然是一个缺陷，但是，无论从政治上或组织上说，一九五六年召开八大，将会开得更为完满一些，这是可以肯定的。

决议草案规定八大的主要议程是：（一）中央委员会的工作报告；（二）关于修改党章的报告；（三）关于发展国民经济的第二个五年计划的指示；（四）选举党的中央委员会。在八大上，除了将在中央委员会的报告中总结七大以来的工作、提出今后工作任务以及选举中央委员会之外，中央政治局认为七大所通过的党章，有些条文已经不适合于革命已在全国取得胜利和党领导全国进入了社会主义革命阶段的实际情况，需要加以修改。中央政治局还认为根据第一个五年计划的经验，为了保证党在过渡时期的总任务的实现，为了对第二个五年计划及早地进行准备，并避免第一、第二两个五年计划之间的脱节，由一九五六年党的八大发出一个关于发展国民经济的第二个五年计划的指示，是完全必要的，而且是可能的。八大的四个主要议程，都需要有充分的准备工作。这些准备工作，将在六中全会之后，由中央政治局和中央书记处去进行。

第八次代表大会的另一个重要的准备工作，是关于代表的选举。对于这个问题，政治局在提到全会的《关于党的第八次全国代表大会代表名额和选举办法的规定》的决议草案中，有了具体的规定。这里我只说明下面的几点：

（一）在计算代表名额的时候，必须注意到目前全国各地党员分布极不平衡的实际情况。如果单纯地按照党员人数的比例选举代表，其结果必然是老解放区代表过多，晚解放区代表过少，农村代表过多，城市代表过少。如果只按照正式党员的比例选举代表，由于晚解放区和城市的候补党员比例更大，这些地区的代表名额就会更少，当然也就会更不合理。因此，在代表名额和选举办法的规定中，为了适当地分配各地区各单位的代表名额，提出了一些补充的办法，这就是：第一，把党员和候补党员的总数作为计算代表名额的基础，当然这不能解释为候补党员有选举权，而只是把它作为计算代表名额的条件。第二，规定一万名党员选举代表一人，是因为低于一万则代表名额过多，高于一万则党员数目少的单位的代表名额更少。第三，按照选举单位分别增选代表四人至八人，又按照人口在二百万以上的大城市另行分别增选代表十人至十五人，这个办法对于那些工作重要而党员较少的单位是尤为必要的。第四，规定每一省市代表的名额最多不能超过七十人，这主要限制了党员很多的河北、山东两省，按照这个规定，两省共少选代表约一百零六人。这正说明这一次对党员很多的单位适当地限制代表名额，是必要的。根据上述办法计算的结果，全国三十一个选举单位应选出的代表总数，共计为一千零二十四人，每个单位名额的分配，也比较合理了一些。此外，估计到大会开会的时候可能有少数代表因病因事不能出席，所以规定各单位选举十分之一的候补代表，以备补充不能出席的代表的缺额。

（二）在选举办法中规定，在选举代表的时候，应注意使代表中包括有经济和文化部门的专家、工业和农业劳动模范、模范工作者、武装部队中的战斗英雄等，并应使少数民族党员、妇女党员和做青年工作的党员有适当数量的代表，以便使八大代表能够具有党在各方面活动的优秀分子。对于这一点，以后中央还必须进行具体的安排。

（三）决议草案规定大会代表应当在一九五六年四、五、六三个月内选出，这样，所有省、市、自治区和其他选举单位都要在一九五六年第二季度召开党代表大会。在省、市、自治区党的代表大会上，除了选举八大代表和讨论工作之外，还应当选举省、市、自治区党的委员会。中央考虑到全国各省、市、自治区一级机关的肃反运动以及党的高级干部和中级干部的审查工作，一九五六年第一季度可以大体告一段落。所以，把选举代表和选举党的委员会的工作放在四、五、六月之间，是适当的。

最后，关于代表大会的召开时间，决议草案规定为一九五六年下半年。中央曾经设想在明年国庆节前后举行，但要看准备工作的情形如何，才能确定。

以上，就是我对于召开八大问题的简单的说明。

注　释

〔1〕七大，见本卷第142页注〔2〕。

〔2〕全国财经会议，这里指一九五三年六月十三日至八月十三日在北京举行的全国财经会议。

〔3〕全国组织工作会议，这里指一九五三年九月十六日至十月二十七日在北京举行的中国共产党第二次全国组织工作会议。

〔4〕高饶反党联盟，见本卷第217页注〔1〕。

〔5〕四中全会，指中共七届四中全会，见本卷第169页注〔3〕。

〔6〕党的全国代表会议，这里指一九五五年三月二十一日至三十一日在北京举行的中国共产党全国代表会议。

青年活动的组织形式不要一成不变*

（一九五六年五月六日）

青年是社会中的一支积极力量，集中青年的力量起突击作用，起示范和先锋作用，去克服困难，是好的，是必要的。在整个群众积极性还没有起来的时候，或者在解决某一个问题遇到困难的时候，我们都可以想到这种方式。比如组织青年带头开荒等都是好的。

把一部分青年单独组织起来，起突击作用，只是为着解决问题。要从需要出发，注意不要把一种方式在任何情况下都普遍化。在对待形式这个问题上，要从整个任务来考虑，要从合作社需要来考虑。不能只看工作成绩好坏，还要看在什么条件下，适当不适当。青年团的同志一定要注意这一点。关于组织形式问题，常常是在这一个阶段是好的，在另一个阶段就有问题了。许多工作只是在一个时期中需要突击形式。经常形式如果能解决问题，突击形式就不必要了。我们军队有这个经验。打仗时，组织突击组、突击队来打破一个难关，但仗打完了，形式就变换了。领导的任务就是，符

---

* 这是邓小平听取中国新民主主义青年团中央书记处汇报青年生产队问题时谈话的一部分。

合于整个任务时就办，不符合时就变换。历来出毛病常常就是抓住一个形式不放，一直干下去，不问需要，不问情况变化。青年团在农村工厂的工作中，都要注意使用青年力量，发挥青年的突击作用，但用什么形式和方法，要从整个的任务需要出发。我们的任务是发挥青年的积极作用，越能充分发挥越好，但如何发挥，这是个形式问题。

什么时候，什么条件下，决定用这种或那种形式，由合作社来决定。譬如说，青年生产队这种形式，肯定过去是起了好作用的，今后用不用这种形式，由合作社来决定。今天需要今天就组织，明天不需要明天就不组织，后天需要还可以再组织。现在看来，青年生产队很明显有好的地方，也有不便的地方，有正号也有负号，青年团要注意全面地研究。

青年生产队是一种手段，不是一种任务，不能把手段当任务。这一种形式行就用这一种，那一种形式行就用那一种。任何的形式都不会长期地永远地无条件地存在的。对于任何一种形式，都不要当成是一成不变的。变化，决定于任务的需要。任务需要就搞，问题解决了就可以改变，再有需要还可以再搞。对于许多形式，青年团都要加以研究和总结，而且也要向党、合作社、企业建议，请他们来决定。不要单纯批判这种形式不好，而是要说清楚形式是可以改变的，不要采取随便解散的办法。我们要经常宣传这个道理。

现在青年团的工作，我们听到的都是称道的话，说青年团办了好事情，起了好作用，没有发现办坏事情的，没有犯错误。在这个时候，在这种情况下，要特别注意问问地方和合作社的意见。

青年团的会议要开得轻松一些、活泼一些，各种会议也应这样。大家要充分讲话，敢于提意见，提一点也好，三五句也好。希望青年团能在这方面也起带头作用。现在我们开一次会紧张得不得了。不一定每次会议都有报告和决定，你们团中央全会可以在把主席指示传达后，大家议论一番就可以了。

你们开了一些大会，效果很好，希望你们注意工作的深度，把深度当成一个时期的主要问题。开了一次大会就等于开了一张支票，支票要兑现。要加强工作检查，多发现问题，特别要注意推广先进经验，克服工作中的缺点，把工作搞得更好更活跃。

总的来说，一切工作都要根据本身的情况做决定。如果大家都做到这一点，那么我们国家各方面工作都会大大前进一步。

在党的八大预备会第一次会议上的讲话

（一九五六年八月三十日）

我要讲的是前几天七届七中全会决定的一些问题，提到今天代表大会预备会议上来通过。这个文件同志们的手上都有，我按文件的次序讲一讲。

第一个文件是大会的日程。预备会议原来定的是九月一日开始，为了把准备工作搞得更充分一些，特别是把文件问题、选举问题、发言问题准备得更充分一些，预备会议提前了两天，从今天开始，到九月十二日告一段落。九月十五日开大会。中央全会拟定的大会日程草案规定大会开十三天，从十五日开始，到二十七日结束，中间休息一天，实际时间只有十二天。如果会议组织得好，发言又精彩又简练，还可能争取提前一天结束。因为马上就到国庆节了，外宾很多，事务相当繁忙。现在的计划是会期不能超过二十七日。大会日程，同志们都读了，比较简单。一个就是开幕。开幕包括为死难烈士志哀，选举秘书处、主席团和代表资格审查委员会，通过大会议事日程。接着就是三个报告，以后是讨论，最后是选举和通过几个文件。所以，这次大会决定的问题是报告的质量和发言的质量。

第二个文件是代表大会的规则，共四条。

第一条是大会每天下午两点钟开会，七点钟结束，中间休息二十分钟到三十分钟，时间并不算很多。苏共二十次代表大会[1]每天是七小时，中间休息半小时，每天六小时半。我们有小组会，他们没有。

第二条是关于发言的时间。这是个很重要的规定。要求发言有稍微长一点的，有中等的，有短的。大量的是比较短一点的，其次是中等的，长篇的发言，比如七八千字、万把字的发言也会有的，但顶好是个别的。力求发言的人数多一点，活泼一点，不要一律看齐，都是二十分钟、三十分钟，比如发言有三分钟的，有五分钟的，有十分钟的，有二十分钟的，有三十分钟的，个别的有四五十分钟的。规定的发言时间一般不超过二十分钟，个别发言得到主席的同意，可以超过二十分钟。

第三条是大会通过决议用举手表决的方式。举手表决过去我们一般分三次，一次赞成，一次反对，一次怀疑。前不久全国人民代表大会已经取消了怀疑这个章程，这个章程可以不要。我们的大会只用两次表决的方式，就是赞成和反对。

第四条是关于选举。选举采取无记名投票的方式。

第三个文件是预备会议的工作安排。预备会议如果开到十二日，从明天开始，只有十三天的工作时间。预备会议的工作是很多的。

第一，政治报告、党章草案和修改党章草案的报告、关于第二个五年计划的建议和关于建议的报告这五个文件要定稿。当然，最后还要经过中央全会通过，因为这些问题都是代表中央委员会提出的。

第二，选举，下面有专门对选举的建议。选举的许多工作都要集中在这十二三天内搞，我们要力求在预备会议期间把选举的大部分工作做了，基本的候选名单要在这十二三天内得到一个初步的结果。当然，开大会以后还会有工作要做，但是大量的工作是要在这十二三天内进行。

第三，发言稿必须在这十二三天内全部准备好。因为九月十五日、十六日两天大会报告以后，十七日后就全是发言了，每天要有一二十篇发言，又不能把会议停下来等写好发言稿。所以，必须在十二三天内基本上把发言稿确定下来。

这些主要的工作都集中在这个期间，因此需要有一个安排。全会提出了一个安排的意见，就是除了各个代表团以选举为单位划分的小组以外，为了集中力量把文件做好，还要求划分这样几个综合的组，平行作业，来研究文件问题：一个是关于政治报告的组，一个是关于党章草案和修改党章草案报告的组，一个是关于第二个五年计划的建议和关于建议的报告的组。为什么这样做呢？大家看第三条：要求各个代表团必须在九月七日以前把对这些文件的全部意见提出。因为还要留几天给中央，给起草委员会的各个起草人来修改这些文件，如果交迟了就等于没有用了。所以，第三条里面要求在九月五日以前要提出对党章草案和修改党章草案的报告的意见；六日以前要提出对政治报告的意见；七日以前要提出对第二个五年计划的建议和关于建议的报告的意见。当然，各个代表团可以自己安排时间。总之，七日以前必须提出对这些文件的意见，才有修改的时间，否则就来不及了。

关于选举工作，这个文件的第二条提出，要求各个代表团在九月四日以前提出一个候选人的名单。第四条又规定，名单提出以后，由中央政治局加代表团的团长、副团长进行研究，在七日左右提出一个预选的名单，交给各代表团去酝酿，进行预选。至于预选完成的时间，要根据预选工作进行的情形来定。文件上没有写但有这么一个意图，就是争取在十二日以前能进行一次预选比较好，比较有利，大会期间的工作就比较轻松一点。因为在大会期间，有几十个兄弟党的代表团在这里，中央的同志是比较繁忙的，所以要节约出更多的时间来做别的事情。这样，在十三日、十四日就可能知道预选的结果了。大会开幕的时候，大会主席团就可以根据预选的结果提出正式候选人名单。甚至在大会期间还可能有需要补救的工作要做，比如有少数人需要进行第二次预选，等等，这要看工作进行的情况来定。关于预备会议期间各个代表团的工作，提出这样一些意见，请预备会议加以考虑。至于各个代表团里面的组究竟怎样划分好，预备会议期间的时间如何安排，完全由各个代表团自己去斟酌决定，可以不完全一致，只要按期交任务就行。

第四个文件是七届七中全会关于第八届中央委员会选举工作的建议（草稿）。这里要解释一下：按照党章，选举工作的正式权力属于全国代表大会，但实际上这个工作如果到九月十五日以后再进行就来不及了。所以，中央全会建议，从预备会议就开始进行这个工作。当然，预备会议在法律上还不是全国代表大会，但是预备会议的成员完全是全国代表大会的代表（毛泽东：是代表大会的预备会议），所以，在预备会议上对选举工作做出一些决定，七届中央全会认为是可以的。因为马上要开始工作，不决定选举的方针、步骤就不能开工，所以全会向今天的预备会议提出这么一个建议。这个建议有五条。

第一条，确定第八届中央委员会候选名单的名额。在预选的时候由中央政治局和各代表团团长、副团长负责确定。至于提交代表大会的正式候选名单、正式委员和候补委员的名额，在预选后由大会主席团确定。

第二条，第八届中央委员会选举的步骤。我现在解释一下，中央的意见是这样：

第一步，由各个代表团提出一个名单，中央不先提名单，大会主席团也不先提名单。

第二步，各个代表团提出名单之后，由中央政治局和各个代表团的团长、副团长负责把各个代表团提出的名单加以整理、研究，然后决定两件事：一件是确定下届中央委员会的名额，不分正式和候补，都包括在内；一件是中央政治局加各个代表团的团长、副团长，根据各个代表团提出的名单确定一个预选名单。然后把预选名单交给各个代表团来进行酝酿、讨论，根据讨论的结果进行预选。预选也是很正式的一种选举，不过不是在代表大会上，而是以代表团为单位进行预选，有正式的票，并且采取无记名投票的方式。这也是根据七大[2]的经验。刚才说我们要力争十二日进行这个工作，如果中央政治局七日、八日就可以把这个名单拿出来，九日、十日、十一日酝酿三天，十二日就可以进行预选了。

第三步，各个代表团预选的结果交到中央政治局来，由中央政治局加代表团的团长、副团长来共同研究，确定两件事：一件是决定正式委员名额多少，候补委员名额多少；一件是根据这个数目确定正式委员的提名和候补委员的提名。

这个候选名单提出以后，交给大会主席团。以后预选是不是还要进行一个阶段，等大会成立了主席团以后再行考虑。总之，大会的正式候选名单要由主席团决定。

第三条，谁来负责这个选举工作的问题。大会一千多名代表，总要有一个领导和负责主持这个工作的机构。中央全会建议：在大会开幕以前，由中央政治局加代表团的团长、副团长来负责这个工作；大会开幕以后，由大会主席团的常务委员会和各个代表团的团长、副团长负责。

第四条，确定大会选举的时候采用无记名投票的方式。

第五条，确定这次选举先选举正式委员，后选举候补委员。同志们看日程就可以知道，九月二十六日选举正式委员，二十七日选举候补委员。根据七大的经验也是分两次选比较好。七大有一条规定：凡是没有选上正式委员的，列入候补委员候选名单再选。这一条这里没有写，将来由主席团考虑确定，这恐怕是个比较好的制度。如果这样，分两次选就更必要了。

上面这些建议，都是一些程序问题的规定。

关于选举的方针，毛主席在中央全会的讲话中提到三点，现在提请代表加以考虑。这三点是：

第一，究竟提名提多少好？毛主席在中央政治局、中央全会谈过这个问题，是不是初步考虑一百五十人到一百七十人这样一个框框。

第二，前届中央委员会的委员是不是全体提到候选人名单里面，并且全体选出？这里面比较大的问题，就是涉及两条路线的问题，一个是李立三〔3〕同志的问题，一个是王明〔4〕同志的问题。中央过去曾经多次考虑过这个问题，也跟很多同志谈过这个问题，觉得前届中央委员（包括李立三、王明两位同志）全体选出较有利。因为这个问题在我们党的生活里面，在党内斗争和党的团结问题上，是一个比较有代表性的问题，不但在国内，而且在国际上也是有影响的。我们经常跟外国的同志说，我们党从遵义会议〔5〕以后，采取了“惩前毖后，治病救人”的方针对待犯错误的同志。我们这一套，使到中国访问的外国同志听后都很感动，他们觉得我们这个法子好。很多外国同志，如南美洲国家的、美国的、印尼的同志来访问，都无例外地讲到他们过去在这个问题上是犯了错误的。当然，这个错误在遵义会议以前很长一段时间，我们也犯过。外国同志普遍地对我们做的两件事情感受最深刻，觉得对他们帮助最大：一件是中国党对待资产阶级的问题；一件是对待党内斗争的问题。实际上，真正能够代表我们党的作风的，最能说服人的，是对待两条路线斗争中犯错误的同志的态度问题。这不只是对外国同志，对我们党也是有深远影响的。这个道理很多同志都是会考虑的。王明路线、立三路线都是出了名的，但讲到对外国的影响，恐怕还是王明路线。我同南美一个国家党的书记谈话，他说很熟悉这个问题，因为当时王明在共产国际管美洲，那时候搞的“左”倾路线，他们那里也是遭过殃的。所以毛主席提出这个问题，表示了他的意见，中央很多同志也都是这个意见。

第三，关于这次选举的范围问题。现在我们党的高级干部有几个时期的，其中很多优秀干部（现在大量做具体工作的是这一部分人）是“三八式”，就是在抗日战争时期入党的。毛主席讲，这次这个名单如果考虑这个问题，范围恐怕宽了一些。当然，个别的“三八式”的同志是会有的，但一般的下届中央委员会提名，是不是可以不考虑抗日战争时期入党的这一部分同志？其理由之一，就是觉得这些同志是优秀的，如果这一次不提名，也可能更有利，再磨炼一下更好。

第五个文件是关于代表团团长、副团长名单。首先请大家注意，这一次全会讨论，认为还是组成八个代表团比较好。有两个方法组成代表团：一个是按选举单位组成代表团，就是三十个代表团，这样人数不整齐，有的一百多人，有的七八十人，有的五六十人，有的只有五个人，同时也不便于进行工作；一个是按照过去六个大区，加一个军队、两个中直[6]，共八个代表团。中央全会建议组成八个代表团，提出的这个代表团的名单，也只是一个建议，选举代表团团长、副团长的权力属于各个代表团自己，对中央这个提名，各个代表团是可以推翻的。预备会议以后，应该正式组成代表团。今天会议要决定是不是组成八个代表团，大家赞成，就组成八个，然后各个代表团根据中央委员会这个提名选举自己团的团长和副团长。（毛泽东：还要分组）代表团里面要分组。代表团内部怎样分，跟许多同志商量了一下，觉得各个代表团可以不同，但是大家的意见，基本的组还是以选举单位分好。当然，也可能两个选举单位合成一个，因为人数太少，不便于讨论，不便于分工。在正式大会以前整个是由中央政治局加代表团的团长、副团长负责，在各个代表团里面，实际上也需要有一个小的核心。大家商量，由代表团团长、副团长加上组长、副组长共同研究一些问题。特别是选举问题，人多了也不能精细地研究问题，总要有一小部分人能够精细地考虑问题。大一点的省市、单位可以设三个组长，中等的就设两个组长，比较小的就设一个组长，这由代表团自己斟酌。

第六个文件是关于代表资格审查委员会的名单。大会日程规定第一天要选举代表资格审查委员会，但是这个名单中央全会认为今天大会就要第一次通过，等到正式会议第一天通过，那只是一个手续了。为什么呢？因为在预备会议期间，这个委员会就要开始工作。特别是选举问题是要在预备会议期间来做的，大会代表资格的审查工作，必须在这两天完成。所以在今天晚上要通过这个名单。

此外，还有两个名单，一个是主席团名单，一个是秘书处名单，可以在大会前一两天再确定。

以上所说的几个文件是在今天会议上要确定的。还有几点要说一说。

第一，几个文件无论如何请各个代表团按时提意见，在九月七日以前把意见提出来。

第二，关于大会的发言。日程上整个发言时间是八天半，实际上发言时间只有三十六个小时，请同志们注意一下，只有这么多发言时间。而在这些时间内，争取有比较多的发言，最少要有八十个人以上，九十几个人讲比较好。因此必须要求发言的时间要短，每个人讲得少一点，内容生动一些，活泼一些，时间短，讲得就会比较具体、比较生动。发言稿可以一千字左右，一两千字的、几百字的也可以。发言人川流不息地上下台，比较活泼，比一天只有几个人发言好。当然也有一些同志要专题发言，讲一点问题的，需要比较长的时间。

关于发言的准备工作，我们和各代表团的同志商量过，准备这样：地方各省市的发言，大的省市有一个主要的发言，讲二十分钟或少于二十分钟，另外再准备一千字左右的三篇，题目自己想；中等省准备两篇；小省准备一篇；代表很少的省，只准备一篇主要发言就够了。这样，各省、市、自治区大约有六七十篇稿子。这些稿子不一定都讲，还可以印一部分，也可能有一部分不能用，要选出一点精华，有的写出来不用，有的印出来不讲，有的又不印又不讲（毛泽东：书面发言都登报）。无论如何请大家聚精会神地准备这些稿子。这次会议讨论的中心问题是国家建设，少奇同志的报告中心就是讲这个问题。当然，地方发言也有很多会涉及建设的问题，但如果中央各部没有十几篇稿子也不像话。各部部长和部里其他工作人员的发言，不要过长，要讲得短些，讲具体问题。我们和有关同志商量过，能够准备二十篇，选出其中十多篇，或讲或印，总之反映建设要比较充分一点。当然，还有文学艺术方面的、文化教育方面的、科学方面的、群众团体方面的、民族方面的、妇女方面的，都布置了一下，请有关同志各准备几篇稿子。此外，还有些同志要讲一点问题的，大约二十篇的样子。这样，准备的稿子就共有一百二十篇以上，选百把篇，准备讲八十篇以上，报纸登一二十篇。这样比较好。我们提出这样一个计划，这个计划全靠在这十三天里大家努力奋斗。

这样多的稿子就有一个审查问题，主要是质量问题，这个问题很大。因为这次大会有很多外国代表团参加，我们有多大的本事要尽量使出来，要集体努力，集体创作，搞那么几十篇稿子出来。我们跟一些同志商量，各省、市、自治区的七八十篇稿子，请代表团的团长、副团长负责审查，如何组织、研究这些稿子，如何讨论、修改这些稿子，请他们负责；中央各部门准备的稿子，准备组织若干小组来审查，比如三五人审查一方面的稿子，比如经济方面我们委托一波〔7〕他们负责。当然，有些重要的稿子可能还要找一些同志看一看，中央的同志也可以帮一点忙，但大量的不行。

这些发言稿准备好以后，因为要讨论，要看，要先准备哪些人第一批讲，要定计划，最好所有准备的稿子能够在七日以前定稿，有的交代表团，有的交主管的负责同志，还要印出来让大家看看，先了解一些情况，所以太迟了恐怕来不及。

第三，关于候补代表和列席人员的问题。这次除了正式代表之外，我们请八大的候补代表作为列席人员也来参加这次大会。此外，北京还有一部分列席人员。对他们采取这样的办法：凡是八大的候补代表都可以参加各个代表团对文件的讨论，但是不能参加关于选举问题的讨论，选举工作完全属于代表的事情，候补代表没有这一部分职权。候补代表当然更不能参加选举。列席人员因为都有日常工作，所以他们不参加预备会议，不参加预备会议的讨论，也不参加大会期间的小组会，只参加每天的正式会议，旁听大会报告和发言。

第四，所有代表都归口，归哪个代表团，一切问题就找哪个代表团团长和副团长接头。代表团的大本营都在前门饭店。

最后讲讲外宾情况。我们一共向六十三个国家的党发出了邀请，截止到今天，已经应邀的有四十九个，其中执政党十二个，资本主义国家的合法党二十五个、秘密党十二个。还有一些国家的党没有答复。只有三个国家的党答复不能来，一个是荷兰，一个是希腊，一个是卢森堡。因为他们国内事情都很紧，有的是自己有代表大会，有的是国内的问题很多，有的是应付敌人的斗争，抽不出人来。这次各国代表团来的人的身份都是比较高的。因此我们党的各个代表团还要负担一些接待工作。

我们大会的工作也要做好一点，大会开好一点。

注 释

〔1〕苏共二十次代表大会，即一九五六年二月十四日至二十五日在莫斯科举行的苏联共产党第二十次代表大会。

〔2〕七大，见本卷第142页注〔2〕。

〔3〕李立三，曾任中共中央政治局常委、中央宣传部部长。在担负中共中央领导工作期间，于一九三〇年六月至九月犯了“左”倾冒险错误。后来接受了党对他所犯错误的批评，认识和改正了错误。一九四五年在中共七大上继续当选为中央委员。新中国成立后，任劳动部部长、中共中央书记处第三办公室副主任。当时任中共中央工业交通工作部副部长。

〔4〕王明，曾任中共中央政治局委员、中共驻共产国际代表。是一九三一年一月至一九三五年一月遵义会议前中国共产党内“左”倾教条主义错误的主要代表。一九三七年十一月回国后任中共中央书记处书记、长江局书记。在抗日战争初期，提出许多右倾错误主张。由于毛泽东为代表的正确路线已经在全党占统治地位，王明的这些错误只在局部地区一度产生过影响。他长期拒绝党的批评和帮助，一九五六年一月赴苏联后长期滞留苏联，并写文章攻击中国共产党。

〔5〕遵义会议，指一九三五年一月十五日至十七日在贵州遵义举行的中共

中央政治局扩大会议。

〔6〕两个中直，指中共中央直属机关和中央国家机关。

〔7〕一波，即薄一波，当时任国务院第三办公室主任、国家经济委员会主任。

发言稿要短要多样*

（一九五六年九月十三日）

大会发言稿，经过我看的大概有二十二三篇，一般都算好。我们提倡的讲十分钟左右的简短的稿子只有广东一篇，这一篇也嫌长了一点，我已经告诉陶铸〔1〕同志，请他压缩一点。现在稿子的主要问题是字数多了，如果同志们能够压缩一点，十分欢迎。字数少一点，讲的人可以多一点，活泼一点。当然，有的稿子不能压缩，有的稿子不能不长一些，但是，一般的稿子五千多字，字数还是多了。我看大家把语言稍微压缩一些完全可以，比如预定讲二十分钟的，不一定要打满，不要超额完成任务，宁肯保守一点，这样比较好（毛泽东：杂文形式的，比较短的）。同志们能够自己压缩一点那是非常好的，要我们帮助你们压缩是十分困难的。再就是短稿子不短，广东的两篇短稿子不短，江苏刘顺元〔2〕同志的一篇短稿子也不短。一写就是三千几百字，这是非常严重的现象，稿子长了，就要减少很多人发言。我们不是提倡一千几百字吗？这样的稿子现在还没有一篇，希望同志们能够拿出这样的稿子。

现在有的稿子的内容还比较好，有批评与自我批评，讲

---

* 这是邓小平在中共七届七中全会第三次全体会议上讲话的一部分。

的问题也还好。不过要提起注意，现在已经发现了这样的问题，就是稿子讲的问题很多是重复的。上海和天津都是讲资产阶级问题。当然语言不完全一样，但是意思完全一样，里面的分析都差不多（毛泽东：有两篇讲资产阶级的也可以嘛）。问题是意思差不多，无非是讲“三反”、“五反”〔3〕，讲怎么采取赎买政策，等等。同样内容的稿子讲一篇很生动，讲两篇听起来味道就比较淡了。现在只有两个办法：一个是请黄火青〔4〕同志再另外找题目；一个还是讲资产阶级，但可以用另外的讲法，不必全面讲，讲一个角度、两个角度的问题，发挥一下。

农村问题讲的人就更多了。有的讲丰产，有的讲合作社，有的讲山区。很可能有很多稿子讲相同的问题，无非是合作社如何巩固起来。有那么一两篇讲这个问题是好的，多了就不好了，显得“曲子”很单调。

总之，一个是发言稿文字要短，特别希望八九百字、一千一二百字的稿子多一点；一个是题材多一点，各方面的内容都有。人家都说中国共产党讲的语言全是一个腔调，我们就不要腔调太一致了。

注　释

〔1〕陶铸，当时任中共广东省委第一书记、广东省省长。

〔2〕刘顺元，当时任中共江苏省委书记处书记、江苏省副省长。

〔3〕“三反”、“五反”，见本卷第1页注〔2〕。

〔4〕黄火青，当时任中共天津市委第一书记、天津市市长。

国营工业企业的领导体制问题*

（一九五六年十月十六日）

我主张企业管理搞民主化，其方向是群众监督。因为这个文件是试行，出台以后，还要走一步，看一步。

应当说，军队实行党委制更加强了集中和纪律的自觉性。对苏联的一长制，我们过去没有经验，现在有了。开始我们是说党委领导下的一长制，以后毛主席说索性不要一长制，问题才明确了。列宁主张军队集中、企业集中，完全必要，因为当时苏联很混乱。现在搬列宁的说法，也要会搬。但文件不要写绝对了，因为苏联一长制、资产阶级一长制都搞了工业化。可以说党委制比较好。当然在理论上可以说一长制是蜕化的现象，发展了官僚主义、形式主义。我们也不是没有缺点，提用党的、群众的集体智慧好一些。

关于企业与国家的关系，我赞成乔木[1]的意见，应当说到保证上级任务和国家计划的完成。但文件对这点没有肯定、明确地讲清楚。因为企业总要执行国家计划，这是全局。地方党委对部有意见，可以向中央提，但不能不执行部的计划。因部的计划是国家计划的一部分，这一点要说清楚。

---

* 这是邓小平主持中共中央书记处会议讨论《关于国营工业企业的领导问题的决定（草案）》时讲话的要点。

我主张对于条件成熟的公私合营企业，也可以试用这个文件。同党外人士的关系，技术人员有职有权，要写进文件中去，这是大问题。公私合营企业实行党委制，更要保留原有企业的优点，注意对党外资方人员、技术人员的团结。党委讨论问题，不能只听党员的意见，要注意党外的意见、群众的意见、专家的意见。党委讨论重大问题，可吸收党外管理专家参加，认真考虑他们的意见，这不是方式方法问题，是加强党内外联系的问题。

我同意"党委制不是党委书记负责制"，这句话很重要。

注　释

〔1〕乔木，即胡乔木，当时任中共中央书记处候补书记。

革命斗争要讲究策略*

（一九五六年十月十七日）

我们认为，在革命的每一时期总是同时存在着好几个矛盾，而不会只有一个矛盾。例如，在中国的抗日战争时期，存在着许多矛盾，但是当时的主要矛盾是反对日本侵略者，对美矛盾和国内矛盾则处于次要的地位，所以那时我们就集中力量来解决反对日本的矛盾。把反美和反封建的斗争，放在服从于反日的斗争之下。抗日战争胜利以后，就变成为主要反对美帝国主义，反对亲美的封建地主阶级、买办官僚资产阶级了。当时，工人阶级和民族资产阶级也存在着矛盾，但是这个矛盾是次要的矛盾，他们之间的斗争必须服从于反对美帝国主义的斗争。参加反对美帝国主义斗争的，除了工人阶级以外，还有农民、小资产阶级、民族资产阶级。他们反对美国的态度有所不同，工人阶级最坚决，民族资产阶级最不坚决。群众在斗争中是能够识别这些的，因此我们就能够赢得他们的信任和拥护。

斗争的胜利不仅依赖于坚决性，而且还应该讲究策略，只有入情入理的斗争，才能得到人民的同情。应该区别对待斗争对象。例如，在抗日时期，对于抗日地主宽大，对于亲

---

* 这是邓小平会见日本劳农党总书记石野久男时谈话的一部分。

日地主的斗争就尖锐，对于民族资产阶级的斗争也是宽大的。实际上，在民族资产阶级创办的企业中发动斗争，要比在外资创办的企业中发动斗争更容易，因为民族资产阶级软弱。如果我们只看到他们软弱就大斗特斗，那就会损害我们的统一战线。由此可见，斗争中不仅要坚决，而且还要讲究策略，要使其他斗争服从于反对主要敌人的斗争。

在旧中国的工厂里，存在着封建把头制度，这种封建性的压迫，恐怕要比日本工厂更厉害。资本家利用把头制度，制造了一批走狗来破坏工人的团结。把头对工人的压迫要比资本家对工人的压迫更直接，所以工人们最痛恨把头制度。当工人们一旦觉悟起来进行斗争时，往往忘掉了资本家而首先反对把头，这样，资本家就兴高采烈了。我们应该向工人群众揭露资本家所制造的这种阴谋。对于封建把头应该反对，不过也必须做他们工作，分化他们，争取他们中间的人。如果我们能够在十个把头中争取到一个把头，那么我们就能通过他来了解他们的内幕。笼统地一律反对是不对的。应该了解，要获得工人群众的拥护，不仅在于你能够反对什么人，而且还要看你是否反对得入情入理。在我们过去的工人运动中，这是一个长期存在的问题，也是可以处理得很好的。根据我们的经验，向工人群众揭露资本家统治工人的方式，是经常要做的。把头制度既然使工人感到切身痛苦，我们为什么不去谈它呢！

各个政党宣传自己不同的观点和看法，并不能破坏统一战线。各个政党之间，有时可以在这个问题上合作，而在另一个问题上不合作。我们中国共产党和其他民主党派合作得很好，但也并不是在所有问题上都是意见一致的，有时遇到某个问题，双方意见不同的时候，我们就先做双方同意做的事情，把有不同意见的问题暂时搁置起来，让大家继续宣传自己的主张，等到经过实践证明谁的意见对，大家的意见统一起来了以后再解决。我们过去同国民党合作的时候，绝没有停止宣传自己的观点，国民党也没有停止宣传他们的观点。我们一开始就宣传我们最终的目的是实现社会主义，但现在则是搞资产阶级民主革命，这种宣传并没有破坏我们同国民党的合作。

在发动斗争时，我们觉得能否发动工人斗争和取得斗争的最终胜利，最基本的问题，就是群众能否了解我们。在过去的中国工人运动中，我们曾经吃过不少“左”的亏，那时我们斗争很坚决，但是队伍很少，往往孤军作战，脱离群众，结果受到很大损失。工人阶级的斗争，总是要赢得一些东西，也只有赢得了一些东西，工人阶级才能支持这种斗争。譬如，在一个工厂里举行增加工资的斗争，如果我们要求增加一角钱，斗争就能胜利；如果要求增加三角钱，斗争就要失败，就要脱离群众。所以取得了增加一角钱的胜利，就应该结束斗争；否则坚持下去，斗争失败了，就会使我们以后的工作更不好做。

有些时候，我们的意见是正确的，但是得不到大多数人的拥护，在这样的时候，可以采纳大家的意见，但是要向大家说明我们保留意见，以后实践会证明我们的意见是正确的。

工作中发生错误不要紧，经验总是从实际斗争中积累下来的。现在中国共产党路线正确了，但这是从不知多少次的错误中才确立起来的。我们过去的“左”倾路线，曾经把我们弄得倾家荡产，但在破产后，我们的头脑清醒了。要知道，最可靠的是自己的经验教训，别人的东西是靠不大住的。最熟悉的路是自己走出来的，最可靠的也是自己做过的事。

中国教育赶上先进水平还要几十年*

（一九五六年十一月十七日）

我国教育工作的基本原则已经载入宪法。教育服务于一个目的，即培养人才，逐步提高人民的科学文化水平。我们要最大限度地发挥教育效能，培养各方面的人才，为各方面建设服务。教育的制度、任务就是这个目的。教育方面重大的政策由全国人民代表大会决定，代表大会闭会期间由人民代表大会常务委员会决定。在教育制度下的一些重大问题由教育部决定。

宪法规定的教育目的很明确，但是实现这些目的还很困难，因为我们的文化科学还很落后。今天在座的有十几个国家的代表，有英、法等国的朋友，你们在这些方面都比我们先进，我们要赶上先进水平、赶上你们还要几十年。我们需要拼命赶。如我们的小学，学龄儿童有八千五百万人，但实际入学的只有六千万人，还有很多儿童不能入学。中学、大学都有这个问题。大学的宿舍、教室、实验室都不够。这反映了要求入学的人多，但学校的发展赶

* 这是邓小平会见国际青年代表团时谈话的一部分。

不上人民的需要。我们只能逐渐改进，落后要变先进很不容易，现在是一年比一年好。

要由人民自己去辨别问题*

（一九五六年十一月十七日）

在我们看来，新闻自由要看对什么人。现在我们国家，除了关在牢里或者被管制的反革命分子和没有摘掉帽子的地主没有自由外，人民都有自由，包括新闻自由。他们可以在报上发表议论，批评政府的工作，也可以宣传唯心主义。我们报上天天都有辩论，有人民对国家工作人员的批评。但是有个界限。中国报纸的任务是指导人民的政治、经济、文化等各方面的生活，有利于国家有利于人民的，我们就登。各国的报纸，不管它怎么讲，都有自己的立场。如果有人写篇文章说台湾应该归美国，地主应该复辟，这种文章我们不登。

有些外国报纸造谣，说我们“洗脑筋”。根据我们的经验，脑是洗不得的。人民只有经过自己的体验，才会辨别什么是好的，什么是不好的。比如，农民不是一开始就能接受社会主义的，只有在实践证明合作社是好的之后，他们才会走合作化的道路。要由人民自己去辨别问题。人民有这种自由，而反革命则没有这种自由。

我们国家的指导思想已载入宪法，这是全国各党派所共

---

* 这是邓小平会见国际青年代表团时谈话的一部分。

同承认的。马克思列宁主义是我们的指导思想，但宪法也规定，其他唯心主义思想包括宗教思想也可以存在。这一点，你们遇到宗教界的人就会知道，只要他们守法，就可以存在。我国的资产阶级、少数民族中的一些人不信仰马克思列宁主义，很多大学教授也不信仰马克思列宁主义。在学术问题上，包括英、美等国在内的世界上各种思潮，可以“百家争鸣”。我们说有宣传唯心主义的自由，也有宣传唯物主义的自由；有驳斥唯心主义的自由，也有驳斥唯物主义的自由。我们的方针是自由争论。不怕争，真理是愈辩愈明。如果马列主义被驳倒，那就说明马列主义不行。

政协的性质和作用*

（一九五六年十一月十七日）

人民代表大会是我国最高权力机关，一切重大问题都在人民代表大会上决定。人民代表由选举产生。政协不同，它主要是由各党派、各人民团体、社会各界代表人物组成，代表性很广泛。它是一个人民民主统一战线的组织。它的作用是对国家重要问题进行协商。往往一个重大的政策、法令在提交人代会或政府批准前，先经过政协协商。许多问题在没有决定以前，经过充分地酝酿协商有好处，这样到做决定时，时机已经成熟了。政协没有人民代表大会的权力，它不能制定法律、法令，但是可以提出重要的建议。政协与人代会在一些问题上可以开联席会议来讨论。

---

* 这是邓小平会见国际青年代表团时谈话的一部分。

要热心帮助少数民族地区发展经济文化*

（一九五六年十一月十九日）

云南边疆工作的方针，中央已有多次决定。无非是搞好边防，搞好自治，关键是培养少数民族干部。少数民族干部应一年比一年多。这个方针一贯很明确，没有汉族干部去帮助，培养不出少数民族干部。

要热心帮助少数民族发展经济、文化，这几年做了不少工作。云南的民族关系不同于西藏、四川凉山，看得出来，改革的结果是好的，对头人的安置也是做得好的，但有些问题解决得不好。对少数民族地区的税可以轻些，农业税可以不征那么多。有些税现在可以不要，如小额贸易已取消了征税，有的税今天不征将来征。总的来说，税是要征的，但可放宽。粮食可卖点给缅甸，他们交通不便的地方需要粮食。贸易问题多，收购价低了点，宁可贴点，因为人民生活苦，这是不赚钱的贸易方针。逐步发展文化的方针，也是定了的。今天提出的是经济发展计划，计划拨发一亿元。钱拨了，就要调拨物资，不给物资，就要去缅甸买，就要外汇，而外汇拿不出来。所以我同意克诚[1]的意见，慢慢来。贸

* 这是邓小平主持中共中央书记处会议讨论云南边疆工作时讲话的一部分。

易方针是逐步引向内地，但不能排斥历史上同境外的贸易关系。整个经济发展的计划，农业六千万元、手工业五百万元、文教卫生六百多万元。农业补助项目中有耕牛，但那里不缺耕牛，三百多万元用不了。农具补助一千二百万元，是否要那么多？是否先给小农具？地理条件好的，要先看那里缺多少粮，如粮不缺，再考虑发展出路在哪里。应按需要帮助他们，帮助是有步骤的，先给些小农具，使他们一年比一年好。

成立合作社，可以慢点搞，不要急，不是搞减一半的问题。省委要再研究。工业服务于农业和加工业，这样就贴不了什么钱，但也不要希望赚什么钱。要节约投资，搞交通建设。民族地区不搞交通建设是不行的。宗教事务也要花钱。修庙要一百四十万元，这是很大一笔钱。修庙有几种修法，因为那里不用钢筋水泥，可以不花那么多钱。我们要本着要节约、不要浪费的方针。因此要用钱，但不用这么多钱。文化馆可以不修，印刷厂要搞小型的。

总的来说，目前的政策是，合作化慢些搞，文教卫生事业要放慢，工具改革也慢慢来。比较着重的是交通贸易问题。交通要花点钱，贸易是老方针，就是不赚钱，税少收一点。

关于经费预算问题，按会议精神研究核减后再报来。

注　释

〔1〕克诚，即黄克诚，当时任中共中央书记处书记，中央军委秘书长，国防部副部长，中国人民解放军总后勤部部长、政治委员。

教育青年发扬艰苦奋斗的传统*

（一九五七年一月三日、十二日、十六日）

一

现在世界上有一股不要共产党的潮流，此风不可长。青年是接班人。青年必须在党的教导下工作。中国青年运动的传统值得讲，现在青年中有忘掉传统的倾向，劳动观念也不强了。我们的传统是艰苦奋斗的传统，我们要发扬这种优良传统。

（一九五七年一月三日在中共中央书记处会议上讲话的一部分）

二

我们的传统是艰苦奋斗。革命是怎样搞起来的？还不是艰苦奋斗搞起来的。现在的人比从前的人“聪明”一些，像五四运动的青年，一二·九运动的青年，统统是“傻瓜”，冲锋陷阵，得不到一分钱的福利。战争中的青年，一批一批地倒下去，他们都是“傻瓜”。今天报纸上不是写社论纪念

---

* 这是邓小平几次讲话、报告和谈话的一部分。

刘胡兰[1]吗？刘胡兰也是“傻瓜”。我们青年应该学习当“傻瓜”，忍耐一点，看远一点，要看到我们的将来。太“聪明”了不行，太“聪明”了就没有社会主义，没有工业化。有的人一点亏也吃不得，脑筋都在想那些东西。有的人希望蒋介石有工业化，从一九二七年到一九四九年，至少有二十二年，蒋介石工业化了没有？还不是我们中华人民共和国来工业化。要把道理说清楚，没有说通道理就是官僚主义。现在有一股风气不好，就是总是不满足，不满足个人的享受。我们提倡艰苦奋斗。要学我们的先辈，学过去的青年，当然也要学过去的老年，学习他们为了革命是怎样艰苦奋斗的。为了建设社会主义，就要艰苦奋斗，就要顾全整体。

（一九五七年一月十二日在清华大学师生大会上报告的一部分）

三

现在有很多青年要先解放自己，不是先解放人家，这就不是马列主义思想。有些青年，总是觉得共产党对不起他，一切都对不起他，在工资、兴趣、志愿、自由、民主上，处处都不合他的需要。这是世界上吹来的风。这股风，现在不占优势，但影响在扩大。青年团要接受世界上的经验教训，不要以为我们没有问题，包括政治上、思想上、组织上，都有一些问题。有些青年挑剔得很厉害，这里不好，那里不好。所以要对青年讲清什么是觉悟，什么是工人阶级思想、马列主义思想，什么是共产主义思想。凡是思想问题，都是教育问题。要使青年有集体主义思想，有解放全人类的思想，也就是吃苦在前、享乐在后的思想。过去有人说共产党是“傻子”，我在清华大学号召大家当“傻子”。我们不要自由散漫的小资产阶级思想。

接受不接受党的领导，是青年团的首要问题。团的独立工作是需要的，因为团是一个独立的组织，但也是在党的领导之下。欧洲现在有一股风，不敢讲党的领导，好像讲了就输理似的。不敢提接受党的领导，就是向资产阶级投降。我们这里自由主义多起来了，青年容易感染，老年人吃过苦，所以看得清楚一点。有些青年没有吃过旧社会的苦，总是说党对不起他。接受党的领导是中国青年的好传统，走革命的路、守纪律、能吃苦，也是中国青年的好传统。这个传统用之于革命、用之于建设都有好处。如果不注意，把好风气搞坏了，就要出毛病。要给先进青年思想武器，让他们能说服教育人。

（一九五七年一月十六日在和刘少奇召集团中央书记处书记讨论中国新民主主义青年团第三次全国代表大会报告稿时谈话的一部分）

注　释

〔1〕刘胡兰，一九四六年加入中国共产党，曾任山西省文水县云周西村妇救会秘书。一九四七年一月十二日英勇就义。一九五七年一月十二日《人民日报》发表社论《纪念刘胡兰，发扬艰苦奋斗的精神》。

党委必须管大事管方针政策*

（一九五七年一月八日）

交通运输系统撤销政治部，实行党委领导下的首长负责制。撤销政治部后的领导关系，整个说来是实行双重领导，但双重领导的范围，根据不同情况而不同。实行党委领导，还要研究党委如何领导的问题。党委领导一揽子抓工作，抓许多枝节问题，这肯定要失败。一揽子抓工作，有时是要的，如肃反，非党委抓不可。但党委经常性的领导，必须是管大事，管方针政策，具体工作依靠行政、工会、青年团。总之，要使党委真正成为讨论方针政策的机构。

---

* 这是邓小平主持中共中央书记处会议讨论交通运输系统党的领导问题时的插话。

制度好不好决定于能否促进生产力的发展*

（一九五七年一月十二日）

我们的社会主义制度究竟好不好？这要有一个正确的回答。这个制度好不好，决定于是否能够促进生产力的发展。

在我们国家的历史条件下，我们认为党委领导下的个人负责制是好的，它适合我们国家经济的发展。但是否就永远是个好东西了呢？也不要把它说得那么绝对。现在我们对这个东西熟悉了，有了经验，证明它是个好东西。但是拿到别的国家去是否合适呢？不要认为把这个东西拿到任何国家去都合适。我们党从来没有这个意图，也从来没有把党委领导下的个人负责制"贩卖"给别的国家，说我们这个制度才是社会主义、共产主义的。这个牛皮是吹不得的。把一个东西夸张到不恰当的地步，那就不是马克思主义者。老实说，我们的事业还很年轻，经验还不足，我们的制度还不完善。重要的是正确的要坚持，错误的要纠正，不完善的要补足。现在有人说工人委员会就是好，当然我们并不否定，但是，工人委员会不是制度，而是一种方法，一种制度的运用。不要把一长制、工人委员会和我们现在所提的党委领导下的个人

---

* 这是邓小平在清华大学师生大会上报告的节录。

负责制说成绝对好，也不要说成绝对坏，因为这些东西在某一个条件下是好的，在另一个条件下就是不好的。在十月革命胜利后列宁曾强调搞一长制，应该说是好的，因为当时生产管理是极端混乱的，要强调集中，强调统一，强调纪律，在企业管理里强调一长制。如果苏联在那时采用工人委员会，如何建立起秩序呢？在当时，是一长制有利于生产力的发展，还是工人委员会有利于生产力的发展呢？当然是一长制。所以强调工人委员会任何时候都是好的，绝对好的，是不对的。苏联现在还在运用一长制，只要他们认为合适，就可以继续采用。总之，在具体制度上，只要有利于发展生产，有利于发挥工人阶级的积极性、创造性，能够监督和防止领导上的官僚主义，什么制度合适，就采取什么制度。我们坚持八大[1]上所确定的企业管理制度，它包括两方面：一方面是党委领导下的个人负责制，企业管理没有厂长是不行的，但又是集体领导；另一方面是搞工人代表大会。这就是党的作用、群众的作用。

基本制度是好的，但还要注意调整。苏联的基本制度是好的，但是斯大林对应当调整的没有调整，他的错误也就在这里。比如在苏联，国内阶级已经消灭了，但是斯大林还强调阶级斗争，说阶级斗争越来越尖锐了，结果在肃反问题上犯了错误。又如在我们国家，革命胜利后不搞肃反斗争就不行，不把反革命的气焰打下去，人民就站不起来。人民站不起来，还能够巩固人民民主专政吗？这是不可能的。现在我们又得到一个教训，当反革命被大量肃清后，如十个指头肃清了九个指头，还剩一个指头的时候，我们就要做适当的调整。所以现在把死刑的决定权交给了最高人民法院，不调整就要犯错误。

应该说，我们现在的制度是适合发展生产力的。如果和美国比，他们国家人民的生活水平我们比不上，苏联也比不上；但是我们的发展速度是很快的，苏联和所有的东欧人民民主国家工业的发展速度都已经超过了资本主义国家。发展的速度快慢，我们大家是看得见的，这一条是比较容易解决的。重要的是我们要经常取得教训，要看哪些是过去合理，现在不合理了，不合理就要纠正，就要补足；哪些是过去合理，现在还是合理的，就要坚持。只要我们采取了这种态度，我们就可能少犯错误；而有了错误就纠正，不致使小错误变成大错误，局部的错误变成全体的错误，暂时的错误变成长期的错误。

注　释

〔1〕八大，即一九五六年九月十五日至二十七日在北京举行的中国共产党第八次全国代表大会。

关于民主和专政*

（一九五七年一月十二日）

究竟是资产阶级专政最民主，还是无产阶级专政最民主？我们认为，无产阶级专政是最民主的。

任何专政的民主都有其局限性，资产阶级有专政也有民主，那是资产阶级的民主。美国不让新闻记者到中国来，迫害进步人士，这就是资产阶级专政的民主。他们的民主是根据工人阶级和劳动人民的革命运动的程度而变化的。当这个运动对他们的损害不大时，他们可以宽一点；当这个运动对维持资产阶级统治不利时，他们就少搞一点。无产阶级专政是无产阶级领导人民大众（包括资产阶级在内）对少数反革命分子的专政，而资产阶级专政则是少数人对多数人的专政。

从我们国家来说，前几年我们搞专政多一些，正因为我们依靠了专政，所以才取得了这么大的成绩。现在我们要充分地考虑发扬民主的问题。在企业里我们搞工人代表大会制，并认真地考虑扩大它的职权问题，如奖励基金，过去是在厂长的权限范围之内，现在考虑是仍旧保留在厂长的手里好，还是交给工人代表大会好？又如现在把死刑的决定权交

* 这是邓小平在清华大学师生大会上报告的节录。

给了最高人民法院。再如在思想战线上，唯物主义的旗帜树立起来了，马列主义思想已居于领导地位，我们就提出可以讲唯心主义的东西了。其实唯物主义正是在同唯心主义的斗争中发展起来的。我们的思想不要僵化，即使主张唯心主义的人，在这个斗争中也会改变的。争论是有益处的，比如我们现在提出共产党万岁、民主党派也万岁的问题，群众就懂得了两个万岁存在的益处。

由此可见，专政和民主各国是不同的，不看条件，不看变化，而空谈专政和民主，就不对了。对民主和专政的看法任何时候都不要僵化，要看条件。你那个地方专政的对象不多，再强调专政，那就错了，斯大林就是犯了这个错误。

在人民内部，民主和集中的关系也是同样的，有时民主要多一些，有时集中要多一些，但总的趋势是民主要愈来愈多，否则就要伤害人民的积极性和创造性。在我们国家里，反革命总是愈搞愈少，专政就减弱，民主就扩大，当然不要忘了还有外国帝国主义的存在。究竟在什么时候扩大民主，扩大多少，就要注意。有时就要强调一下集中。八大[1]提出要扩大党内民主。现在企业里确实要向扩大民主的方向走，条件成熟了，我们就采取工人代表大会制。现在考虑把各级人民代表大会监督国家机关的职能扩大一点。如何监督？采取什么方法监督？这些问题都还需要认真地研究。

总之，我们不要把专政同民主、民主同集中都看得绝对化了。把权威看成是绝对坏的东西，把民主看成是绝对好的东西，都是荒谬的。无产阶级专政的基础是最广大人民的一致，只有无产阶级专政才是最有条件，也是最敢于扩大民主的。如果不是不断地扩大民主，那么总的趋势就要发生错误。

现在有些人对我们的民主不满意。的确，要承认我们是有缺点，有些可以扩大的民主，还没有扩大，对这一问题现在我们正在研究。对我们国家一些不好的现象的批评，应该说大多数是健康的，即使意见只有一部分是对的，我们也应该接受。

大民主与小民主的问题。大民主在一定的条件下是好东西，在一定条件下又不是好东西。说它是好东西，如土改、镇反、禁烟禁毒运动等都是大民主，不搞大民主就不行。大民主是用来对付敌对阶级的。当然，在人民内部对严重的官僚主义者有时也采用大民主。但是大民主如果发展到像匈牙利事件〔2〕那样，那就是资产阶级专政复辟还是无产阶级专政的问题了，是谁胜谁败的问题了。问题的本质是两个阶级的斗争。这个问题是不能含糊的。匈牙利事件发生，结果谁吃了亏呢？人民吃了亏。大民主是不能提倡的，不能赞扬的。一搞大民主，生产下降了，纪律性破坏了。我们不赞成在人民内部搞大民主，因为它对无产阶级，对工人阶级和劳动人民不利。

党内也有大民主、小民主的问题。党内斗争用小民主好，不要用大民主。大民主可以在一个时候马上就收效，但是后患无穷，影响很深远。所谓大民主就是一批人被打倒，另一批人又起来。这就破坏了党的民主集中制原则，党内就涣散，就团结不起来。在我们党的历史上曾经犯过这种错误。在江西中央苏区的时候，有人反对毛主席的正确领导，当时如果毛主席采用大民主的方法，完全可以保持住他的领导地位，但是他采用了小民主的方法，这是从整个党的利益着眼，团结了党。那些喜欢搞大民主的人始终没有把革命搞成功。所以不要以为大民主就那么好，小民主就那么不过瘾。如果要过瘾，就让中华人民共和国出个大乱子，到那时再试试看。我们党内的斗争要采取比较适当的方法，不要迷信大民主就那么能够解决问题。大民主，对人民内部来说不是可取的。

注　释

〔1〕八大，见本卷第274页注〔1〕。

〔2〕匈牙利事件，指一九五六年十月至十一月发生在匈牙利的反政府政治事件。

要想办法实行节育*

（一九五七年二月十一日、十二日）

一

节育问题不是小问题，它涉及改善我国人民长远生活问题。我们要想尽一切办法实行节育。在节育宣传上要同爱国卫生运动那样，做到家喻户晓，深入人心。要采用中西医的一切有效办法，进行节育技术指导，深入居民小组。

（一九五七年二月十一日在和刘少奇听取卫生部几位负责人汇报节育问题时讲话的节录）

二

城市控制人口的根本问题是节育。先写社论，再家喻户晓做宣传，在全国设节育指导站，想尽一切办法搞节育。

（一九五七年二月十二日主持中共中央书记处会议讨论北京市控制人口问题时讲话的节录）

---

* 这是邓小平两次讲话的节录。

如何做青年团的工作*

（一九五七年二月十八日）

我先讲一讲，主要讲下面几个问题：

一、问题的估计。

去年社会主义改造和农业合作化基本完成。资本主义工商业改造敲锣打鼓正是在去年二三月的时候，快得很，农业合作化只有半年多的时间。搞得这么快，不可避免地要遗留很多问题，这些问题都要解决。现在看来，整个资本主义工商业的资金也只有那么多，比较容易安排，安排也比较及时一点，抓住几个问题就解决了，比如公与私的关系、有职有权的问题等。现在这方面的问题不大突出，但是并不等于就没有问题了，既然是公私合营，总有公、有私。现在大的比较满意了，小的还不满意，因为他们得不到好多利益。但是从总的方面看起来，问题不算很多，比较好安排，也容易见效，国家每年花一亿二三千万元就可解决得比较满意了。农业就不同了，去年国家花了很多钱，但还是不能完全解决问题。毛主席估计，到第二个五年计划末，我们奋斗的目标才能见效。目标是什么呢？是要使农业生产的平均亩产量接近原来富裕中农的水平，即亩产量平均三百斤。这样，国家征

* 这是邓小平接见中国新民主主义青年团各省市委书记时的讲话。

购一部分，农民自己留的粮食就比较多了，农民就比较富裕一些了，而且富裕中农可以恢复到合作化以前的生活水平。这个问题同青年有关，现在不是学生在闹事吗？它是有个基础的，他们都是富裕中农的子弟，也可能有一些地主、富农的子弟。合作化以后，他们的副业和土地收入减少了一点，收入减少了，就影响了子弟入学供给，现在中学特别是高中里恐怕都是如此。所以现在学校要很好地注意这个问题，要研究这个问题的原因。过去不感到困难，去年合作化以后，就感到困难了。如果说是困难，恐怕是好几年的事情，我们争取在第二个五年计划末解决这个问题。那时，富裕中农就把那口气消下去了。团结了中农，他们的子弟入学至少不会那么困难了。还有对思想的估计问题。现在学生一闹事，工人一闹事，思想究竟是前进了，还是后退了？这个问题不说清楚是不行的。去年各方面的工作成绩极大，甚至把闹事算到成绩之内也可以。毛主席说，究竟是把火用纸包起来好一些，还是索性让它零零星星爆发出来好一些？应该说零零星星爆发出来好一些，危险小一些。从现象来说，过去闹事没有那么多，现在多起来了，好像是我们的工作落后了。为什么闹事呢？这不是一下子闹起来的，不是近半年的事，有许多是累积起来的不满，不是突然在半年内才不满的。大量爆发的问题不是现在的问题，而是过去盖住、压抑住的老问题，现在爆发出来了。对这个问题要有个正确的估计。

青年工人的问题。你们反映有人有单纯追求物质享受等不好的思想。不过，这也只是一种爆发。过去往往是靠一种组织纪律把它"框"起来，不容易暴露出来，我们不容易发觉。这个问题是不是突然一下子就出来的呢？不是的。他的脑子里原来就是那么想的，现在表现出来了。表现出来也没什么害处，暴露出来就知道了。有的同志说，现在的问题更加复杂了。我看问题不是现在才复杂的，本来就是复杂的。过去是反映得太简单了，我们的工作方法太简单了。现在问题暴露出来了，是根据情况加以研究做些工作好，还是继续把它盖住好呢？当然是前者好。这虽然是不愉快的事，但反映的都是真实的。当然，其中有的是我们助长的，如有的青年说："你们过去为什么不叫我们艰苦朴素？"这种责备是对的。对青年就是要不断地教育。他们的脑子里有各种东西，看你怎么去引导。采用简单的方法处理，并不能解决他们的问题。前几天我同几个同志谈话时曾说，青年有问题，闹出来可能还是好事情。比如追求享受的人，一经教育就觉悟了，这就比较靠得住。青年有这一段经历，思想上经过一个反复是有好处的，同时也有了教育别人的例子。过去只是抽象地讲，只能引前人的事情、历史上的事情来进行教育，现在就可以找现实的好的坏的事例进行教育了，更接近他们了。所以我们也不要把这些事情都看成是坏事，尤其不要看成是难于纠正的，否则就会把人搞得灰溜溜的。这样的事情值不得责备。责备主要来自党委，这当然是不好的，团的干部有些委屈。如果真有这样的责备，你们可以提出意见。这句话你们回去可以同党委的同志讲一讲。当然有些不是党委的责备，而是别的部门的或是管农村工作的部门的责备。

去年招生招多了，招多了当然是不好的，但总是有那么多人入了学。今年有八万高中毕业生不能升大学，明年有十万出头，后年有二十万左右，还有七八十万初中毕业生不能升高中，后年这一关就更难过了。不管怎样，总是有那么多人进了学校，读了书。要给青年讲清楚这个道理，他们会懂得的。至少我们是想办好事，而不是害青年。我们不能说没有坏现象，没有后退的事情，但不能说去年一年坏现象特别多，官僚主义比过去哪一年都多。官僚主义过去就不少，将来也会有。现在反官僚主义的人将来也可能会犯官僚主义，没有当权是不会犯的，现在的学生肯定地说就没有官僚主义。事情不是那么美满的，这一点要向青年说清楚。

总的来说，去年完成了这么多伟大的工作。生产当然也冒了一点，但是生产总值增长得很快，增长率超过过去的任何一年。当然也不能说所有闹事都是好事，否则没有闹事的反而成为坏事了。这些坏事不一定都是从群众中来的，大量的还是从官僚主义、主观主义来的，主观主义也会把好事办成坏事。

涉及青年团，也有个估计问题。现在对青年责备比较多，要注意。所有这些好事都是谁做的呢？整个党、政、群众团体做的，青年团也在内，也有份。有人问，现在党究竟怎样？我想党总还是好事情做得多，人民也努了力，所有的群众团体如工会、妇联等组织也都努了力。全部成绩青年团都有份。如果说去年一年整个工作的成绩是特别伟大的，应该说团的工作的成绩也比哪一年都大。去年的社会主义改造你们有份，也是全力以赴搞这个事情的。但缺点是有的，有些口号提得不妥当。你们《中国青年报》受了责备。《中国青年报》有没有缺点呢？有缺点。各省市团委的同志对《中国青年报》也有些意见。对《中国青年报》要做个估计。应当说《中国青年报》是办得比较好的报纸。宣传穿花衣服多了一点，也没有什么了不起。《中国青年报》的同志不要灰溜溜的，甚至以后就不敢批评了，不敢说话了。《中国青年报》的每篇文章都要团中央书记处审查是很困难的。《人民日报》的文章甚至社论，党中央也不是每篇都看。既然犯了错误就要批评，《中国青年报》的同志就要接受。犯错误当然不好，但是可以改正。穿花衣服应当宣传，但是不能说不穿花衣服就是违反了政治原则。要把这些问题当作经验接受下来。最近党中央确定，所有的报纸都要强调积极的方面。办报的同志要注意总结经验。正因为《中国青年报》有威信，有大量的读者，不仅青年，成年人也很喜欢看，这就要力求办得更好一点。但是犯错误是绝对不可避免的。现在《中国青年报》批评比以前多了，这是好的。批评中有了缺点，就不敢批评，不敢讲话了，又恢复到过去死气沉沉、沉沉闷闷的样子，那就不好了。要接受前一段时期的教训，也要接受去年一年的教训。

合作社骨干、积极分子大量的是青年。去年的生产成绩、基本建设成绩那么大，工矿企业里不靠青年还行呀！去年在青年里也出现了一些不健康的现象，这恐怕是前进中的一个段落，这是必然的。你们教育得好，青年就会更健康。总的说来，青年的情况是好的，不是坏的，是前进的，不是后退的。

在估计中还必须说清两条：第一条，情况更复杂了。过去是搞阶级斗争，轰轰烈烈的，现在没有过去的劲大了，许多时候觉得味道没有过去那么浓了，成绩常常不容易看得见。这就是情况变了，情况更复杂了。我们要充分地估计到这一点。这个情况不仅你们没有准备，党内也没有准备，我也没有准备。在新的、复杂的情况面前，问题很多，我们应如何来处理呢？毛主席说这就要积累经验。这恐怕是长期的任务。人民内部的问题，总还是人民内部的问题，作为阶级来说，解决了一个类型的问题，还要发生另一类型的问题。阶级敌人消灭了百分之九十，还有百分之十没有消灭，在这种情况下，大量的矛盾是转到人民内部来了。第二条，有人说，过去对青年的思想觉悟估计高了，我看这句话是对的。任何时候都要估计足，但不要估计过高。如果估计得不适当，说青年的共产主义觉悟已经很高了，那还要做什么工作呢？这点是值得注意的。如果说去年下半年我们的工作有缺点，恐怕这是一个原因。因为这样就不谨慎了，就不进行教育了。当然这也不仅是青年团的问题，整个党也有这个问题。的确去年我们在各方面放松了政治思想工作。不管是在工矿企业，还是在学校，只注重业务、文化，轻视政治的情况是有的。向科学进军是好事，不是坏事。你们关于向科学文化进军的报告，党中央看过，也赞成，但你们在解释上是有毛病的。如果把消灭文盲也叫向科学文化进军，就不妥当了。在中学里也不能提向科学进军，在大学里还可以这么提，但也并不是所有的学生都要这么做。

总之，任何时候都不要满足。我们的工作做好了，青年思想健康了，但总还会发生新的问题。永远不要估计过高，永远不要因为有点成绩，就认为没有问题了。要认识到，一个问题解决了又会出现新的问题，或过一段时期又会产生同样的问题；一个矛盾解决了，又会产生另一个新的矛盾。思想问题更是如此，一种错误思想克服了，又会生长另一种错误思想。一劳永逸的事是没有的。青年团要特别注意这个问题，不要看到成绩，看到轰轰烈烈，就高兴得很；看到缺点，不轰轰烈烈，就灰溜溜的。在整个六亿人口的工作中，青年团的工作对象就占了一半，这一半人的工作不是那么容易就做得好的。人们的思想问题，如个人与集体的关系问题、个人追求享受等问题，是经常的、大量的，表现形式可以完全不同，有时可能潜伏下去了，但并不等于那个思想问题就解决了。过去几年有些问题不突出，并不等于就没有问题。现在暴露出来了，找到了教育的材料。团中央不犯错误是不可能的。省委也不可能不犯错误，党中央也不可能不犯错误。毛主席从来也没有说过他不会犯错误。

二、青年团做什么？如何做？

这个问题，今天我只说一点感想。青年工作，要集中用几句话说清楚很难。过去搞运动比较集中，搞土改就搞土改，搞镇反就搞镇反，党搞这个，团也搞这个，这还好办，社会主义改造时，这个问题也比较好办。一九五三年以来就发生了变化，不大好用几句话来说明我们的任务。我们习惯于搞一个中心，用一个口号把六亿人口一致动员起来。现在，特别是去年以来就不同了，当然也有总的口号：建设社会主义。党的八大〔1〕的报告就是这么提的：调动一切积极因素为建设社会主义而奋斗。但是，每个时期都有各种各样的事情，全部工作要拿一两句口号来代表是不可能的。现在，我们党在搞增产节约运动，还在搞肃反，最近又提出加强政治思想领导，解决人民内部的矛盾。要集中搞几个口号来代表这些工作是比较困难的。团，我看恐怕也不是那么容易的。当然有一个口号就容易动员，工作也容易做。总之，现在的面宽了，简单的语言很难反映出来。比如，在农村里的口号，是提增产节约运动好，还是提争取丰收好？恐怕两个口号都要提。当然，某一个事情、某一个方面还要有个中心。青年工作过去比较喜欢轰轰烈烈，当然这是调动青年积极性的比较好的方法。不过，现在就不行了，农村和城市不同，少年和青年也不同。所以要考虑一下，找一个口号来调动一切是比较困难的。

在工作方法上，我提这样一个意见。许多轰轰烈烈搞的事情少了，今后恐怕要求我们更细致地工作。在座的同志的汇报中，曾经提到去年的冬季生产没有一九五五年的积极性那样高。我看不能这么提，这不是事实。如果像一九五五年冬那样搞就糟了，比如打井，每年打那么多井，挑那么多土，就浪费了人力、财力。总之，现在不能像过去那样搞了，否则就脱离群众了。这次党的省市委书记会议反映，总的来说，冬季生产是好的，并指出不能照高潮那样搞了。这也反映出一个看法，是不是轰轰烈烈就一定好，不那么轰轰烈烈就不好？不一定。现在的工作一点一滴更细致了。青年工作似乎比党更喜欢轰轰烈烈。比如造林，是一件好事，今后也不排斥这种做法。但总是有限度的，大量的事情是要一点一滴去做。你们反映，有些人看不见成绩，劲头不大，有些“不过瘾”，提出现在要搞点什么。这反映了下面做团的工作的同志的情绪，我看，这也合乎情理。过去，都是积肥多少担，植树多少棵，造林多少亩，向日葵交了多少担，有那么一些数字能够表现出成绩。现在用数字表现不出来了，所以就觉得看不到成绩了。这个问题要说清楚，今后经常的大量的是一点一滴的工作，思想工作更是如此。

这里所接触到的问题，是搞青年生产队的问题。过去我也说过，应该承认这是一种形式，不应该把它当作目的，既然不是目的，就不要追求建成多少个队，说有了多少个队成绩就算伟大。肯定地说，这个方法是需要的，不能排斥，今后也能用，但是不要把它看成是任何时候都必须用的。比如，有个合作社，群众生产的积极性不高，有一部分青年组织起来带头搞生产，这是必要的；又比如有一个省的合作化搞不起来，青年带头加入合作社，这也是完全必要的。但不能说任何情况下都是必须的，不能把青年单独组织起来作为主要的经常的方法。如果今天不需要就不组织，明天需要就明天组织，今天组织了，明天又不需要了，就取消。总之，要按照需要不需要来办事。在工厂和农村里都是这样。许多党委不同意经常搞，这也有道理。如果青年积极分子分别到各个队起的作用更大，不是也可以吗？如果认为这样劲头不大，不过瘾，看不到成绩，这就不对了，要批评。总的意思是，团的工作要踏实一些。团的工作的好坏，表现在整个青年的思想情况和劳动热情上，无论在工厂和农村，都要这么看，在学校里无非也是看学生的思想情况和学习情况。当然也不排斥用一种突击的组织形式、突击的工作方法解决某一个时候的问题，但当这个任务完成以后，就应该改变。我这么说可能同过去很多青年同志的想法不同，请你们研究一下，看这个提法是不是恰当。

你们还提出，政治教育和生产活动的关系问题。我看这两者是不矛盾的。有人提出，又要抓政治教育，又要抓生产，究竟是以抓政治教育为主，还是以抓生产为主？究竟是以学校为主，还是以别的地方为主？我看，所有有青年的地方都应该做青年工作。学校里有青年，青年团就要做工作，农村和工厂里有青年，青年团也要做工作。但是，作为青年团的领导，是否在某一个时候可以主要地抓住一环。毛主席在这次省市委书记会议上提到：青年团要多注意学校，工会要注意工厂。他的意思是指闹事这件事说的，并不是说在其他方面就不要做工作了。所以你们在这一时期内，多抓学校工作是对的，是必要的。当然是要在党的领导之下，因为现在这个问题显得很突出，单单你们青年团是解决不了的。不管是党，还是青年团，集中一个时期解决一个问题是必要的。但是，领导的重点可以根据情况来确定。现在，全国有二千三百万团员，都是在各方面起作用的，不能把力量都放在学校里去。只抓思想工作，不抓生产，也不行，思想和行动是要结合的，不能对立起来。思想问题不解决，行动就不会好，思想上解决了问题，就要求我们的工作跟上去。

总的来说，青年团总是在党的方针政策下，动员教育青年参加社会主义建设。现在你们要研究的不是这个问题，而是什么方法适合动员青年。这是一个大问题。在这方面，青年团要创造经验。

关于代表青年利益和要求的问题。青年团总是要这样做的。工厂的问题近来写了个文件，说明工厂一方面是党委领导下的厂长负责制，一方面又是党委领导下的工人代表大会制。工人代表大会有相当的权力，包括要求撤换厂长。厂长代表行政，他的脚总是站在“公”这一方面，站在国家和集体这一方面。工会的脚应该站在哪里？应该站在群众方面，反映群众的意见和要求，向官僚主义、主观主义进行斗争。当然，任何组织都要有个集体观念。现在人们叫工会、团、厂长都是“公家人”，没有区别了。我们的工作方法也确实没有什么不同，这是不好的。总之，青年团要力求代表和反映青年的利益和要求。“反映”，要把所有的问题都反映出来；“代表”，就要分析一下。不能说青年的要求都是正确的，对不正确的要求你们不能去代表，比如有个青年工人要求分配“不出汗”的工作，这就不能代表。到底在多大程度上你们可以同党、政、工会不同，这要研究，不要做得不够，也不要做得过分。历史经验证明，只有始终坚持党的领导，紧密团结青年，代表和反映青年的利益和要求，青年团才能完成好党交给的工作任务。

现在的情况变了，人民内部的问题多了，比如党与党的关系，团与党的关系。在大革命的时候，青年团反对陈独秀的机会主义[2]领导，那时做得是对的。现在就不是这个问题了。这是讲整个党和团的关系，但并不等于基层组织和任何事情都是如此。青年团不站在青年中间不行，结论叫脱离群众。总之，过去所有吃“公家饭”的人站在一条线上，不吃“公家饭”的人站在一条线上，那种样子不行了。

三、闹事问题。

你们提出，对闹事怎么办？最近党中央和毛主席在考虑解决这个问题。我们国家的社会主义改造完成后，还有两种矛盾。第一种是敌我之间的矛盾。这种矛盾现在大大减弱了，当然还有同帝国主义之间的矛盾，国内还有反革命，还有地主、资产阶级残余的影响。第二种是人民内部的矛盾。这种矛盾现在突出了，反映在各个方面，即领导与群众、领导与被领导、上级与下级、共产党与民主党派等等。在过去对敌斗争的情况下，敌我的问题比较好解决，人民内部的矛盾暴露得不突出，那时有许多问题，或是解决了，或是拖下来了。现在不同了，要解决人民内部的矛盾了。

社会生活总会有矛盾，有矛盾就要调整。调整的方法也有两种，一种是激烈的方法，如打蒋介石；一种是人民内部的调整。我们把不断地解决问题当成调整人民内部矛盾的一种方法。因为人有“气”总要出，因为官僚主义、主观主义是长期存在的，总还有领导与被领导的关系、个人与集体的关系，总还有进步与落后之分，总还有守旧派，总还有违法乱纪。毛主席说，分散出“气”比较有利。其实这也是从资产阶级那里得到的教训。出“气”的方法有两种，一种叫集中出，一种叫分散出。小出“气”了，就不大出“气”了；有“小闹事”，就没有“大闹事”了；有小民主，就不大民主了。这个道理全党都要想通。人民内部的事情要用人民内部的方法解决，不要用对敌斗争的方法。在人民内部主要是用教育的方法，特别是对青年。纠正群众的错误，也只有用群众自我教育的方法，自己讨论的方法。

四、团的组织。

毛主席说过，团要搞紧一些。组织和思想都要搞紧一些。现在全国二千三百万团员，有的单位已经在青年中占了百分之七十甚至百分之八十以上，占百分之二三十的比较普遍。青年要求入团的积极性很高，这是很好的事情，是一种健康的思想，但对团组织是个压力。一个是来自娃娃的压力，一个是来自家长的压力，两面夹攻。团的组织究竟怎么办？不能因此放松入团的标准，因为入团太松了青年就不用力了。青年团不要去追求团员人数多，不要以为多就好，稳步搞可能比较好。现在团员的数量少一些，问题比较容易处理，比例大可能就困难一些。团发展多大，发展的速度怎样，需要研究。总的原则是不要追求数量，要提高质量。现在团要改名了，要把新民主主义青年团改为共产主义青年团，恢复老名字，也要把这个问题讲清楚。

对闹事的团员一律采取教育的方法。对党员的问题还要研究，要分别性质。不能说所有党员闹事都不对，有的是属于批评的问题，有的性质就比较严重，如何解决还要再调查一下再说。过去是开除，但是现在新问题出来了，如果有的领导确实不像话，问题几年不解决，简直是个不可救药的官僚主义，给他来个罢工，你就不能开除人家的党籍，可能反倒是开除官僚主义者的党籍。因为人家不是反对党、反对国家，而是反对那个单位的官僚主义，是有利于国家的。

团的生活也要搞紧一点。文化与政治之间的矛盾问题在工厂里有，农村恐怕少一些。工厂一星期六分之五的时间搞文化、技术，六分之一的时间过党团生活，究竟怎样搞请你们自己研究。当然也不要回到过去的强制办法。过去强迫开会很多人没有兴趣，上工早到一小时，下工晚走多少小时，开会占很多时间也是问题。这一段时间政治思想工作少了，党团工作、工会工作、学校工作都有这个问题，这方面要加强，但是如何搞法要研究。你们回去可以找一些地方试验一下。

此外还有一个干部问题。现在熟手调动多了，新手对团的业务不熟悉，这个问题应该注意。从农村来说，整个方针是应当下放，党是这样，分大乡和小乡，大乡应该有原来区级的干部水平，小乡保留原来大乡的干部水平，干部一层层下放。青年团是否也可以考虑使用这个原则，大乡应该有原来区里的干部水平，是否能够保持一个半脱产的干部。总之干部质量要提高。要把乡里的骨干放到社里去。你们提出有的地方把原来做团的工作的熟手调出去了，而把搞别的工作的人调来做团的工作，影响团的工作，要求保留一点骨干。这个意见是对的，应该保留与青年工作有联系的人，因为他们有经验。当然也不要排斥水平比较高的、年纪轻轻的、过去没有做过团的工作的人。总之，原则上要加强，大乡团委书记应该比原来团区委书记强或相当，不应当比他弱。

干部的年龄问题。领导机关总是要有一点“胡子”，越往上“胡子”越长一点，但是总还是要有一些年轻的人。各级团委都要有一些年轻的人，这个方针是正确的，而且要继续坚持下去。但是不要排斥年纪大的，包括基层在内。总之要肯定这样几条：一是要留一点“胡子”，二是要培养接替。你们提出，团不能自己安排干部，这就直接批评到我们的头上来了。这个批评有道理。团没有权安排自己的干部，党说调就调，也不打个招呼，不管后果如何，这不好，团应当管一下。既然你们有组织部就应该做这些事。我们党的系统在这方面处理得不好，要改变。团也不能像党那样管干部，因为党总要经常调你们的人，“胡子”越长越要调，这是你们的光荣。但是团必须要能安排自己的干部，干部必须要适当稳定，以便积累经验。这个权利你们应当争，因为青年团工作是党整个工作的一个重要的方面，应该留一些好的骨干。

注　释

〔**1**〕八大，见本卷第274页注〔1〕。

〔**2**〕陈独秀的机会主义，指一九二七年上半年以陈独秀为代表的右倾机会主义错误。

我们的通讯社不能有闻必录*

（一九五七年二月十九日）

新华社的文件说，新华社应该成为世界上最大的通讯社。这是新华社发展的方向，要努力，应该有这个雄心壮志。但应该明白，这是一件难事，不是短期内做得到的。办好一个通讯社要有丰富的经验，特别是要有一支高素质的记者队伍。这些都需要几十年的积累。我们的通讯社有一个政策问题，不能有闻必录，要有选择，以达到教育人民的目的。英美通讯社发文章也是有目的的，是选择对他们有利的发。同样是报道艾森豪威尔〔1〕的讲话，美联社和路透社的角度都不同。新闻报道总要受某种思想指导，不是纯客观的。

报道其他社会主义国家的新闻比较难。如莫斯科大学生闹事，我们的报上就不能登。兄弟国家有他们的指导思想，我们有我们的指导思想。这方面既要克服片面性，慢慢来，积累经验，又要有分寸，特别是对兄弟党的新闻报道要特别慎重，因为我们党影响很大。世界上不是看我们的新闻报道快慢，而是看我们报道什么。报道迟登几天，稳准一些，也无妨。《参考消息》可以对外国的事件做综合性发稿。如对

---

* 这是邓小平主持中共中央书记处会议讨论新华社工作时讲话的一部分。

美国经济危机，可把各方面意见做综合分析，加上短评，以增加人民的知识。这样的做法没有害处，这样的稿件地方报纸也乐于登。新华社的材料有两种用法，一种是全文用，一种是改编。新华社不要用地方报纸采用稿件多少来衡量自己的成绩。地方报首先要服从地方的中心任务。给地方报规定一个用新华社稿件的比例是不恰当的，也行不通。

注 释

〔1〕艾森豪威尔，当时任美国总统。

对西藏工作的意见*

（一九五七年三月）

以后所有中央机关在西藏增减机构和人员不能自作主张，一切权力归块块，即统统由西藏工委负责，包括企业在内。

西藏工委要集中力量做上层统战工作。过去中央一直是放在争取达赖[1]上。达赖是大头，放弃大头，统战工作无法做。在西藏，分别左中右，以是否爱国为标准，不能以对土改的态度为标准。我们是依靠左派，争取中间派。左派的任务是团结藏民的多数。右派是分离派，只要没有叛国，对他们也要做工作。西藏的经济建设、发展项目，根据西藏的需要定。

西藏至少六年内不实行民主改革的方针，这是毛主席提出、经过中央政治局常委多次讨论才决定的。不改革的主要原因是西藏现在不具备改革的条件，即使实行了改革，经济建设等一系列工作也跟不上，多用钱也办不了好事。同时，就国际关系来说，暂不改革，也有利于争取若干年的和平环境从事建设。

---

* 这是邓小平一九五七年三月六日、八日、九日主持中共中央书记处会议听取西藏工作汇报时讲话的要点。

中央对西藏实行党政军一元化领导，有关西藏的所有财政、人事、经济建设问题，一律交由西藏工委负责。西藏工委直接受中央领导，中央各部门没有给西藏工委发指示的权力。

关于西康地区〔2〕的民主改革，同意四川省委的方针，坚决改，不能收，没有理由收，也收不了。改就真改。所谓真改，就是看基本群众发动没有，群众的阶级觉悟提高没有。真改，也是和平改革。方针是发动群众，上层协商。

民族关系要经常注意。民主改革之后，基础更好了，但如果大汉族主义横行，工作还是不能做好。民族干部要年年增加，干部民族化是方针，但一要积极，二不要搞形式，主要看对民族地区各项事业发展是否有利。要提倡县级民族干部学习汉语。

注　释

〔1〕达赖，指达赖喇嘛·丹增嘉措，当时任全国人大常委会副委员长、西藏自治区筹备委员会主任委员。

〔2〕西康地区，指一九五五年西康省撤销后原属西康省的金沙江以东地区，今属四川省。

加强党的领导，加强党同群众的联系*

（一九五七年三月十八日）

这次我到太原，了解问题很少，所以今天谈的不可能完全针对太原、山西的情况。我想讲的问题，是带有全国性的问题，讲四个问题。

一、关于党的领导问题。

中国革命的胜利、人民民主专政政权的建立，是在我们党的领导下取得的。人民民主专政，实质上是无产阶级专政。建国后，我们用七年多时间，恢复了国民经济，基本完成了社会主义三大改造。从一九四九年新中国成立开始，我们就一面搞土地改革、镇压反革命、思想改造运动、三反五反运动〔1〕；一面搞建设，实际上就是进行社会主义建设。从一九五三年开始第一个五年计划。所有这一切，都是在中国共产党领导下进行的。没有共产党正确的领导，革命不可能胜利，这是毫无疑问的。当然，所有工作，都是各民主党派、各人民团体、无党派人士和全体人民共同努力的结果。在革命当中，我们也不是没有犯过错误，特别是一九三五年

* 这是邓小平在山西省直机关、太原市机关干部，厂矿企业负责人大会上报告的要点。

遵义会议[2]以前，我们党犯了极大的错误，几乎把革命搞光，红军几乎被消灭光。从遵义会议开始，我们党树立了以毛主席为中心的领导。此后总的讲，我们的事业一直是顺利的，也不是没有犯过错误，但革命总是胜利了。我们革命的时候，总是有一些人说共产党干不成。今天干成了，既然干成了，总应该说是干对了。这个没有疑问。

革命胜利以后，这几年干得好不好呢？我看也是好的。我们国家的情况不是一切都美好的，那不可能；不是一切都是正确的，那也不可能。这几年，从整个情况来看，我们的成绩是基本的，是良好的、可喜的，是值得高兴的；错误、缺点是部分的。否则，怎么能够解释各条战线上取得这样大的胜利？

从国际反映看，外国人，包括很多最反动的资产阶级分子，也不能不承认中国政权的稳固性，不能不承认人民翻身后做出了轰轰烈烈的事业，不能不承认我们的成绩是历史上任何朝代所不能比的，也是资本主义国家想不到的。

现在，台湾也有相当一部分人正在考虑回到祖国。当然，他们的家在大陆，总是要想家的。台湾那个地方住起来就那么舒服啊？台湾被美国控制着。这种罪中国人民是受过的，不好受。在这种情况下，台湾总有一部分人觉得日子不好过，慢慢恢复民族自尊心了，想回家，蒋介石在想，官在想，兵也在想。他们多少年来把希望寄托在在美国帮助下打回大陆。现在情况变了，人人懂得打不回来了，美国也懂得。美国想把台湾控制起来，变成一个军事基地，威胁我们，有朝一日，作为进攻我们和整个东南亚的一个据点。但是美国决不愿意现在就帮助蒋介石打回来，因为他无把握，他很怕蒋介石挑衅，害怕第三次世界大战打起来。这说明我们中华人民共和国巩固了，进步了。这几年，香港、台湾的一些报纸天天吹，总说中国有很多“革命义士”进行反共。其实，人人心里都明白，中华人民共和国坚如磐石，不可动摇，各方面成绩巨大。蒋介石打不回来，就要想另外的道路。我们的政策是，回来就无罪，回来就算一功。蒋介石的罪总不算小吧，但只要脱离美国控制，回到祖国来，将功折罪，还算有功，还应该有一个职位。周总理对外国记者说，总不能低于部长。部长以上是什么职位，大家商议，总是要过得去。当然，台湾问题复杂得很，不是短期内能解决的。但是我们有个政策，不是叫第三次国共合作吗？蒋介石实在不愿意改变台湾现在的制度，也可以暂时保留；军队不愿改编，我们不改编；蒋介石、蒋经国愿意叫谁当台湾省的省长都可以。台湾总是中国的一个省，不愿叫省叫区也可以。能够和平解放台湾，当然很好。但我们从来没有放弃武力解放，这要看条件变化。

讲这些，意思就是说我们国家成绩是基本的，错误是部分的，错误也是难免的，怀疑的论调、悲观的论调是没有根据的。为什么讲这个问题呢？因为近一年来，党内党外有一股风，学生中也有，就是怀疑“社会主义究竟有没有优越性”、“中华人民共和国究竟要搞多久”？太原学校里就有人主张不要共产党的领导。实际上这些人想得太天真了，有些人则想把共产党搞垮，另外搞一个党。太原学校里有人说“社会主义的优越性就是排队”。物资供应不足当然不是好事，但是反映了人民购买力提高了。这个道理总要讲清楚。怀疑论、悲观论出自党外和群众中不奇怪，值得注意的是，这股风在高级干部中也有。所有怀疑论、悲观论者，都是抓住部分不好就否定全部。怀疑论者基本上也是好人，他们只是怀疑社会主义优越性。实际上，社会主义优越性早就被证明了。新中国成立后，我们把官僚资本主义企业收归国有，搞这么多建设，搞这么多工厂，办这么多学校，这不叫社会主义优越性吗？

我们讲成绩是基本的，但回过头来说，还是有些部分有毛病，是不优越的。忽略了这一点，人们就会怀疑全部；我们党不了解这一点，就会盲目乐观。没有优越性的确实有，比如主观主义、官僚主义、宗派主义，这些问题任何时候都没有优越性。我们大多数共产党员容易看到叫作优越性的那一部分，比较不容易看到不优越的那一部分。甚至有一部分共产党员，听到人家说不优越性的那一部分，一不承认，二不舒服。而我们各级党的组织、共产党员、青年团员，倒是应该特别注意这个部分，缺点任何时候都有。我们要善于发现缺点，纠正缺点，才能够前进。有一种干部，总觉得他那里没有缺点。这样的干部，可以说他是一个官僚主义者，至少官僚主义还相当严重。满脑袋只有成绩，一定要犯大错误。

去年各方面有点冒了，但是也应该看到去年基本的、主要的成绩是过去任何一年赶不上的。看不到这一点，就会怀疑，就会悲观失望。同时，我们还应该看到不足，吸取教训。去年的缺点是工资发多了，提级搞多了，基本建设搞多了，学生也招多了。多招生不是坏事，但确实遇到了困难，教员不够，教室不够。今年要恢复正常，要“收缩”。基本建设去年投资额一百六十亿元，比前年增长百分之六十几，带来了困难。我们得到了教训，知道每年只能增长百分之十几，最多百分之二十。以后如果一看计划增加百分之三四十，我们就晓得不妥当。这也是难免的，没有去年的错误，也总有一天要犯这样的错误。苏联在这个问题上对我们是有帮助的。我们搞第一个五年计划的时候，苏联就告诉我们投资额不能超过百分之二十。那时候我们以为只要有钱，为什么不可以超过百分之二十？就没有听，去年一冒，增长百分之六十几，犯了错误。犯了错误就懂了。懂也只是懂了一部分，基本建设中还有很多没有弄懂的问题，我们还会犯错误。重要的是犯了错误要善于吸取教训。经常总结经验就可以少犯错误，不犯错误。越是高级干部越要注意这一点。事实上任何时候都有大量的缺点、大量的错误。越向前走，问题越复杂。我们熟悉的东西、会的本事没有用了，还没有本事解决面对的新问题。一个共产党员任何时候都不要骄傲自满，以为自己了不起。现在我们搞企业的同志，搞了几年，似乎摸着一些门路了，其实差得很远。每一天都要出现新问题，新问题不能拿老办法来解决，只能拿新办法来解决。我们要学会解决新问题。搞建设，我们现在还是小学生，吹不得牛皮，脑筋不能发涨。

我们搞革命，花了二十多年，而且栽过大的跟头。真正把革命搞清楚，是经过党的整风运动，七大[3]总结出来的。我们现在搞建设才七年多，很多东西还没有掌握建设的规律。现在的问题是，我们可不可以比学会革命花更短的时间学会搞建设，又不栽大的跟头？搞建设，不要党的领导不行。不要党的领导就学不会建设，就要栽大跟头。党领导得好，虚心一些，可以在比较短的时间学会搞建设，也不会栽大跟头。党领导得不好，就要花更多时间才能学会搞建设，而且还可能要栽大跟头。不要以为我们不会栽大跟头。

党的领导的好坏，关键在于能否依靠群众，能否不断加强思想政治工作，克服主观主义、官僚主义、宗派主义。毛主席讲，主观主义、官僚主义、宗派主义，一万万年以后，只要人类还存在就会有。共产主义社会也要有组织生产、管理生活的人。既然有一部分人要当领导，如果他不切合实际，就要犯主观主义错误。宗派主义到那时候也还是会有的。今天宗派主义比较突出的是党与非党的问题。我们党有一千二百万党员，非党人士中，包括民主党派、无党派人士，还包括很多的工人、农民。一些共产党员功劳可大哩，总是高人一等，看不起群众，住的机关越大，越看不起群众、远离群众。特别是最近一二年，从中央到基层，官僚主义就不少。这个问题如果不看清楚，容易滋长骄傲自满情绪。毛主席在八大[4]上讲"虚心使人进步，骄傲使人落后"，就是因为存在这个问题。很多老资格骄傲，觉得革命几十年了，没有功劳有苦劳，干了这么多年，总有些本事吧！所以不去研究有什么问题，不能认真地听一听群众的话，听一听党外人士的话，觉得群众没有什么知识，有什么必要和他们商量问题呢？总之，叫作老资格，不顾实际情况，不顾群众，处理问题独断专行，有时错了，也原谅自己。毛主席在宣传工作会议[5]上讲，处理问题简单化、命令主义，不和非党人士商量，不和群众商量，这个毛病是危险的，非犯大错误不可。

为什么我们共产党员、老干部有这样的问题呢？毛主席说了一个根源，他说这是长期革命留下来的。过去战争状态要求我们急如星火地处理问题，许多问题不允许我们花时间去考虑，如果斯斯文文、犹豫不决，仗就打不胜。革命时期，只能用那种办法，搞得不好，群众也原谅。现在没有战争了，而建设是非常细致的事情，再这样就不行了，非脱离群众不可。干部脱离群众还有一个根源，就是过去，干部包括我们的军队，生活在群众中，和生产者是接近的，有时自己还种一点地，不种地也能天天看到老百姓，哪一家吃什么饭，哪一家地肥料不够，都清楚。总之，是在生产者中间，或者接近他们，熟悉他们的思想、生产和生活。而现在进城了，住大机关了，住的房子很漂亮。有些人还有时下去一下，但大量的人根本没有下去过，生产者的情感不熟悉了，他们的问题不了解了。抗战的时候，再高级的干部也是过苦日子。生活条件、环境会改变人们的意识。为什么过去艰苦的时候，并没有闹待遇、闹等级的，现在闹起来了？过去死都不怕，而现在就挑肥拣瘦，如果叫去雁北工作，那就认为是对他人格的侮辱。我们党、我们每个同志，特别是高级干部必须看到这个变化，这叫革命性减弱了。不是讲被腐蚀吗？这就叫被腐蚀。这是一种思想状态。天天看到群众，不等于就不脱离群众。在我们无产阶级队伍中，如果不注意这个问题，就会形成一个阶层，叫脱离群众的阶层，或者叫工人贵族阶层，不愿意和群众共甘苦了。过去群众看到我们吃饭，我们也看到他们吃饭，生活在一起，现在他们看不见我们吃饭了，比如我们就在后边那个房子里吃饭，老百姓就看不见。总之，脱离群众的现象是严重的。

现在，为什么日子还可以过呢？有两条原因：一条是，革命才胜利不久，我们革命的气息还没有完全丧失，还保持了革命朝气。思想变坏的只是一部分人，这些人也还没有变到更坏的程度，脱离群众还没有到不可收拾的情况，还没有到不可终日的地步。我们现在还办好事。另一条是，群众原谅我们是靠党的威信，党在群众中有无限的威信，现在还靠得住。现在我们革命朝气有所减弱，如果再过十年，再远离革命十五年，如果不注意，让坏倾向发展下去，这点本钱靠不靠得住？如果我们党脱离群众，那个威信靠不靠得住？总有一天靠不住。党的威信是建立在党的正确领导的基础之上的。革命的时候，我们党的领导是正确的。这几年，我们党的领导也是正确的，但是犯了错误，还有什么威信？现在有些地方群众闹事，那个地方的党组织就丧失威信了。我们的工作做得不够，群众吃了亏，党也要丧失威信。所以，靠党的威信吃饭，靠我们过去那点革命资格吃饭不行，靠不住，永远不要靠这两点。任何时候，都要靠我们做好工作。

现在应该把我们的老章程恢复起来，就是所有的同志都要密切联系群众，特别是同非党群众商量问题，依靠群众解决问题。我们各级党委如此，一个基层单位、一个学校、一个工厂也应该如此。比如，工厂的宿舍不够，可以先把办公室腾出来，解决了宿舍以后，再做办公室。总之，如果脱离实际，脱离群众，看不起群众，遇事不同群众商量，不同非党人士商量，天天看领导的脸色，将来一定要栽大跟头。

我们的人民是守纪律的、懂道理的。我们有困难，就说办不到。只要讲道理，人民会赞成的，反革命分子想煽动也煽动不起来。

各级领导干部都应该经常同群众接触，向群众了解情况，解决他们的问题，同群众同甘共苦。我们要提倡加强思想政治工作，工作中遇到困难要向群众说真话，讲清道理，使群众明了情况。只有这样，我们才会少犯错误。

二、关于群众闹事问题。

如何解决人民内部矛盾，这是个很重要的问题。在国际共产主义运动中，这个问题还没有解决，有的还犯了错误。因为有了这些教训，加上我们现在的情况，才可能提出这样的问题。

我们国家总的情况是什么呢？是社会主义革命胜利后，表现的问题变了。过去是搞阶级斗争，搞革命，现在是搞建设，问题不同了，表现的矛盾不同了。现在表现的是人民内部问题，是人民内部矛盾。不是批评斯大林在肃反问题上发生了错误吗？斯大林肃反搞错了一部分人，伤了一部分人，伤了一部分共产党员。从理论上来说，错误的根源就是把解决敌我矛盾的方法，用来解决人民内部矛盾问题。阶级斗争是敌我矛盾，人民内部矛盾是是非问题，把敌我矛盾和人民内部是非问题混淆起来，就产生了错误。毛主席看到了这个问题，提出要解决这个问题。

我们国家肃反任务基本完成了，经过镇压反革命等运动，百分之九十几的反革命被肃清了。反革命少了，如果我们思想不变，天天还是“尖锐化”，势必搞到我们自己头上。鉴于国际共产主义运动的经验，我们应该避免他们发生过的错误。首先要解决一个理论问题、认识问题，就是阶级斗争过去了，或者基本过去了，剥削阶级消灭了，人民内部矛盾不能用阶级斗争的办法解决。如果用阶级斗争的办法解决人民内部矛盾，非犯错误不可。如果我们不及时提出这个问题，苏联犯过的错误，我们也会犯。这样的问题，马克思不可能解决，马克思没有看到社会主义。斯大林应该解决这个问题，但他没有解决好，犯了错误。毛主席提出正确处理人民内部矛盾问题很重要，这样性质的问题要比阶级斗争存在的时间长得多。阶级斗争在中国不过几千年，加上埃及等古国，顶多也不会超过五千年。但人民内部矛盾问题，不晓得要存在多久，先定个一万年、十万年吧！现在必须从理论上、认识上提出这样一个问题：人民内部矛盾问题的性质和阶级斗争不同，把人民内部问题当作敌我矛盾处理，必然犯扩大化错误。现在我们习惯于用解决敌我矛盾的观点看问题。群众闹事的时候，就容易联想到敌我矛盾。当然，群众闹事会有敌人挑拨，但大量的问题是人民不满意，闹事闹得对，闹得不对也是人民内部问题。解决这样的问题，只能够按照解决人民内部问题的新办法，才能解决得好，才能加强人民的团结，加强党与群众的联系；解决得不好，人民的团结就要受损失，党就要脱离群众，使人民更加远离党。

现在，群众闹事问题出来后，我们党内一般是苦恼得很，总是从敌我矛盾看问题。处理过程中，有粗暴的行为，有的捕了人，也有惊慌失措的，一直退让，越退越闹得厉害。总之，一般的是解决得不很妥当，大多数是“左”，也有右的情况。多数是没有分清是非问题，把它看作敌我矛盾的性质来处理，好像群众一闹事，就是反对共产党。

中央分析了一下，群众闹事大体上是由于党的领导薄弱，我们的党员、干部官僚主义严重。群众闹事相当一部分是有理由的，当然也有一部分是没有理由的，或者是理由不充足的。一种情况是，对群众正当的要求不闻不问，应该解决又可能解决的问题，也不去解决。一时不能解决的问题，也不向群众解释，使群众了解真相。因此，群众一肚子气，就闹起来了。还有一种情况是，群众要求是有理由的，但是办不到。比如今年很多学生不能升学，学生要求升学，要求学文化，总不能说不合理，但是国家不可能办到。对于这种情况，我们就要讲真话，进行宣传教育工作，把问题摆到群众面前，使群众了解真相。如果我们不讲道理，不做工作，采取粗暴的办法，群众当然也就闹起来了。有些闹事，是有反革命分子在兴风作浪，但只有把群众争取过来，才能孤立他们、暴露他们。用粗暴的办法只能使群众跟着他们走。只有树立正确的认识，遇到群众闹事问题，才能采取正确的办法解决。

群众闹事，叫作大民主，我们不提倡。如果我们坚持群众路线，就可以避免群众闹事。要避免群众闹事，前提条件是必须有小民主，没有小民主一定有大民主。避免群众闹事的根本办法是加强教育，扩大民主。加强教育，主要是加强思想政治工作。没有经常的思想政治工作，群众闹事就不可避免。

扩大民主，主要是指经常的民主生活。这一个时期，我们对思想政治工作相当忽视。企业实行一长制以后，民主生活少了，思想政治工作也差了。事实证明，思想政治工作在任何时候也不够用，一年半年不做工作，问题就出来了。命令主义解决不了问题，还是要靠思想政治工作，靠群众觉悟，在群众觉悟的基础上，才能够解决问题。一定的物质鼓励，可以刺激人们的积极性，但是单靠那个不行。一个人天天想个人利害得失，思想老束缚在得多少钱上的话，积极性就不会那么高。我们一定要引导六亿人民有理想、艰苦奋斗，这叫作思想政治工作。有些学生闹事，不能怪他们，他们没有吃过苦，不知道国家财富是一点一滴艰苦奋斗创造出来的。一些工厂青年也是这样，他们不知道要艰苦奋斗，我们没有把道理讲清楚。个人生活在集体之中，个人和集体总会存在矛盾。有矛盾就难免有气，有意见，就要有出气的地方，有经常表达意见的地方，群众的气出了，讲出来了，闹事就闹不起来。所以要避免群众闹事这种大民主，就必须搞好经常的民主生活这种小民主。

党的八大，集中地讲了这个问题。我们也有一些具体的办法，比如认真开好各级人民代表大会和政协会议，让人民代表和政协委员充分地发表意见。当然，任何会议中，意见总有正确的不正确的，总有一部分对的一部分不对的，那不要紧。我们企业内部要扩大民主。合作社也一样，最根本的是民主办社。不把这件事情办好，合作社的优越性就受到限制，干部和群众的关系就搞不好，社干部的毛病也不容易解决。我们的学校也应该有个教职员会议讨论如何办学问题，学生会也可以讨论这个问题。学校也可以考虑每年让学生出一出气，提一提意见，对的、办得到的就办，对的但办不到的就做解释，不对的就进行教育，开展讨论，让所有学生自己讨论。讨论中可能有少数人还要坚持不对的，但他们就孤立了，问题暴露了，就没有害处了。就是街道，也应该有些民主生活。我们共产党员要认真地做这件事情。有小民主才不会有大民主。但是话又说回来，严重官僚主义总是有的，群众忍无可忍，非闹不可，所以大民主又不可避免。遇到这样的事情，也不要怕，也是好事。闹事本身可以暴露问题。如果发生群众闹事，第一，作为党的领导，不提倡大民主，但应该允许群众闹事，不能说一闹就是了不得的事。第二，要闹就闹够。闹事总是由于我们思想政治工作薄弱，如果一闹就压下去，就不能利用这个闹事把问题弄清楚，不能教育群众，也不能教育领导。应该利用这个闹事来补课，补平时思想政治工作之不足，把是非弄清楚，不要含含糊糊。群众要求对的我们就必须做，不对的要向群众讲清楚道理，采取教育的方式讨论问题。第三，对群众提出的问题区别性质，正确处理。对闹事者除了有严重的刑事罪状的以外，不要捕人，包括涂写反动标语的、提反动口号的和领头闹事的，摆在那里当“教员”，对提高群众觉悟有好处。第四，闹事解决以后，要加强民主生活，加强人民团结，提高群众觉悟，提高领导水平，凡是闹事解决后，都应该这样做。

党员、团员参加闹事怎么办？这主要看性质，要区别清楚闹得对不对。除了个别人，一般采取教育的方法。党的组织要支持正确的意见，反对错误的意见，引导群众走上正确的道路，不要脱离群众。如果我们党和行政领导同群众对立起来，就不好了。

三、关于工厂管理中的民主集中制问题。

我们要扩大经常的民主生活。国家机关、人民代表大会、政协会议，所有地方都应该如此。干部、国家工作人员、企业管理人员都要受监督。要搞民主办社、民主办厂、民主办矿。党的八大提出了集体领导，一方面是实行党委领导下的厂长负责制，另一方面是实行群众路线。今天看来，除了党委领导下的厂长负责制不变外，要再加一个党委领导下的群众监督制度。就是要把群众路线更具体化，用一种组织形式把它肯定下来、完备起来。我们准备采取职工代表大会制度，这个职工代表大会实际上也是工会代表大会。应该一要党的领导，二要工会组织。总的来说，职工代表大会是一个监督机关，不是企业最高权力机关，但是它有一部分重要的权力。中央考虑，职工代表大会有四个权力：（一）听取和审查厂长的工作报告，审查和讨论企业生产、财务、技术、劳动工资计划；（二）讨论和审查企业的奖励基金、福利费、医药费、劳动保护拨款以及其他有关企业福利经费开支，并且在和上级命令、指示不相抵触的前提下，可以做出决议，企业有关方面对这样的决议必须认真执行；（三）向上级管理机关建议撤换领导人包括厂长，也可以推荐某些领导人；（四）对上级管理机关的指示，有不同意见，可以向上级管理机关提出建议。

这四个权力执行起来好处很多。这样的方法能够启发群众自觉服从指挥，遵守纪律。在我们的军队中，士兵可以批评军官，但是并没有妨害军官指挥。有许多事情交给群众处理比较公道，而且搞错了领导上也不受埋怨，不会妨碍领导与被领导的关系。南斯拉夫有一条经验我们可以吸收，一九四八年，他们企业困难得很，连工资也发不出去，就把企业交给工人，赚钱是工人的，赔本也是工人的，就这样渡过了困难。我们党、工会、青年团的领导，一定要懂得这个道理，学校、街道的领导也要懂得这个道理，要从思想上解决这个问题。

过去，我们党政工团看问题都是一个角度。实际上个人与集体、领导与被领导的矛盾总是有的。如果群众认为党政工团认识都是一致的，都是“一气”，他们闹事就会对谁都不讲真话，这没有好处。以后，我们的厂长看问题的角度，要更多地代表国家，从集体考虑；工会要改变做法，主要站在群众方面，更多地从群众角度考虑。各有各的角度。有问题就争论，这样反映问题更真实更全面了，工作就会更好做。党委也要从两个角度看问题，一个是国家角度，一个是群众角度，这样就不会脱离群众。当然，厂长也应该考虑群众利益，工会也应该全面考虑问题，但应该各有重点。党委就领导这两个方面。将来党委的做法也不同于过去了，不要干预细小的事情，不要干预厂长的日常工作，应该完全让厂长去处理日常事务，对职工代表大会也不要做硬性的决定。企业的一些工作决定，要经过职工代表大会，党委对厂长、工会考虑错了的就纠正。这样，就可以全面考虑问题，比较正确地处理问题。

这种做法，是一种新的做法。这样做，党委当然要配强一些的领导同志，工会也要配强一些的领导同志。不适当的要调整。工会主席大体上要相当于党委副书记，否则不好说话，没有分量。

中央曾经考虑过是不是搞选举厂长，是不是搞管理委员会。这可以试验。现在我们的厂长权力太大，应该受些约束，胆子小一些好。但我们现在还不准备采取这个办法。这个办法也许好，也许不好，我们还要考虑。搞党委领导下的厂长负责制，有些人思想不通。如果试验最后证明，必须选举厂长，必须搞管理委员会，那也没有关系，我们就搞。

四、关于“长期共存，互相监督”、“百花齐放，百家争鸣”问题。

中央最近集中抓这个问题，认为这样的方针是正确的，它的好处就不用解释了。拿监督来说，每个共产党员、高级干部都应该了解，没有监督不得了，独断专行非犯错误不可。

我们党是一个有功劳的党、有威信的党。共产党员功劳大就很容易高人一等，比人民高一等，比党外人士高一等，这就很危险，所以必须受监督。监督有三方面，第一是党的监督。我们党员的数目不小了，现在有一千二百万党员，青年团员有二千多万，每年还要发展一些。党员人数太多了危险。我们党搞大了不行，党员太多就成了群众了，就没有先锋队作用了。党的组织生活、思想工作要搞严一点。第二是人民的监督。第三是民主党派、无党派人士、科学家的监督。这也是属于人民群众监督的一部分。我们必须邀请别人监督。从各个角度考虑问题，总比从一个角度看问题有好处。共产党当政如何当得好，如何能不脱离群众、少犯主观主义错误？这个问题很重要。我们党考虑问题有对的，也有不对的；党外人士提的意见有对的，也有不对的。所以"长期共存，互相监督"好得很。事情要靠大家做。

"百花齐放，百家争鸣"，总是一件好事情。有人说，为什么现在才提出来？因为过去不可能。不树立唯物主义的优势，不树立马列主义，不可能有"百花齐放，百家争鸣"。有人说，既然"百花齐放，百家争鸣"，为什么还要搞思想改造？毛主席讲，谁都要改造，共产党要改造，他自己也要改造。改造思想才能认识新问题。"百花齐放，百家争鸣"提出来好处很多，它可以使我们思想开放。人的思想太简单了不利。不知道唯心主义，怎么能知道唯物主义是正确的呢？正确的东西总是在同错误的东西斗争中才证明它是正确的。

真理愈辩愈明，"百花齐放，百家争鸣"是不是好，这个在一二年内还看不出来。若干年后，我们共产党员如果思想僵化，语言无味，这里讲是这几条，那里讲也是这几条，那就很危险。如果我们的脑筋不僵化，全党懂得这个方针，认真地做，上下一致，工作就能做好。

今天我讲了四个问题，总的来说，就是要加强党同群众的联系，不要削弱了党同群众的联系；就是要加强党的领导，包括要求别人监督，我们才有不被打倒的资格，才能够调动六亿人民的积极性，团结起来，把我们的国家建设得更好。

注　释

〔**1**〕三反五反运动，见本卷第1页注〔2〕。

〔**2**〕遵义会议，见本卷第251页注〔5〕。

〔**3**〕七大，见本卷第142页注〔2〕。

〔**4**〕八大，见本卷第274页注〔1〕。

〔**5**〕宣传工作会议，这里指一九五七年三月六日至十三日在北京举行的全国宣传工作会议。

办报要考虑大问题*

（一九五七年四月十七日）

毛主席讲，办报的人一天到头钻到纸堆里，不脱出来看看大问题，办不好报。因此，办报要经常打听气候，在大的方面不走样。大的不走样，小的错误不要求不犯。要求在大的方面不犯错误，首先是思想清楚，第二是方法对头，不能闭塞。思想战线怎样形成队伍，现在很迫切。要考虑队伍的真正调整问题。要认真考虑组织一些人专门研究学问、写文章。人员不要单纯从宣教系统找，要从各行各业找。找到好的苗子培养。

---

* 这是邓小平主持中共中央书记处会议讨论进一步办好《人民日报》时讲话的节录。

劳动、学习、团结是青年团一个时期的方针*

（一九五七年五月十日）

团代会〔1〕报告总的精神是六个字，劳动、学习、团结，这是青年团一个时期的方针。劳动，是中心的中心；学习，要强调向老一辈学习；团结，要强调反对宗派。青年团的章程是比较好的。总则的分量要恰当，不要过多。“后备军”问题，团员入党只能是一部分，不可能大部分入党。“后备军”可以不写了，但是要说清楚。青年团中央的组织形式，在原则上层次可以简化一点，但一定要采取民主集中制的原则进行工作。

注　释

〔1〕团代会，这里指一九五七年五月十五日至二十五日在北京举行的中国新民主主义青年团第三次全国代表大会。这次大会决定将中国新民主主义青年团更名为中国共产主义青年团。

---

* 这是邓小平在中共中央政治局会议讨论批准中国新民主主义青年团第二届中央委员会向第三次全国代表大会的报告《团结全国青年建设社会主义的新中国》和《中国共产主义青年团章程（草案）》时讲话的一部分。

关于整风运动*

（一九五七年五月二十三日）

整风运动的目的，首先是要克服党内官僚主义、宗派主义、主观主义，纠正脱离群众的现象。我们党要虚心听取党外人士的批评，从中取得教训，改正各方面工作中的错误和缺点，包括思想作风和工作方法的错误和缺点。其次是要团结党外人士的大多数，孤立右派。这是随着运动的发展增加的新的内容。再其次是加强党的领导，加强人民民主专政，加强社会主义建设。

这个运动能不能取得胜利，即能不能达到上面所说的目的，决定于我们能不能团结党外人士的大多数，即能不能把中间分子团结过来。在党外人士、党外知识分子中，估计至少百分之七十以上是中间分子，所谓多数就是他们。我们把中间分子团结过来了，就团结了大多数，这个运动就胜利了。

要团结中间分子，一方面，就是我们党要改正自己的错误和缺点，把工作做好。中间分子对我们的许多批评是中肯的。当然，不是说所有中间分子的意见都对，但他们讲的很多意见确实是切中要害的。只要我们一面整风，一面就开始

* 这是邓小平在中共中央政治局扩大会议上报告的节录。

不断地纠正错误和缺点，中间分子的绝大多数是会靠过来的。这是主要的一点。

现在的问题是，有些人担心这个运动会不会出乱子，总的估计是出不了乱子。因为我们党是多年奋斗出来的，我们党是一个好党。过去证明，将来也会证明，我们基本的道路是走对了的，我们的路线、方针基本上是对的。我们的缺点是执行工作中的一些缺点。绝大多数同志是好的，是勇于纠正缺点的。我们这几年的工作成绩是谁也不能抹掉的，右派也抹不掉的。群众是有觉悟的，对群众是讲得清楚道理的，包括那些闹事的、有一肚子气的，道理还是讲得清楚的。当然，这些年来，脱离群众的现象一天一天多起来了，一天一天严重起来了，这是事实。但是只要我们整风，赶快克服我们的错误缺点，我们同群众的联系是可以恢复和加强起来的。这个运动是我们党发动起来的，是我们党领导的。随着运动一步一步地发展，当发展到某一个阶段时，我们党总有及时的指示和措施，所以是不可怕的。看起来，搞这个运动，恐怕最大的益处还在于我们党本身，我们的思想水平会大大地提高，我们同群众会结合得更紧密，在群众中的根会扎得更深。错误当然还是会有的，毛主席多次讲，这次整风之后，官僚主义、宗派主义、主观主义会少一点，但是隔一个时期它又要来的，所以要不断斗争。

目前开展的党外人士批评运动，实际上就是党内整风运动的开始，是运动的第一阶段的重要部分。凡是放得开的地方，如像上海、北京，还有其他一些地方，已经产生了好的效果。

首先，运动暴露了党和政府工作中大量的毛病，暴露了党的组织和党员在思想作风和工作方法上的严重的错误和缺点，就是所谓三大主义。这些批评里面，有许多需要我们党和政府进一步研究和改进的问题，有很多好意见。中央估计，百分之九十以上的意见是诚恳的，是有益处的，是好的、对的，是击中要害的。过去中央和毛主席多次讲过，党内整风如果是关起门来整，整不好。现在看得很清楚，采取内外夹攻的方法最有效。冷静地想一想，党外人士提出的大量的批评，总是一服良药，这个药可以治病的。这些意见对我们整风有很大的帮助，对我们改进工作、联系群众有很大的帮助。所以，我们必须严肃地对待党外人士的批评，虚心地听取他们的批评。他们指出的凡是对的，我们应该认真地改正。

其次，凡是运动开展得好的地方，在争取和团结中间分子方面也收到了好的效果。批评我们的，大多数是中间分子，有的骂我们也骂得很凶，有那么一股情绪，也不是每句话都是对的，但不是恶意，不是想把我们这个政府打倒，无非是过去有一肚子气。如果把凡是骂我们的、没有讲一点好话的人都叫作右派，那危险得很，那就要犯错误。当然，也还有不少中间分子是讲了公道话的，而且中间分子讲公道话的愈来愈多。最近，甚至于批评右派的人也开始多起来了。中间分子的话基本上是诚恳的、正确的，百分之九十以上对我们很有益处，不管讲得如何尖锐。有些对我们有隔阂的，有怨气的，出了气就好了。也有的地方反映，他们中有的人出了气以后，总想找我们共产党员谈一谈，因为我们共产党员还没有讲话，他们不摸底。当然，也有一部分中间分子，他们的气不是一下子就出完了的，他们还要看一看。所以，也不要性急。总之，他们出了气总比闷到肚子里好。有些人的观点并不是完全对的，但是这些中间分子一般都是爱国主义者。他们的话不是出于恶意，不是要推翻政府，不是要推倒共产党，有许多人是一片热忱。所以，即使他们讲得不对，也是可以向他们讲清楚道理的，他们是会听的，隔阂是可以消除的。不要因为人家骂了我们几句，而增加我们同他们的隔阂。他们对右派的言论不满的话，没有说出来的，我们也要使他们说出来。因为在这个斗争中，中间分子是有力量的。现在在我们的报纸上比较大量的应该是讲公道话的，或者批评右派某些观点的言论。很显然，如果让中间分子把话说出来，那么，中间分子是一定会团结过来的。

共青团要当好党的助手*

（一九五七年五月三十一日）

你们这次大会[1]提出的“劳动、学习、团结”六个字的方针，我看是提得好的。这六个字的方针就是总结工作。你们不是说总结经验不够吗？什么叫总结经验？这六个字就总结了主要的经验。

你们可以仔细想一想“劳动”这两个字，实际上党也在总结这个经验，党中央在整风指示[2]中讲了这个问题，另外还发了一个领导干部参加劳动的指示。你们也讲了这个问题，而且专门规定以后要逐步做到团干部大多是参加过劳动的。为什么要提这个问题呢？党的指示里已经讲得清清楚楚。脱离生产有危险性。现在的青年，都喜欢进学校，进大学，然后去当干部。当然没有人当干部也是不行的，然而都要去当干部，就是个危险。这个危险就是脱离群众的倾向。如果这个思想发展下去，是不是将来还会搞一次革命，那就很难讲了。这是一个根本性的问题，是从这几年我们脱离群众的现象总结出来的。当然不只是这一方面，但这是主要的方面。劳动是决定人们意识的。现在党外有些人攻击我们，骂我们是“特殊阶级”。新阶级是没有的，生产资料并没有

* 这是邓小平同共青团各省市委书记谈话的一部分。

归我们私有。但是如果不从这方面着眼是有危险的，会自然地形成一种特殊性，觉得自己比别人高一等，不以平等的态度对待别人。提出这一点对青年来说是很重要的。过去我们一般地还接近劳动者，抗日战争时期如此，解放战争时期也如此，上溯到以前就更是如此。这几年脱离劳动者了。这就叫带根本性的经验总结。这个思想管多少年呢？先管一万年再说。这比体育活动的经验总结、延安造林大会经验的总结更重要。当然那些经验的总结也是重要的，但是这个影响要长远得多。不要轻视这个总结。有些同志觉得这个总结似乎和当前不大联系得起来，要仔细想一想，特别是要想一想现在的青年。他们没有过过苦日子，父母不愿叫自己的子女劳动，自己也以为"唯有读书高"，认为当干部好。代表大会应当总结这样的问题。

关于学习问题。现在和过去的学习内容不同了，大会也总结了。团结的问题主要是反对宗派主义，脱离了两亿青少年是不行的，这也是一个根本的总结。党也是这样总结的。为什么整风，为什么提出反对宗派主义呢？现在提的和过去提的也有不同。党现在是执政的党，团现在是执政党的助手，它和党是"穿连裆裤子"的。青年团总不能离开共产党，而且应当同党"有福同享，有难同当"。要说挨骂的话，第一是骂党，第二是骂团，共青团是同党有关系的，有许多东西主要是来自党的。

党应该更好地运用共青团这个力量。共青团担负着教育青年一代的任务，共青团的干部应当加强，共青团干部没有相当的工作能力，要想做好这个工作是不可能的。

共青团的组织生活应该搞什么？团不同于党，党要更严一些，团不能像党那么严，但是，一定要过组织生活，也要有一定的纪律，要教育团员懂得这个道理。

现在共青团的任务是更小一些、更轻一些，还是更大一些、更重一些呢？从最近的情况来看，应该说是更大一些、更重一些了。团代会的文件也讲到，过去一般讲好的多，讲光明的一面多，讲困难的一面少，结果就弄得头晕脑涨，不切合实际。不仅一般的青年这样，党员、团员也是这样。这次整风运动最大的好处就是暴露出我们的问题，告诉我们值不得骄傲，我们的缺点、错误、问题还很多。幸好整风搞得早，如果问题再继续十年，还会发展大一些，现在还不是那么了不起。我们的党基本上还是符合人民利益的，特别是总的路线、总的政策，因此群众的积极性还是高的。现在要群众赶共产党下台，他们是不干的。当然也有一些人不愿意共产党领导，要把共产党打倒。这种人不多，里面有党员，也有团员。他的面貌暴露出来以后，群众是不会跟着他走的。但是如果我们脱离群众，再延长十几年，就要发生变化了。所以，现在我们的脑筋不能发涨。党如此，团也如此，千万不能把我们的工作估计高了。现在有些干部喜欢表扬，受到批评就不大高兴，这就不好。有人批评我们一下有好处，经常讲一点缺点，头脑清醒一点。在座的同志都是下面的骨干分子，头脑要清醒，不要把自己的工作估计高了。你们说团中央对你们的批评少了，党中央和各级党委对你们的批评少了，表扬多了。现在看起来，还是讲缺点有利，可以冷静一点。

现在我们的工作更细致了，要一点一滴地做，特别是思想工作。共青团应当比党的工作更活泼一些，应当有一些青年喜爱的、活泼的、热闹的形式，忽视了这一点是错误的。但是在工作中起决定作用的不在于形式，而在于一点一滴的工作，思想工作更是如此。不是把资产阶级打倒了吗？那只是在政治上把它打倒了，思想上并没有打倒。要驳倒它，没有本事是不行的，群众中有中间分子，要看你的行动怎样，如果几遍都驳不倒它，马克思主义的优越性在哪里？现在依靠喊口号是不行的，要靠更细致的工作，需要党团员去交朋友，同他们接触，搞一点一滴的工作。当然，我们也不能放弃整体课堂、演讲会、报告等，过去我们是这么搞的，现在仅仅这么搞就不够了，而且这种方式不是那么直接。现在的工作要更细致一些，细致的工作才靠得住，才能锻炼自己的战斗力，特别是思想上得到锻炼。思想工作比组织人民的生活更细致，也更大。我们不要否定过去的形式，而要善于做细致的工作，对知识分子更要做细致的工作，对青年人的工作粗暴了也不行。

共青团怎样当党的助手？首先党要运用好共青团这个助手。这是一面，还有另一面。你们这次会议的报告里和中央关于处理罢工罢课的指示里都讲到，工会、共青团在处理问题时应该有一个角度，这就是：工会、共青团应当更多地反映群众的要求和意见来当好党的助手。共青团要有整体观念，必须经常注意青年的意见和要求。在党的领导下，有些事情要由党做，有的要由共青团做，有的要由政府做。过去这方面的毛病在什么地方呢？平时大家只是等好消息，好多事情不是不知道，就是没有人从各自的角度来考虑问题、提出问题。比如学生问题、工人问题、农民问题。本来有些问题在酝酿当中能够解决，而且也容易解决，结果就是反映不上来，或者马马虎虎当作一般性的问题了。所以共青团要经常把“温度”的高低告诉给党，这就是角度，所谓助手也主要是这个问题。当然，不可能所有的意见都是对的，也可能党的组织是对的，团是错的，这不要怕，服从党就好了。有时也可能你们对了，党的组织错了，这样，也要按组织原则办事，向上申诉。不能因为意见有了分歧，就可以不服从党的领导。你有意见可以反映到省委书记处、常委会，也可以反映到团中央，还可以反映到党中央。唱对台戏在一定的时候是不可避免的，但如果党不允许你干，你自己硬干了是不好的。也可能在某一件事情上党是错的，使党受到了损失。但是，如果团内造成这样一种风气，就是团的基层组织可以脱离党的基层组织，那么损失就更大了。一般情况下，还是要按照组织原则办事，但作为助手，意见有分歧时，必须把意见向上级组织反映，毫不马虎，这才是好的助手。你们有问题，就打电话到市委、省委，问题就可以解决。这样，既服从了党的组织，又反映了自己的意见。这样做没有什么副作用，相反地只会有好处。从现在的情况来看，主要是反映情况和意见不够。这个缺点主要责任在于党，党没有很好地发挥你们的助手作用。但你们就没有责任了吗？你们为什么不主动？你们有权利为什么不行使？只要你们服从党的领导，只要按照组织原则办事，积极提出意见，你们就没有错。要告诉团的基层组织，工会、共青团，都要这样做。

注 释

〔1〕这里指团的三大，见本卷第317页注〔1〕。

〔2〕整风指示，这里指中共中央一九五七年四月二十七日发出的《关于整风运动的指示》。

整风的任务是发现和改正错误*

（一九五七年六月七日）

当前整风的任务是什么呢？就是要发现错误，改正错误。党外人士的批评，百分之九十以上批评得对。

揭露大量问题是对的。我们如果不改正错误危险得很，会彻底脱离群众。不要因为激烈斗争忘记了这一点。要改正缺点错误，使党的思想水平提高一步，这是一个根本的问题。现在讲大鸣大放，同志们是有顾虑的，主要是怕乱，怕出丑，怕自己同志犯错误。这几个顾虑都不对，不要怕，能乱到哪里去呢？只要讲道理、改进作风就没有什么可怕的。

怕出丑，丑有什么可怕的？本来有丑，怕什么？讲出来比不讲好嘛。怕自己毛病暴露出来，运动这么大，为个人利益顾虑什么呢？我们同志洗洗脸也好。究竟共产党威信重要，还是个人威信重要？究竟共产党领导重要，还是个人重要？怕出丑，这危险得很。

有了错误就要改正，凡能改的就快些改。问题能解决的就快些解决，要一面整一面改。报纸上对改的消息要逐渐多些。首先是真正改正我们党自己的错误。执政党要经常警惕

---

* 这是邓小平在辽宁、吉林、黑龙江三省省、市、地党员干部会议上作的关于整风运动报告的一部分。

脱离群众的危险，任何时候都必须把改正错误放在第一位。改正错误的目的，是加强和巩固党在各方面的领导，提高党的威信。其次是争取大多数，关键是争取中间分子。我们要以是否拥护共产党的领导划分左中右。要善于团结中间分子，不要伤害中间分子。第三是孤立右派。右派不仅仅有资产阶级思想，而且有政治目的，对共产党、对人民民主专政是仇视的。第四是锻炼战斗力。

整风和反右斗争要注意的问题*

（一九五七年七月十二日）

整风和反右派斗争的目的都是为了更有利于团结群众，更有利于巩固人民民主专政制度，更有利于社会主义改造，也就是为了达到毛主席所讲的六条标准[1]。整风和反右结合起来，我们整风的内容就更加丰富了。反对右派斗争不等于不要整风。认为反右派斗争一来，就可以放松整风了，这种想法是有害的。反右派斗争抓得不紧固然不对，但另一方面，现在有很大可能注意了反右派斗争，不去注意克服三大主义，这点务必要请大家注意。“百花齐放，百家争鸣”、“长期共存，互相监督”是今后还要长期坚持的方针。这次运动必须把右派彻底斗倒，但也不能造成人家以后不敢讲话。在运动中，中央自始至终要求坚持说理的态度，就在于不致伤害提意见的人的积极性。

运动的下一阶段应以打思想仗为主。在思想上要做深入的分析批判工作，同时结合整风，做改正错误的工作。思想斗争不要采取人人过关的方式，要实事求是，有什么错误就批判什么。根据运动当前的情况来看，应该注意这个时候容

---

* 这是邓小平在中央和国家机关副部以上干部，在京中央委员、候补中央委员参加的会议上作的《关于当前整风情况和今后工作的意见》报告要点的一部分。

易犯简单粗暴的毛病，必须坚持充分说理的原则，只要坚持了这个原则，就不会出毛病，将来运动过后，也用不着检讨。不单今天要注意，而且要永远注意，不能急于求成，要求太快就达不到目的。对右派分子要分别对待，对右派中的顽固分子也要做一些工作。对右派分子点名要慎重，不要忙于做组织结论，组织处理过早坏处很多。反右派斗争的方式应以小型会议为主，但也不拒绝开大会。凡不必开大会的尽量不开。因为群众性的大会就是起鼓动作用，有时候很难控制大会的情绪，容易产生简单化、喊口号等情况。不得已而用大会形式的斗争，则要坚持说理的态度。用小会的方式也不等于没有简单粗暴的事情。在人代会小组会中就有不少简单粗暴的事情。

右派分子的许多意见是错误的，但大多数人的意见是针对我们的缺点提出来的。对他们提出来的缺点，我们要认真改正，不能搪塞了事、马马虎虎。报纸上要反映我们在改正错误方面的消息。只有我们认真改正缺点，才有利于争取中间分子。以后要人家提意见，人家才敢提。

注　释

〔1〕六条标准，指毛泽东在《关于正确处理人民内部矛盾的问题》中提出的：一、有利于团结全国各族人民，而不是分裂人民；二、有利于社会主义改造和社会主义建设，而不是不利于社会主义改造和社会主义建设；三、有利于巩固人民民主专政，而不是破坏或者削弱这个专政；四、有利于巩固民主集中制，而不是破坏或者削弱这个制度；五、有利于巩固共产党的领导，而不是摆脱或者削弱这种领导；六、有利于社会主义的国际团结和全世界爱好和平人民的国际团结，而不是有损于这些团结。

关于妇女工作*

（一九五七年七月二十五日）

妇女工作一般都经过几个阶段，每一阶段的方针都是男女一起发动。首先是把妇女发动起来，组织起来。只要做工作的同志明确党的方针，妇女就比较容易发动。过去战争时期妇女不发动起来不能打胜仗。土改也是一样，妇女不参加搞不好。土改中很多地方是妇女打先锋的，因为妇女受压迫比男人多，比男人深。但是要帮助妇女，不帮不行。我们已经取得了社会主义决定性的胜利，在某种意义上说，也是由于发动了妇女。有些男人还不如妇女，以家庭影响来说，在一个家庭里，有的妇女起决定性的作用。妻子不赞成，这个家庭就入不成合作社。生产也是一样，妇女参加生产，家庭收入就多了。家管不好，也影响生产。职工家属管不好家，影响工人的生产情绪。资本家的家属不发动起来，也影响资本家接受改造。街道工作妇女是主力。

妇女占人口的一半。我们党的方针是，任何事情都要男女一起发动。但很多地方做得不好，工作不深入。我们有几千年重男轻女的封建思想和习惯势力，在党内也是如此。

妇女工作和完成党的总任务是一致的。但妇女本身有特

---

* 这是邓小平会见越南妇女访华代表团时谈话的一部分。

殊性，在实现总任务中，对妇女的工作方法应该有所不同。有些地方对妇女照顾不够。妇女本身的条件不同，不采取适合妇女情况和条件的方法，工作是搞不好的。很多情况下并非不重视妇女工作，而是不懂得做妇女工作的方法。

妇联是搞妇女工作的主要部门，但妇女工作不只是妇联的工作，只靠妇联做妇女工作肯定搞不好。各行各业都有妇女工作，搞任何工作都少不了妇女。实际上妇女工作贯穿在每一件事情中。党委、国家机关不可能只做男人的工作，不做妇女的工作。妇女工作是党和国家整个工作的一部分，必须由党、团、工会、国家机关、妇女组织共同努力。

划右派应该非常慎重*

（一九五七年八月、九月）

一

对有些科学家，特别是有建树的真正的自然科学家，有科学水平的，只要不搞政治活动，中央确定采取不斗、讲清楚的办法。

（一九五七年八月二十三日主持中共中央书记处会议讨论工资和反右派斗争等问题时讲话的节录）

二

在运动中，对于一个党员应否划为右派分子，应该同党外人士应否划为右派分子一样，采取非常慎重的态度，对于党龄较老的党员尤其应该如此。

（一九五七年九月一日审改中共中央《关于严肃对待党内右派分子问题的指示》稿时加写的文字）

---

* 这是邓小平两次讲话的节录和审改中共中央指示稿时加写的两段文字。

三

对于那些有重大成就的科学家和技术工作人员，除个别情节严重非斗不可者外，应一律采取坚决保护过关的方针。

（一九五七年九月二日审改中共中央《关于自然科学方面反右派斗争的指示》稿时加写的文字）

四

右派中凡有真才实学的都继续用。我们赞成他搞科学，只反对他反社会主义。他们完全可以改变，为社会主义服务。

（一九五七年九月十九日主持中共中央书记处会议讨论整风反右运动中有关问题时讲话的节录）

改造团的干部队伍应放在经常的工作日程上*

（一九五七年九月三日）

关于团的干部队伍，要提到组织路线的原则高度来看待这个问题，解决这个问题。你们对干部应该加以管理。共青团组织最大的问题是领导核心的政治素质。团的骨干很重要，他们应该是经过艰苦斗争的，经过劳动锻炼的。以后要做到，比如说在十年至十五年内所有团的干部都参加过劳动，下去当几年工人、农民，或者是到基层去，一面进行农业劳动，一面做团的工作。经过这样的锻炼，回来以后就会不同。现在团的干部队伍是个学生队伍，一没有经过什么实际斗争，二没有吃过什么苦。解放前出来的学生还经过了民主革命的斗争。应该有计划地让团的干部去参加实际的劳动和斗争锻炼。有人只喜欢有文化的干部。当然，干部没有文化是不行的，但是不注意政治条件，不注意调整自己的队伍、改造自己的队伍，也是不行的。有文化是好的，但不和工农结合就没有什么了不起。团的各级领导干部应当加强。在团的三大[1]的时候，已经谈到这个问题。现在做得怎么样了？有些干部弱了，有些强的干部已经调出去了，现在可

* 这是邓小平同出席共青团各省市委书记会议的成员座谈时讲话的一部分。

以再把那些较强的、吃过苦耐过劳的人调回来一些。改造团的干部队伍，团中央应该放在经常的工作日程上。

注释

〔1〕团的三大，见本卷第317页注〔1〕。

工人阶级必须有自己的技术干部队伍*

（一九五七年九月二十三日）

必须大力加强文教战线的领导骨干，切实整顿许多文教组织。为了建成社会主义，工人阶级必须有自己的技术干部队伍，必须有自己的教授、教员、科学家、新闻记者、文学家、艺术家和马克思主义理论家的队伍。这是一个宏大的队伍，人少了是不成的。全党必须注意培养革命的专门家。全党的干部，凡是有条件的，都必须认真地钻研理论和业务，顽强地下苦功，把自己造成为“又红又专”的红色专家。为了达到这个目的，中央和地方都要在最近时期定出分门别类的具体计划，大力贯彻执行。

为了培养工人阶级的知识分子队伍，还必须用革命的精神培养新的知识分子，革新和加强学校中的思想政治教育和劳动教育，加强从工人农民中培养知识分子的工作，并且有计划地吸收优秀的革命知识分子入党。

现有的几百万知识分子虽然现在多数是中间派，但是他们的大多数是愿意进步的。工人阶级培养自己的知识分子的计划，必须把他们包括在内。必须看到，他们是国家的重要

* 这是邓小平在中共八届三中全会（扩大）上报告第二部分的节录。

财富，社会主义的经济文化建设，新生力量的培养，都需要他们努力。因此要用大力团结、争取和教育他们，纠正他们的错误观点，帮助他们实行自我改造，用妥善的而不是粗暴的方法使他们逐步脱离中间状态，站到工人阶级方面来。要通过整风和马克思列宁主义的学习，帮助他们深入群众，接近实际，并且同他们多谈话，多交朋友，倾听他们对工作的建议，帮助他们解决工作中的困难。过去我们在这些方面的缺点必须克服。知识分子在鸣放期间所提的意见绝大部分是正确的，应该认真研究处理。在学术文化工作中的“百花齐放，百家争鸣”的方针，必须采取一系列具体措施加以贯彻。当然，这是一个社会主义的方针，实行这个方针必须按照毛泽东同志所提出的六条标准〔1〕，为了繁荣社会主义的而不是资本主义的学术文化。

注　释

〔1〕六条标准，见本卷第331页注〔1〕。

工人阶级队伍的整风问题*

（一九五七年九月二十三日）

工人阶级队伍的整风问题，是本阶级整顿思想作风、提高阶级觉悟的问题，同资产阶级、资产阶级知识分子、小资产阶级接受社会主义改造有原则的区别。因此，应该着重改进工作和对群众进行社会主义教育，而不应该把机关学校中对待资产阶级知识分子的办法，拿来对待一般的工人群众。

目前工人阶级队伍的组织状况和思想状况，总的方面是好的。一千一百几十万产业职工中，百分之八十五左右出身于工农和其他劳动人民的家庭，解放前的老工人占百分之三十五左右，共产党员占百分之十三（加上共青团员共占百分之二十九）。

但是对于工人阶级的情况应该有具体的分析。历次运动证明，老工人都是党和社会主义事业的基本依靠。占工人总数百分之六十五左右的新工人中，农民、学生、城市贫民出身的占一半以上，他们的小资产阶级的思想作风比较浓厚。还有百分之三左右（有些单位超过百分之五）的新工人，是原来的地主、富农、资本家、伪军警和游民分子，他们的剥削阶级意识和坏习气尚未得到应有的改造。

---

* 这是邓小平在中共八届三中全会（扩大）上报告第四部分的节录。

因此，有必要在整风中对工人群众进行一次普遍深入的社会主义教育运动；有必要通过整风更好地树立和培养工人队伍的骨干和核心力量；有必要进一步清查坏人，纯洁工人阶级队伍。经过整风和社会主义教育运动，把工人阶级锻炼成为一支有觉悟、有组织、有纪律的战斗队伍。

教育的中心内容，是关于工人阶级在社会主义革命和建设事业中的领导地位和领导责任问题，是在无产阶级专政下工人群众的政治任务问题。要使工人群众懂得：必须在共产党领导下，不断提高自己的觉悟，加强组织性和纪律性，增强阶级内部的团结；必须发扬艰苦奋斗的优良传统，保持大公无私的高贵品质，努力生产，克勤克俭，以自己的模范作用，带动全国人民，为完成社会主义建设而斗争。

在一部分以新工人为主的工厂中，要着重解决新工人的改造立场的问题。在一切新工人中明白提出思想改造的任务，是完全必要的。

应该结合工人的切身生活体验和他们提出的主要问题，结合国家政治经济生活和本企业的具体状况，提出讨论题目。一般可以讨论：（一）工人阶级如何负起领导阶级责任的问题；（二）个人和集体、个人和国家的关系问题；（三）生活改善和生产发展的关系问题；（四）自由和纪律、民主和集中的关系问题；（五）工农关系问题（主要是讨论工人生活水平不要过高于农民）。通过对这些问题的讨论，做好关于改进工资福利制度的思想准备。

在工厂中整风和进行社会主义教育，改造新工人的思想，要着重依靠老工人和工龄较长、受政治教育较多的工人。必须充分发挥老工人的积极作用，用他们的丰富的生产和生活经验，他们的阶级觉悟，他们的组织性、纪律性，去团结和教育新工人，特别是青年工人。几年来不少干部对老工人的作用有些忽视，在某些政策措施上，如晋级、计件工资、工作安排、劳动保险、子女就业等，对老工人的照顾有些不够，需要加以改进。

领导上必须认真整顿作风，改进工作，要自始至终贯彻执行边整边改的方针。

要检查和克服官僚主义、主观主义和宗派主义。领导干部（包括党、政、工、团）参加体力劳动要成为一项经常制度。要利用一切可能的机会，钻研技术和业务，逐步地使自己从外行变成内行。要深入生产，深入工人，关怀群众疾苦。生活上和工人打成一片，坚决废除脱离群众的特殊待遇。帮助和引导工段一级干部克服命令主义，使他们做到既能勇于负责，又会走群众路线。

要大力紧缩机构，减少党、政、工、团的工作人员和企业中过多的非生产人员。注意从工人中培养和生长干部，充分发挥不脱产、半脱产的积极分子和干部的作用。强调技术人员和职员同工人相结合，组织他们参加实际操作，以便培养出大批既有实际经验又与群众有密切联系的优秀干部。

对于一些影响生产、影响团结、阻碍工人积极性发挥的各种规章制度，应该坚决修改或者废除。同时要相应地建立必要的新的管理制度和政治教育工作制度，以便从制度上巩固整风的成果。

党委领导下的职工代表大会，是扩大企业民主、吸引职工群众参加企业管理、克服官僚主义的良好形式，是正确处理人民内部矛盾的有效方法之一。在这次整风中应该充分运用，并在总结试点经验之后，全面推广。

职工代表大会的职权，应该遵照中央的规定，即：(一)听取和讨论厂长的工作报告，审查和讨论企业的生产计划、财务计划、技术计划、劳动工资计划和实现这些计划的重要措施，定期地检查计划执行情况，并提出建议。（二）审查和讨论企业奖励基金、福利费、医药费、劳动保护拨款、工会经费以及其他有关职工生活福利的经费开支，在不违反上级机关的指示、命令的条件下，可以就上述范围做出决议，交企业行政部门或者其他有关方面执行。（三）在必要的时候，向上级管理机关建议撤换某些企业领导人员。（四）对上级管理机关的规定有不同意见的时候，可以向上级管理机关提出建议。但是如果上级管理机关经过研究仍旧坚持原有决定的时候，就必须贯彻执行。

对工人中的极少数反社会主义分子和流氓、阿飞、严重违法乱纪的坏分子等，应该进行批判和适当斗争。情况特别严重或屡教不改的，应该在运动结束以后开除出厂，并做适当处理。但是对于一般思想落后、爱说怪话、劳动纪律松弛或因工作、生活问题对领导不满的人，有地域观念、本位主义思想、宗派情绪的人，一般闹事分子等，不要不加区别地都当成政治上的反社会主义分子和坏分子加以斗争和打击。要十分注意防止打击报复，防止形成宗派斗争。

对老工人和转业军人中发生的问题，应该特别慎重处理。

手工业、运输业合作社的整风，应该和整社相结合。要充分发扬工人和贫苦独立劳动者走社会主义道路的积极性，注意团结比较富裕的有技术的社员，揭露和批判原来的小业主和一部分富裕的独立劳动者的资本主义倾向，制止他们当中某些人的破坏活动，在胜利的大辩论和干部整风的基础上巩固合作社。

职工家属和城市其他劳动人民，也应该在当地党委的统一领导下，普遍开展社会主义教育运动，尽可能地组织鸣放，进行辩论，明确大是大非。

少数民族地区的社会主义教育和反右斗争*

（一九五七年九月二十三日）

在一切已经基本上实现了生产资料所有制的社会主义改造的少数民族地区和少数民族人口中，应该同样进行社会主义教育，并且适当地进行反右派斗争。

在少数民族中的社会主义教育和反右派斗争，除了同汉族地区相同的内容以外，还应该着重反对民族主义倾向。在广大群众中，应该用新旧对比的方法，宣传各民族团结统一在中国共产党和中央人民政府领导下的民族大家庭的利益和必要，揭露坏分子破坏民族团结的活动。在少数民族干部和上层人士中，应该指出，地方民族主义倾向和大汉族主义倾向，同样是资产阶级的反社会主义的倾向，对于社会主义祖国的各民族的团结统一同样有危险。过去我们强调反对汉族干部中的大汉族主义倾向，这是完全必要的，今后也仍然要继续坚决反对大汉族主义。但是目前在少数民族干部中，强调反对地方民族主义倾向，是同样必要的。应该认清，一切利用狭隘的民族感情和历史遗留下来的民族间的某些隔阂，来分裂民族团结和破坏祖

* 这是邓小平在中共八届三中全会（扩大）上报告的第五部分。

国统一的人，都是违反我国宪法和危害我国社会主义事业的，都是反社会主义的右派分子。对于公然煽动民族分离的特别恶劣的分子，应该坚决地加以揭露和驳斥，使其完全孤立，借以教育群众和干部。

在少数民族中进行反民族主义的社会主义教育，关键在于少数民族地区的党组织。只有在各民族中形成了真正具有无产阶级觉悟的共产主义核心，才能克服本民族的资产阶级民族主义倾向，巩固民族间的团结统一。各民族的党员都必须了解：民族主义是资产阶级思想的一个重要方面，同无产阶级世界观根本不相容，它是一种反马克思列宁主义、反共产主义的思想，共产党内决不能允许这种资产阶级思想存在。因此，在各少数民族地区的共产党组织中，必须定出计划，进行反对资产阶级民族主义的教育，并且按照具体条件，对本民族某些党员中突出的民族主义倾向进行必要的批判。

培养少数民族干部的学校中的政治教育方针应该改变，今后应该着重进行阶级教育和马克思列宁主义民族观点的教育，树立学生的共产主义的世界观和人生观。

民族问题的完全解决是一个长期的过程，因此，对于民族主义倾向的批判必须防止急躁，必须慎重地由上而下地有领导地进行，必须注意获得本民族多数党员干部和非党积极分子的支持。汉族干部仍然应该继续注意检查和批判大汉族主义倾向，本地民族干部则应该着重检查和批判地方民族主义。只有经常注意反对资产阶级民族主义（包括大民族主义和地方民族主义）的思想，才能不断提高各民族党员和人民群众的觉悟，巩固和加强各民族的团结统一。

在完成了民主改革而没有进行社会主义改造的少数民族地区，在社会上不要进行反右派斗争，但是可以在适当范围内，用适当方式进行社会主义教育。

关于党的干部路线*

（一九五七年九月二十三日）

我们党从来就是注意选拔优秀的工农分子和同工农群众有密切联系的知识分子担负各种领导工作的。这是我们党的干部工作路线。

我们在过去一个时期内，曾经过多地吸收了一批没有经过生产劳动锻炼和实际斗争考验的青年知识分子到各级领导机关工作，这是一个缺点。

今后我们仍然应该从工人、农民的优秀分子中选拔干部，但是他们应该是具有一定文化水平的工人和农民。同样应该从优秀的知识分子中选拔干部，但是他们应该是经过生产和斗争的锻炼，同工农群众有密切联系的知识分子。对于现有的没有经过实际斗争锻炼、没有基层工作经验的知识分子干部，应该有计划地分批地组织他们到农村、工厂中去劳动几年，或者到基层去做几年实际工作。凡是党、政府和群众团体的各级领导干部，都必须经过实际斗争的锻炼和取得基层工作的经验，缺少这一课的，必须补上这一课。文学、艺术、新闻、理论工作者和其他方面的宣传工作者也必须这样做。

---

* 这是邓小平在中共八届三中全会（扩大）上报告第七部分的节录。

对于大学和中等专业学校毕业生，应该研究适当办法，首先分配他们到适合于他们的学科的生产单位中去，从事一年到几年的劳动以后，再根据他们的专长和在劳动中的表现分配他们的工作。

必须认真创造条件，使生产中的体力劳动者有提高文化科学知识的机会，并且使其中能够深造的一部分人，有升入大专学校的机会。

认真地贯彻执行这样的干部工作路线，才能使党和国家培养和选拔干部的工作建立在稳妥的基础之上，才能建立一支为共产主义事业奋斗的经得起风险的干部队伍。

关于干部地方化的问题，是党的干部工作中必须正确解决的问题之一。在这个问题上现在有些糊涂观点，需要加以澄清。

在全国解放初期，中央提出依靠大军、依靠老解放区干部建立新解放区的工作方针是完全正确的。现在这些干部绝大部分工作是好的，已经同当地群众建立了联系，也就是说，他们已经地方化了，应该继续留下来工作。有少数人继续工作有困难，或者表现不好，应该动员他们回原籍或原工作地区参加生产，或做其他妥善安置。各地都应该提拔相当数量的本地干部做工作，这一点已经做了，还要继续做。现在，在多数地方，外来干部和本地干部的关系是融洽的、正常的。但是也有些同志，对于干部地方化缺乏正确的了解，有些人甚至有排斥外来干部的情绪。这是一种错误的地方主义的表现，应该在这次整风中加以纠正。

必须指出，干部地方化并不是党的干部政策的最高原则。干部政策的最高原则首先是共产主义化，无论外来干部和本地干部都必须首先共产主义化，而地方主义却是同共产主义不相容的。本地干部的提拔仍然必须服从德才兼备的原则，而且在某些范围内还应该有适当的调剂。例如在县一级，清一色的本地干部就未必有利，更不必说县以上了。

整顿作风，改进工作*

（一九五七年九月二十三日）

改进工作和反右派具有同等重要意义，不可忽视任何一方面。

党的领导能否巩固和加强，决定于党的本身，决定于领导是否正确，能否切实改正工作中的缺点和错误。反右派本身并不能消除我们的缺点和错误。

在运动中，党内党外提的批评意见很多。这些批评和意见，绝大部分是正确的，有的虽较偏激，也并不是没有益处。

在我们的工作中，反映得比较突出的毛病是：

许多规章制度不合理，不切实际，相互矛盾。这影响到上下级之间、同级之间、这一部门和那一部门之间、这部分群众和那部分群众之间的关系，影响到生产的发展。这些东西有的是原来规定就不正确的；有的是原来正确，但因条件变化、应该改变而未及时改变的；有的是应该由各地因地制宜做出规定，而不应该由中央统一规定的；有的是中央各部门在各自为政、互不联系的情况下做出的；有的是因为经验不足难于避免的；有的是完全可以避免的。这里有集中过多

---

* 这是邓小平在中共八届三中全会（扩大）上报告的第八部分。

的现象，也有分散主义的现象。地方的某些规定，也有同样情形。

许多领导机关和领导干部有严重的脱离实际、脱离群众的现象。负责同志忙于事务，接近群众太少，对群众中的问题不甚了解。许多不合理的生活制度，助长了干部脱离群众的倾向。不少干部骄傲自满，自以为是，不走群众路线，遇事不同群众商量。不少干部不愿同非党群众和非党人士来往。

这些现象，不改不行，必须坚决改。

我们是六亿人口的大国。把六亿人口团结起来，一心一德，建设社会主义，是一个伟大而艰巨的任务。为了实现这个任务，就需要坚持群众路线，正确地处理人民内部矛盾；就需要造成一个又有集中又有民主的，又有纪律又有自由的，又有统一意志又有个人心情舒畅、生动活泼的政治局面。这样的政治局面可以使党和国家较为巩固，较为能够经受风险，较易于克服困难，有利于社会主义革命和社会主义建设的发展，有利于较快地实现我国的工业化和农业的现代化。

要造成这样的政治局面，一方面必须贯彻进行反右派的斗争，加强对反革命分子的专政，巩固党的和国家的纪律，另一方面必须克服宗派主义、官僚主义、主观主义。

为了整顿作风，改进工作，目前应该集中于以下三点：

（一）克服宗派主义和特殊化的倾向。共产党员要大公无私，要同群众打成一片，同甘苦，共呼吸。党员同非党群众、党外人士要有亲密的联系，要多交朋友。干部同群众生活不要相差太多，取消形成干部特殊化的规定和制度，提倡艰苦朴素的风气。领导干部要接近下层、接近群众，干部要参加体力劳动。工农生活、城乡生活不要相差太多。生活水平的提高必须考虑到全国大多数人的情况，因此，在目前应该坚持实行合理的低工资制，尽量使大家都有饭吃。

（二）改变制度上和组织上的一些不合理的规定，适当地调整党政之间和上下之间的集中统一和分工负责的关系。该集中的必须集中，该分散的必须分散，该下放的必须下放。过分集中的现象和分散主义的现象都要纠正。

中央政治局向这次全会提出了有关工业、商业、财政体制的三个文件，主要的精神就是下放一部分权力，以利于发挥地方积极性，利于加强对各种企业和事业的领导，利于克服主观主义和官僚主义，同时也不至于损害统一领导和重点建设。这种改变，肯定比现行体制要好。但是，新的规定也不会是完满无缺的，需要在执行的过程中，加以补充和改进。值得指出的是，若干权力下放以后，还会出现一些新的矛盾，因而更需要加强计划和平衡的工作。这点，无论中央和地方都要注意。

党政机关的工作人员和企业事业单位的非生产人员过多，机构庞大臃肿，也助长了主观主义和官僚主义的发展，必须大力紧缩。紧缩机构，减少脱产人员，这对于当前的国家建设事业有三方面的重大意义：第一，克服脱离实际、脱离群众的官僚主义和主观主义。第二，建立一支为共产主义事业奋斗的、经过锻炼、经得起风险的干部队伍。第三，节约大量的人力财力，加强劳动战线，加强基层，加速建设。因此，各个单位都应该迅速订出整编方案，动员大批人员到生产中去，到需要加强的基层单位中去，或者另行安置。许多不必要的和重叠的机构应该裁减合并和减少层次。为了紧缩机构，除了青年知识分子干部必须尽量参加生产劳动或者基层工作以外，其他干部也有一部分需要回到生产中去或者回到基层去。在我们的国家中，必须养成干部能上也能下、能脱离生产也能回到生产的优良风气。

（三）在人民内部扩大民主生活，继续健全民主制度。处理人民内部的矛盾，必须坚持和风细雨的方法，坚持“团结——批评——团结”的方法。各级领导人员必须充分尊重人民群众的民主权利，经常倾听人民群众的呼声和要求，认真考虑各种合理的不同意见和反对意见，诚心诚意地接受群众的批评和监督，坚决地改正自己的缺点和错误。“凡属于人民内部的争论问题，只能用民主的方法去解决，只能用讨论的方法、批评的方法、说服教育的方法去解决，而不能用强制的、压服的方法去解决。”[1]只有贯彻执行毛泽东同志的这个指示，才能鼓舞群众的热情，提高群众的觉悟，才能使群众在今后的政治生活中勇于批评和发表意见，敢于争辩和坚持真理。

反右派斗争是为正确处理人民内部矛盾扫清道路的，我们决不能允许任何人用反右派斗争来阻塞人民内部的言路，用强制的压服的方法去解决人民内部的争论问题。为了教育广大群众，特别是为了解除中间分子的顾虑，反右派斗争本身也必须特别注意坚持摆事实、讲道理、以理服人的原则，防止简单粗暴，竭力避免夸大和片面性；对于中间分子和工人农民的错误观点，要采取耐心说服教育的方法；对于学术上的争论，尤其要反对轻率和武断。必须使反右派斗争的结果，有利于而不是不利于“百花齐放，百家争鸣”这个方针的贯彻执行，有利于而不是不利于培养人民群众敢讲话的空气。

我们要争取运动的全胜。所谓全胜，就是要取得反右派斗争的胜利，取得改进工作的胜利，取得改造思想的胜利，并且使斗争的结果能够造成上面所说的那种政治局面。

现在反右派斗争还需要深入和展开，在这方面我们已经取得决定性的胜利，而改进工作还只是开始。这是必须特别注意的。

对于改进工作，有些地区、有些单位做得比较好。这些单位的经验证明，群众所提的意见，大部分是本单位可以马上接受和实现的，只有小部分问题需要由上级或中央统一解决。

为了认真地改进工作，必须继续放手发动群众大鸣大放，让群众的意见得以无保留地充分发表。中央和地方的各部门、各单位，要成立由负责人主持的专门小组，广泛收集群众对于改进工作的意见，经过仔细研究之后，提出改进工作的计划和方案，逐步实行。各部门、各单位改进工作的情况，必须随时报告上级和中央。

现在全国许多单位的整风运动已经转入改进工作的高潮，这些单位的工作情况出现了一个生气勃勃的新面貌。过去拖延多年没有克服的缺点，这次很快就克服了；过去需要长时期才能解决的问题，这次很短时间就解决了。群众的积极性大大提高，党和群众、干部和群众的联系大大加强。但是，也还有不少单位的领导同志，对于改进工作没有重视或者重视不够。有的人唯恐揭露缺点，运动一开始就不敢让群众鸣放；有的人在鸣放之后，又利用反右派把自己的错误掩盖起来，企图逃避整改，蒙混过关；个别的人甚至对提意见的人进行打击和报复。这些是不能允许的。在改进工作的过程中，我们对于群众的口号应该是：坚决地放，大胆地放，彻底地放；而对于领导人员的口号应该是：坚决地改，大胆地改，彻底地改。各级党委必须认真地加强对整风的第三阶段和第四阶段的领导，以求得运动的全胜。

注 释

〔1〕见毛泽东《关于正确处理人民内部矛盾的问题》（一九五七年二月二十七日），《毛泽东文集》第七卷，人民出版社 1999 年版，第 209 页。

在中共八届三中全会（扩大）上的总结讲话摘要

（一九五七年十月九日）

关于体制

这次会议提出的关于改进工业、商业、财政管理体制的规定，主要精神是下放一部分权力，以利于发挥地方的积极性，利于加强各种企业和事业的领导，利于克服主观主义和官僚主义，同时也不致损害统一领导和重点建设。但是，新的规定不会是完满无缺的，可以在执行的过程中，加以补充和改变。若干权力下放以后，也会出现一些新的矛盾，更需要加强计划和平衡的工作。这一点，无论中央和地方都要注意。

关于农业

全国发展农业生产四十条纲要[1]，提议全会基本通过，由中央政治局根据讨论的意见做适当修改后，即发到全国农村进行广泛的宣传和讨论。在农村应以农业发展四十条纲要为中心，进行一次生产建设问题的大辩论，借以推动今年冬季的生产和基本建设，推动合作社在社员积极参加之下，制定本社发展农业的长期规划。

有同志提出，这个纲要的序言对挖掘农业生产潜力提得不够积极，这个意见很好。我国农业生产潜力很大，一九五六年就有十六个县达到了亩产四百斤、五百斤、八百斤的亩产指标，估计今年全国还将有几十个县、市达到这一指标。建议各省在今年秋收的基础上，做出分期分批地达到这一指标的具体规划。

要实现四十条纲要，没有一股劲，不经常同保守倾向做斗争，是不行的。一九五六年生产高潮的巨大成绩应该肯定，这些成绩超过解放后的任何一年，有的项目甚至超过几年成绩的总和。当然也有缺点，应该好好总结经验，但是决不能因为有些缺点，而对伟大成绩估计不足。有些地方有劲头不足的现象，必须注意纠正。

农业在我国社会主义建设中的地位十分重要。在优先发展重工业的同时，必须大力发展农业。过去几年对工业宣传得多一些，调了一大批干部去搞工业，这是必要的，起了积极作用。但是对农业宣传就有些不够。现在应着重宣传关于发展农业的重要意义，把近两年来所出现的看不起农业生产、农民想进城、城里人不愿意下乡、平地人不愿上山的不良风气改变过来。

能否实现四十条纲要，关键在于第二个五年计划。因此，全党仍然必须认真地抓住农业，增加农业包括水利基本建设的投资，尽力发展化肥工业和其他能促进农业生产发展的工业。

农业必须逐步机械化。中央和地方的有关部门现在即应成立专门机构，研究设计适合我国各地具体条件的农业机械，首先是动力机械、运输机械、提水机械，也包括直接用于耕作的机械，尽早地陆续地投入生产。

但是，国家的投资总是有限度的，不要指望国家投资能解决一切问题，国家投资主要应放在那些比较经济的和带关键性的地方。发展农业的基本建设和各种措施，必须主要依靠合作社本身的积累和人力。一九五六年扩大再生产的各项措施，百分之九十以上就是依靠合作社自己的人力财力物力完成的。

合作社发展农业生产的措施必须注意经济核算。如果不顾成本，用赔钱贴钱的方法来增产，即使一时一地见效，也绝不能持久。

在社员收入有所增加的条件下，应该尽可能地增加合作社的公共积累。依靠合作社自己的力量逐步增加一些基本建设，是发展生产增加收入的可靠道路，有了较多的公共财产，合作社才会巩固起来。《示范章程》〔2〕中关于公积金规定的条文，应该经过适当程序加以修改，使收入多的地区和收入多的年份，合作社可以多提一些公积金。

为了开发山地、鼓励上山，有同志主张除中央和各地划出专门经费挑水点种以外，还可以跟当地老农商量，找出其他的办法抗旱播种。要好好加强越冬作物的田间管理工作。

冬季副业生产也不能放松，有的地方秋后还有造林和整理土地、改良土壤、水土保持等任务。

总之，要在今冬明春再掀起一个农业生产高潮。并且以冬季生产为中心，结合鸣放，进行整党整社。整个冬季工作和劳动力的使用要有很好的安排，不能顾此失彼。

合作社的一切增产措施必须充分运用群众路线，贯彻民主办社的原则。要善于用说服的办法鼓舞群众的积极性，举办有利于发展生产的各种事业，解决合作社的各种问题。必须估计到，我们提倡的事情，即使完全正确，如果不经过群众，群众也会有不满。而事实上总会有一部分失败或者效果不好，如果没有经过群众，就更难避免群众的埋怨。但是只要一切通过群众，即使受了损失，也是大家负责，大家得到教训，这样利于团结，利于改正错误。这点必须教育基层干部经常加以注意。

为了在农业增产的基础上改善农民生活，在一切人口稠密的地区必须认真提倡节育。各省市应该分别制订出具体计划，控制本省市人口的增加。

关于减少脱产人员

目前县以上各级机关脱离生产人员过多，在企业和事业单位中，管理人员和服务人员也过多，必须大大减少。减少脱离生产人员有三方面的重大意义：（一）克服脱离实际、脱离群众的官僚主义和主观主义；（二）建立一支为共产主义事业奋斗的、经过锻炼的、经得起风险的干部队伍；（三）节约大量的人力财力，加强劳动战线，加强基层，加速建设。

各级机关要制定出整编方案，动员大批人员到生产中去或另行安置。许多不必要的和重叠的机构应该裁减合并和减少层次。各企业和事业单位也应定出生产与非生产人员的百分比，大量减少非生产人员。同时应动员职工家属回乡。

紧缩机构应实现以下的具体要求：

（一）加强一部分薄弱的环节，如缺乏骨干的文教部门、县级党政领导核心、某些基层单位等。

（二）凡是没有经过生产劳动和基层锻炼的青年知识分子和其他干部，尽量参加生产劳动或者基层工作。下去的人是否回到原来的工作单位，应根据实际需要和本人在劳动生产中的表现而定，不可轻易许愿。今后提拔干部时，要特别注意提拔经过体力劳动锻炼的人。这应该成为党的干部工作路线的一个重要方面。

（三）本来是劳动者出身，本来是由基层提拔起来的干部，现在由于紧缩机构，有一部分也应该回到生产中去或者基层去。干部必须能上能下，能脱离生产也能回到生产中去。这也应该成为党的干部工作路线的一个重要方面。

（四）凡是已经不能劳动也不适于工作的人，应当退职或者退休。不能劳动的人员要分别情况处理：第一，老干部，即从现在算起革命历史超过十五年的县委以上的地方干部，和革命历史超过十二年的营级以上部队干部，一部分可以担任各种荣誉职务，其他的人也要妥善安置。目前可以一律保留原薪。第二，合于退休条件者退休（限于薪给人员）。第三，凡是由于不合理的勉强安排引起群众不满，而家庭能够赡养的人员，经过领导机关批准，可以退职回家。退职的办法不应滥用，以免增加失业。第四，退职安置下乡由合作社包下来，必要时可给合作社以适当的补贴。

军队官兵还要继续减。军官复员后也必须主要是参加生产，特别是农业生产。除由地方安置外，复员官兵还应组织起来从事集体生产。在军队中表现很坏的分子应开除军籍，让他们回乡生产。回乡以后表现恶劣、违法乱纪的复员军人，可以提交县以上军事机关审查，给以告诫；严重的和屡诫不改的，可以取消其复员军人资格，由乡或社监督生产。在工厂里有这种情况的，采取相同的处理办法。

不适合当干部的干部家属要下决心动员她们退职，参加家务劳动或农业、手工业生产，并可参加街道工作等社会活动。家属退职后生活确有困难者，由群众公议给予适当补贴。

进行以下各项工作，要在工作人员中进行充分的动员和辩论。城市中有一些社会渣滓（流氓、阿飞之类），可以遣送到本省农村中，由政府分别委托有条件的合作社管制生产。遣送费由城市负担，必要时还可由城市酌量给合作社以短期的补贴。城市职工和机关人员中有一部分坏分子，也可以由政府分到农村委托合作社监督生产，由城市给合作社以适当的补贴。

紧缩机构的工作除中央各部门由中央负责处理外，其余均由地方负责处理。

其他问题

关于党的发展。一九五六年五月中央批准了中央组织部发展党员的规划，该规划规定一九五七年底党员发展到一千三百五十万人左右，一九六二年发展到一千九百五十万人左右，一九六七年发展到二千七百二十万人左右。照这个规划看来党员发展得太快了，规划应该修改。党员的发展必须十分注意质量，宁少勿滥。当然，对于确实具备党员条件的人，特别是老工人和高级知识分子，仍然应该有控制地接收入党。在党员太少和党组织薄弱的地区和部门，也要适当地发展党员。

关于少数民族整风。中央已经准备了一个指示〔3〕，在这次会议期间征求了一部分同志的意见，不久即将修正发出。各地收到这个指示以后即可照此进行。

关于加强军队和同级地方党委的联系。彭德怀〔4〕同志提议各级军区和兵役局除接受军事系统的领导外，同时还作为地方党委的军事工作部门，这个意见很好，中央不久将对此做出具体决定。

关于省人民代表大会减为每年召开一次的意见，中央同意，将由全国人大常委会修改地方各级人民代表大会组织法的有关条文。

注　释

〔1〕全国发展农业生产四十条纲要，指《一九五六年到一九六七年全国农业发展纲要（草案）》。这个草案是中共中央根据毛泽东的倡议提出的，一九五六年一月公布。一九五七年十月公布修正草案。后又经修改，于一九六〇年四月第二届全国人民代表大会第二次会议通过后作为正式文件颁发。纲要全文共四十条，提出了我国农业、畜牧业、林业、渔业、副业以及农村商业、信贷、交通、邮电、广播、科学、文化、教育、卫生等方面的发展规划。

〔2〕《示范章程》，指第一届全国人民代表大会第三次会议一九五六年六月三十日通过的《高级农业生产合作社示范章程》。

〔3〕这里指中共中央一九五七年十月十五日印发的《关于在少数民族中进行整风和社会主义教育的指示》。

〔4〕彭德怀，当时任中共中央政治局委员、中央军委委员，国务院副总理兼国防部部长。

关于发展石油化学工业的谈话

（一九五八年二月、三月）

一

天然气能生产化肥，化肥能增产粮食。天然气还可用来发电，可做多种化工原料。你们要认真贯彻艰苦奋斗、勤俭建国的方针，多打井，多产油气，为国家建设多做贡献。

（一九五八年二月一日视察四川石油勘探局黄瓜山气田时谈话的节录）

二

应该有赶超国际先进水平的雄心壮志。世界先进水平也不是高不可攀的。炭黑质量关系到橡胶质量和其他产品的质量，一定要在炭黑质量上创品牌，要在国际上争先进。

（一九五八年二月二日视察四川石油勘探局隆昌气矿时谈话的节录）

三

石油天然气勘探要从战略方面考虑问题。国家要建设，没有石油怎么行？四川这么大个省，要选择突破方向，尽快打出石油和更多的天然气。

（一九五八年二月上旬在成都同地质部和石油工业部负责人谈话的节录）

四

我国是一个多煤的国家，煤的综合利用，由石油部和化工部两家搞。煤炼油给人的一个概念是贵，投资太多。各城市可以小规模地试点，创造经验，找出最经济的办法。如果找到一条正确的道路，煤综合利用的步伐就会加快。

石油加工不仅中央要搞，地方也可以搞。化工也是如此。我们既要抱西瓜，也要拣芝麻，既搞大型加工厂，也搞点中小型加工厂。中央的方针是齐头并进。

（一九五八年三月一日、四日听取石油工业部负责人关于人造石油和石油加工情况汇报时谈话的节录）

听取石油工业部负责人汇报工作时的谈话

（一九五八年二月二十七日、二十八日）

一

根据化工部汇报，全国十六个城市要用二千八百万吨煤，搞煤的综合利用，可以得到煤焦油一百八十万吨。化工部和石油部两家搞，行不行？

听说石油部门有一个搞天然油还是搞人造油的争论。石油工业怎么发展？我看人造油是要搞的，并且要下决心搞，但是中国这样大的国家，要有更多的石油，当然要靠天然油。

第二个五年计划期间，你们打钻子翻一番行不行？四川钻机月速度低，这跟石头硬有点关系，但主要是技术水平低。现在你们的地质队和地球物理队，人数可不可以翻一番？用轻便钻机的队只有九十五个太少了，轻便钻机只有一百四十多部也太少了。石油钻机要自己做，可以和机械部商量一下，你们也要促进一下。要做一千二百米的钻机，也要做三千米的钻机。套管、钻杆应当设法在国内解决。总之，一个是勘探队的问题，一个是钻机问题，应该促进解决一下。

现在的情况是，只要能打出油来，哪里有油都要把它搞出来。四川黄瓜山油田，一口井每天出三吨油，可以把它搞起来。江苏只要有一吨油，就可以说江苏有石油工业了。搞小的石油工业可以增加民用，增加利润，还可以培养干部。现在搞百货公司的人，有许多过去是搞小铺子的。搞人民银行的人，有许多过去是在山沟里印土票子的。这次我在四川的石油探区，就看到很多人是从延长油矿去的。你们回去后，可用延长油矿的经验搞个规划。

新疆克拉玛依油田，规划一九五九年只出四十万吨油，太少了。克拉玛依这个地方，缺点是离用油的地方远，怕运不出来。现在要把它和兰州炼油厂、玉门炼油厂共同来考虑。兰州炼油厂搞一百万吨划不来，将来可以扩大到二百万吨，或者三百万吨。在新疆炼油也划不来，因为要用各种不同的油罐车来拉。

柴达木油田的工资成本太高，划不来。人越多，就越难搞。柴达木问题是综合性的，怎样解决，应该从石油方面提出来，其他的矿产工业如钢铁工业，是不会搞到那里去的。这地方究竟应该怎样搞？现在还没有搞清楚，看来第二个五年计划期间这个地方的油还用不上，到一九六〇年它应该交出多少储量，需要计算一下。

现在还是玉门的油便宜，将来就是要搞玉门那样的炼油厂，甚至在兰州也可以搞玉门那样的炼油厂，快得很，一两年就搞起来了。有建大厂的时间，就可以建成很多小厂，这个问题是很值得考虑的。煤矿是建小的好，但是大的也不能不要。钢铁、化工、煤矿等都是以小的为主，那石油为什么就不行呢？难道石油一开始搞就非那么现代化不可吗？

石油勘探工作，应当从战略上来考虑，战略、战役、战术三者总是要相结合的。苏北要增加勘探工作量，这个地方交通很方便，如果搞出油来，对沿海一带很有好处，应该加速进行。由此类推，东北如何促进？四川如何促进？都应该考虑，提出一个方案来。对这些地方应该积极创造条件，在地质上创造一个打井的基础，可以三年搞成，也可以五年搞成。如果四川钻出油来，四川石油工业就会跑到前面。东北搞出来了，也会跑到前面。就是苏北、四川等地的储量不大，也要先搞。对于松辽、苏北等地的勘探，要热心一些，搞出一个初步结果。

（一九五八年二月二十七日的谈话）

二

在第二个五年计划期间，东北地区能够找出油来，就很好。把钱花在什么地方，是一个重要的问题。总的来说，石油勘探第一位问题是选择突击方向，不要十个指头一般平。全国如此之大，应该选择重要的地方先突击。不然的话，可能会浪费一些时间。华北地区还需要研究一下钱究竟如何花。苏北如果找到油，年产一百万吨，就值得大搞。不要尽抓大鱼，小鱼也可以抓，抓一个泥鳅不也好吗？

就经济价值来说，华北和松辽都是一样的，主要看哪个地方先搞出油来。应该由石油部组织，请地质专家辩论一下，确定个方案。不能这里那里都搞一下，总要有个轻重缓急。对松辽、华北、华东、四川、鄂尔多斯五个地区，要花一些精力好好研究一番。哪个地方先找出油来，哪个地方后找出油来，排出个先后次序。

第二个五年计划末期，新疆至少要搞二百万吨油。苏北一年就是搞三十万吨油，那也很好嘛。吐鲁番在铁路线上，搞出油来就很好。柴达木地区在第二个五年计划期间还用不上，可以不必忙。找油就和打仗一样，过分分散就不利。

原油生产的关键是如何降低成本，要把进口原油和自己的油比较一下，看哪一个划算。

四川石油勘探也有个布局问题。你们应该帮助四川搞设计。

关于天然气的利用，石油部和化工部要搞一个大、中、小用途的说明和一套利用的办法。如利用四川的天然气搞一个年产五千吨到一万吨的氮肥厂，或者搞一个年产一千吨的塑料厂。刚搞时可能成本高，要贵一些，如果结果不好，再放弃也没有什么，厂子还可以转到生产其他产品。

在勘探工作中，有两件事情应该走在前面：一个是打钻子，要多搞地球物理勘探，多打井，努力降低打井成本；还有一个是科学研究，要发挥技术人员的作用。钻一口井，资料就不能浪费掉，要好好地研究。煤炼油是可以有利润的，要下决心搞。可以搞几个研究机构，不要太大，可以调出一批技术干部专门做综合研究。

（一九五八年二月二十八日的谈话）

关于国防工作的意见*

（一九五八年三月二十一日）

成都会议[1]大组会议在一九五八年三月二十一日讨论了彭德怀同志关于国防建设中几个问题的报告[2]。会议基本同意这个报告，并就几个问题提出如下意见：

（一）在目前国际形势下，适当地逐步地减少军队人数，以便进一步地节减军费的经常开支，用以发展国家经济建设和解决军队新的装备，这个方针是完全正确的。由于我们保持了足够数目的军队骨干，同时加强全国民兵的组织和训练，即使发生突然事件，也是能够应付的。

（二）现行的义务兵役制可以不变，但应尽可能地简化兵役登记和兵员征集的手续。可以考虑把预备役同基干民兵结合起来，适当地增加基干民兵的人数，以后就在基干民兵中征集新的兵员。对此，应由军委拟出具体办法报告中央。

（三）同意在苦战三年期间，民兵基干队集训时间定为十天。在集训期间除伙食费由军事机关开支外，其余劳动工分等问题，由各省区根据情况自行规定。大中学校应增加军事训练课程，其办法由军委商同教育部门拟定。至于工矿企

---

* 这是邓小平在成都会议期间为中共中央起草的文件。该文件于四月八日经中共中央政治局会议批准印发。

业和国家机关中是否组织民兵，可以进行研究，暂不确定。

（四）除了个别辖区较大的一级军区之外，一般军区都应置于军委和省委、自治区党委的双重领导之下。应该考虑将若干不必要设立的一级军区改变为省（自治区）军区。

（五）将县市兵役局改为县市人民武装部，是适当的。

（六）目前军队中军官数目过大，除了军队必须保持的员额外，其余多余军官都应转做地方工作，或参加生产，或做其他妥善安置。其中有一部分因身体条件不能担任繁重工作的老同志，应由地方分配以较轻工作和荣誉职务。地方各级党政部门必须对这些转业军官采取热情欢迎的态度，务使他们各得其所。

（七）建议军委召集一次扩大会议，用整风的方式，讨论军事建设中的重要问题，统一认识，提高觉悟，并在这个基础上，使各项工作得以贯彻。

注　释

〔1〕成都会议，指一九五八年三月九日至二十六日在成都举行的有中共中央领导人、中央有关部门负责人和大部分省、市、自治区党委第一书记参加的工作会议。

〔2〕这里指一九五八年三月十八日，中共中央政治局委员、中央军委委员、国务院副总理兼国防部部长彭德怀在成都会议上作的关于国防建设中几个问题的报告。报告建议：民兵每年训练十天左右；义务兵制度不变；组成守备和机动部队，军队发展方向是加强机械化、自动化，减少人力。报告还提及地方党委对军事工作的统一领导问题和军队的政治思想情况。

关于农业问题的谈话

（一九五八年五月——十月）

一

农具改良有两大优点，第一，普及推广快。譬如一个地方改良了农具，就可以组织农民去参观，他们参观后，就可以马上推广使用。农具只要稍加改良，效率就能提高一二倍，甚至几十倍。改良工具还称不上技术革命，但它是技术革命的萌芽。第二，能充分发挥群众的创造性和积极性，广泛利用群众的智慧。人人可以动脑筋改良工具，而且改良以后的工具人人都可以使用。

（一九五八年五月十日会见德意志民主共和国驻中国大使汪戴尔时谈话的节录）

二

农村只靠种粮食摆脱不了贫困。要发展多种经营，坚决搞一批相信这个道理的人去试验。

（一九五八年九月二十二日听取中共吉林省委和长春市委负责人汇报工作时谈话的节录）

三

农村要大大增加生猪饲养数量，只有把农林牧副渔统统发展起来，才能增加生产，增加收入，才能使人民公社巩固发展。

（一九五八年九月二十五日视察辽宁省盖平县[1]太阳升人民公社时谈话的节录）

四

农业要做到粮食、蔬菜、猪肉三自给，要搞好水利、深翻地、施肥、密植和加强田间管理等工作。

（一九五八年九月二十八日视察辽宁省抚顺市时谈话的节录）

五

农业生产要采取不断革命的精神，要敢想敢做。要善于揭示自然秘密，揭示物质的秘密。只要人的思想解放了，就能更多地掌握科学技术，充分发挥和挖掘物质的力量。

（一九五八年十月十日听取中共石家庄地委和专署负责人汇报工作时谈话的节录）

六

云南条件很好，在农业上一定要多种经营，搞多样性。不搞多种经营，还是不会富裕的。每个县都要有规划，都要有自己的重点。要千方百计地使农村交换的东西增多，这样人们收入就会增加，就会富起来。

（一九五八年十月二十五日同中共云南省委负责人谈话的节录）

七

农民原有的自留地交给公社使用后，自己在生活上也还要有一些机动的余地，使自己增加一些食用的蔬菜。农民的房子要修建得宽大一点，周围多留空地，种些竹子、树木，既美化环境，又能增加收入。每家每户都能有一个庭院，住起来心情就更加舒畅。可以利用竹子制造一些经济、适用、美观的家具。民居和地方特色小吃，都是文化，应该保留并得到发展。组织群众生活是国家职能的一个重要方面，也是一门很大的学问，各级党委应该给予足够的重视，对人民群众的吃穿住和娃娃的教育问题，都应该更好地加强领导。总之，要把农民生活安排得更好一些。

（一九五八年十月二十六日视察四川省郫县德元公社和成都郊区金牛公社时谈话的节录）

八

每个县都要给自己出题目，千方百计地提高农业产值。生产的安排必须适应社会生活发展的需要。需要有两方面：一是满足自身的需要；一是同他人交换。因此要发展多种经营，多生产一些有交换价值的农产品，这样才能不断地增加财富。竹子、果木、麻、药材等产品，交换价值大，既可以增加财富，又可以使农村园林化，大有可为。农村不搞多种经营要富裕起来是困难的。

（一九五八年十月二十九日听取四川省温江专署所属几个县的负责人汇报工作时谈话的节录）

注　释

〔1〕盖平县，旧县名，今辽宁省盖州市。

关于工业问题的谈话

（一九五八年五月——十一月）

一

发展工业当然需要一批现代化的工厂企业做骨干，但是中小企业也要发展。概括地说，就是大、中、小结合起来，大机械化和小机械化结合起来，中央和地方结合起来。大的中央搞，中的地方搞，小的由乡和合作社搞，这样做比较见效。如化肥厂，可以搞现代化的年产几十万吨的大型企业，县甚至乡可以搞小的化肥厂。到处搞，化学肥料发展速度就可以很快。又譬如小型炼油厂，合作社就能搞，只要投资一万多元就可以搞起来。

搞小型企业，它的好处在于建厂时间短，能迅速满足人民需要。这是我们的穷方法。如果只搞现代化的大型企业，全国只能搞几个。如果全面开花，各地都搞小型的，那么发展速度可能快些。这个办法是否好，要由历史来证明。

（一九五八年五月十日会见德意志民主共和国驻中国大使汪戴尔时谈话的节录）

二

潜力有两种，一种是改革规章制度，改进作风，调动群众的积极性；一种是改进技术，产生新的推动力量，这就是技术革命。后一种潜力更大。鞍钢应大搞技术革命，大企业、现代化企业要自力更生，搞技术革新和技术革命。但是，技术革命不容易，不是一天两天能做到的。首先得敢想，来个思想上的革命。没有思想革命就不可能有技术革命。

（一九五八年九月二十四日听取中共鞍山市委负责人汇报工作时谈话的节录）

三

从长远看，云南的发展重点应该转向有色金属，搞成有色金属省。云南在这方面条件特别好，“宝”很多，要在这方面创造出一些经验。这就需要全面规划、重点安排，搞一些钢铁县、铅县、铝县、煤县等等。这样可很快把技术提高，逐步升级。

（一九五八年十月二十五日同中共云南省委负责人谈话的节录）

四

德阳的工业是国家的大工业，拿制造冶金设备、电站设备的工厂来说，是目前全国最大的。要加紧建设，打破陈规，边建设边生产。城市规模要根据这些工业项目和将来的发展来规划，郊区要划大一些，许多东西才可以自给。

（一九五八年十月下旬听取中共四川省德阳县委负责人汇报工作时谈话的节录）

五

要千方百计地搞多种经营，搞点有色金属，搞点经济作物，必须搞有交换价值的东西。要搞铝县、铜县、铀矿县、烤烟县、麻县、木材县。

如何解决电力问题，先搞小水电站，尽量搞五百千瓦的，一百个五百千瓦就是五万千瓦。每个水电站要兼顾灌溉。只要水抓到了，综合利用容易。农田用小水利解决，山地以蓄水为主，拼命存水。

（一九五八年十一月三日同中共贵州省委负责人谈话的节录）

学校的第一个目的是学习*

（一九五八年六月二日、十月九日）

一

一般学校还是以学习为主，不叫半工半读。现在的学习制度一破坏，质量好多年恢复不起来。因此，要稳当一些。这不是反对勤工俭学，而是怎么搞较为有利。最近学生成绩下降，值得注意。正规学校也要劳动，这个方向是肯定的。高中学生毕业后劳动两年的做法我也赞成。问题是在什么时候劳动两年为有利？劳动两年再考大学是否有影响？

（一九五八年六月二日主持中共中央书记处会议讨论学校勤工俭学、半工半读问题时谈话的节录）

二

大学有三个作用，学习、生产和研究。三个东西互相联系、互相促进，学习、生产促进研究，研究反过来促进学

---

* 这是邓小平两次谈话的节录。

习、生产。大学搞半工半读可以，但基础课程要学够，不能减，时间不够可以减少一些不重要的课程，再不行，可以延长学制。学校的第一个目的是学习。教师这一行本身要年轻化，但不要认为老教师没有用。

（一九五八年十月九日视察天津大学时谈话的节录）

对军国主义、帝国主义必须斗争*

（一九五八年七月十一日）

关于日本问题。我们对日本的方针是一贯的。在东方，中国总是要同日本相处的，但是，什么样的日本才能同我们相处得好呢？就是不是美国统治的日本，不是跟着美国走的日本，不是帝国主义的日本，不是复辟军国主义的日本。如果是帝国主义的、军国主义的日本，怎么可能同我们和平共处？怎么可能成为一个很好的邻居呢？不可能。我们解放以后对日本是采取了一种宽大的政策，这个政策收效极大。最近岸信介〔1〕政府、日本的垄断资本家，企图挑起一个反对中国的运动，但挑不起来。我们和日本文化界、经济界人士的来往一点也不苛求。我们是大国的风度，不盛气凌人，仁至义尽，他们没有任何话好说嘛。

但是，新的情况是什么呢？是这个阶段日本的尾巴翘得太高了。翘得太高是有原因的，就是在美国的扶持下，日本的经济、垄断资本不但有很大的恢复，而且有很大的发展。它积极找市场，积极向外扩张，这个扩张甚至搞到我们头上来了，又企图提出那个老口号："工业的日本，农业的中国，

---

* 这是邓小平在全国统战工作会议上讲话的一部分。

原料的中国。”日本以为我们搞建设非靠它不可，它有机可乘。

日本既然把尾巴翘起来了，我们就要把它的尾巴打下来。对这种军国主义、帝国主义，就要狠狠地斗。这可以使日本帝国主义清醒一下，对日本人民也是个教育。否则，那些中间势力（资产阶级里面也有部分中间动摇的分子），会觉得岸信介那套办法还有出路。

和日本斗争是有益处的。不斗争，对日本人民不利，对我们两国之间的友好合作不利，对远东和平不利，对整个世界和平也不利。不斗争，同日本正常的友好来往是建立不起来的。我们这个态度不是制造紧张局势，而是有利于缓和紧张局势，有利于和平。打击军国主义、帝国主义的日本，才真正是为了和平。斗争的结果，我看好得很，最近岸信介政府开始清醒了一点。

关于美国。日内瓦会议〔2〕是美国要求开的。这说明美帝国主义心虚得很，怕我们打台湾，日内瓦会议也表现了这个特点。这个时候，我们应该更加孤立美国，揭露美国的面目。对美帝国主义，有两个办法，一个是哀求，一个是斗争。对于帝国主义，历来就是斗争。

这样的举动是制造紧张局势吗？对于和平有利吗？这要看到问题的本质，那就是对帝国主义必须斗争。现在从战略上来说，总的国际形势是东风压倒西风。还是帝国主义怕我们多一些。在战术上、战役上，每一个问题都要审慎地考虑。对日本问题，对日内瓦谈判问题，我们都是经过审慎考虑的、权衡了的。我们这样做就是因为整个国际局势对我们有利，对世界人民有利，对和平有利；就是灭帝国主义的威风，长中国人民的志气，长世界人民的志气。

注 释

〔1〕岸信介，第二次世界大战期间，任日本商工相、国务相兼军需省次官。日本投降后，被定为甲级战犯关进监狱。一九四八年获释，先后任日本民主党、自由民主党干事长。当时任日本首相。

〔2〕日内瓦会议，见本卷第196页注〔1〕。

统战工作任务是长期的繁重的*

（一九五八年七月十一日）

这次统战会议提出了一些要解决的新问题，这是必要的。因为情况变了，要在新的情况下面，提出新的任务。我们只能根据形势去规定口号、方针和政策。比如说在农业、工商业、手工业社会主义改造高潮当中，资产阶级敲锣打鼓接受社会主义改造，虽然有些人是被迫的，随大流，心里不那么舒服也是真的，但是，你去泼冷水，就不合乎那时的形势。人家敲锣打鼓拥护共产党，走社会主义道路，接受社会主义改造，你在那个时候写一篇东西骂娘，就脱离了群众，脱离了实际嘛。

任何时候套用情况变了的提法都是不妥当的。比如对于民族问题，经过整风反右派，形势变了，所以党的八届三中全会[1]把反对地方民族主义提得更响亮了，而且真正做出了很大的成绩。这种思想斗争是不可避免的，迟早要做的，但什么时候才能提出来，要看情况。一定情况下只能说那么一句话，到了条件成熟的时候就可以多说几句话，就可以说得更透了。那是情况不同嘛。比如藏族地区的改革，一直到现在我们跟达赖[2]还是这样说：你那里我们是搞和平改革。

---

* 这是邓小平在全国统战工作会议上讲话的一部分。

第二个五年计划期间不改，我们是守信用的，要改还是和平改革。但是，他要打怎么办呢？他打，我们就武力改革。如果他真正接受改革，我们就搞和平改革。事实证明有些民族地区就是和平改革，新疆是，青海一些农区也是。但他要打，改革就更彻底一些。这个话可不可以跟达赖讲呢？可以跟达赖讲，也可以跟拉萨的噶厦〔3〕讲，我们从来没有说过不改革，总是要改革的。问题是什么时候改革，怎么讲。比如对西藏，我们采取的步骤的确有几变，这几变都是必要的，都是根据某一个时候的具体情况来规定的。一变就说变不得，那不是马克思主义。任何时候提同样的口号、同样的方针、同样的办法，那也不是马克思主义，不是辩证唯物主义。拿今天套过去，那是不妥当的。中央也好，地方也好，统战部门也好，过去搞得很有成绩，就是因为根据各个时期的具体条件，提出了具体的口号。

关于对资产阶级的改造问题。我们说，定息〔4〕讲了几年就是几年。保持定息，好处极大。就是定息消灭了之后，从政治上、思想上来说，对资产阶级的改造，也还有相当长的时间，还有工作要做。当然，对其他方面来说，如宗教、民族方面的工作，以及统战部所管的其他工作，也还是长期的，任务还是繁重的。切不要把对资产阶级改造看得那么容易；切不要以为经过整风反右，好像什么事情都解决了，或者基本解决了。我们的方针、政策，我们的工作产生了作用，解决了很多问题，但是还要做长期的、耐烦的工作。不要有这样的想法，好像现在事情不多了，不需要花好多劲统战工作任务就能完成了，不要这样想，还要多做工作。既然改造不是很容易的，还要长期努力工作，就要热心一些，同党外人士、各民主党派多接触、多往来。党外人士、民主党派应该参与的事情，要吸收他们参加。要经常研究他们的思想状态，经常了解他们的意见。这对我们党考虑整个国家的事有益。

注 释

〔1〕八届三中全会，即一九五七年九月二十日至十月九日在北京举行的中国共产党第八届中央委员会第三次全体会议（扩大）。

〔2〕达赖，指达赖喇嘛·丹增嘉措，当时任全国人大常委会副委员长、西藏自治区筹备委员会主任委员。

〔3〕噶厦，藏语，当时西藏地方政府的最高行政机构。

〔4〕定息，是我国在资本主义工商业实行全行业公私合营后，对民族资本家的生产资料进行赎买的一种形式，即不论企业盈亏，统一由国家每年按照合营时清产核资确定的私股股额，发给资本家固定的利息（一般是年息百分之五）。从一九五六年开始支付定息。一九六六年九月停止支付。

教育青年永远跟党走*

（一九五八年七月十二日）

青年团干部基本上是个学生队伍，是个好队伍。但是要不断改造，不要把自己队伍估计高了。我们党也要进行自我批评，不断进行自我改造，难道青年团干部就那么成熟？团的工作成绩很大，但是总是六亿人民的一部分，总是在党中央和毛主席领导下实行正确路线所取得的。

先锋主义就是脱离党的领导。青年确实有先锋作用、突击作用，但不要误解为工作是青年单独做的。首先要看到，青年在各行各业中取得的成绩，是由于党的路线方针正确。要教育青年永远跟党走。只要跟党走，就不会犯大错。

党对团的领导最重要的是同级党委的领导，离开同级党委还有什么党的领导？党是无产阶级最高组织形式，有人总是不大愿意承认这一条。党领导一切，是一切问题根本的根本。现在要注意，不要什么都是青年另搞一套。

青年报刊登消息也要注意分寸。还是应当多报道青年的消息，引导青年永远跟着党走。这样才恰当。做青年工作的党员、干部脑子不要发涨。真正有共产主义风格的是群众，

---

* 这是邓小平主持中共中央书记处会议听取共青团三届三中全会有关情况汇报时讲话的一部分。

是下级干部。

你们总喜欢搞形式，喜欢蹲在房子里写文章，好像一篇文章就解决了问题。工作要踏实些，什么工作都是一点一滴堆起来的。你们去了解一下，其实那些有发明创造的青年，用了苦功的人，反而害羞，躲在后面，这种人品质真正可贵。真正有发明创造的人，脑子不会发涨。这些人的想法和我们有些同志就不同，他们是老老实实的态度。踏踏实实不会妨碍积极性，轰轰烈烈的局面是无数的人踏踏实实干出来的。我不反对必要的形式。有了形式才能鼓起气，才能有气氛，但是不要只注意形式方面，而工作不够踏实。

按照中国的情况写中国的文章*

（一九五八年七月十九日）

军队各方面的工作都取得了很大的成绩。当然，也还存在着缺点，主要是思想不够解放，落后于群众。远离实际、远离群众的结果，就是辛辛苦苦的官僚主义。思想解放，特别是高级干部的思想解放，对社会主义建设有决定的意义。

事实证明，同样的事情，同样的条件，同样的人，由于思想解放，方法问题解决了，效果就完全不同。这是思想、方向、方法对了的结果。思想、方向、方法是互相关联的，是一个整体。毛主席拿出来的东西，就包括着思想、方向、方法。有点马克思主义知识，就比较容易掌握毛主席的思想，就比较容易掌握群众的思想、群众路线的方法，掌握方向。思想对头了，方向、方法就对头了。所谓思想对头，就是打破迷信，从中国自己的实际情况出发，去想问题、解决问题。这就是尊重唯物论，尊重辩证法。教条主义者、经验主义者不从实际出发，所以非犯错误不可。

总的来说，我们是上下一致，全国一致，精神饱满，干劲十足，思想开朗。党的号召一经解释清楚，群众马上就行动起来了。过去有时搞得不好，是我们官僚主义，不了解群

---

* 这是邓小平在中共中央军委扩大会议上讲话的一部分。

众，不去解决问题。我们有深厚的思想基础，我们的六亿人民有高度的自觉性、纪律性和积极性，共产主义风格在人民群众中历来就有。军队中的共产主义风格应该说是最高的。出生入死，英勇奋斗，说干就干，不为几百块钱，不为那么几级官衔，与人民同患难、共生死；苦就苦在一起，好就好在一起；有福同享，有祸共当；有饭军民一块吃，干粮大家分着吃，这就是共产主义风格。这已为过去的历史所证明。

这几年，我们思想工作薄弱了一些。现在思想一解放，共产主义风格又发扬起来了。修怀柔水库和十三陵水库，数百里以外的农民，自己带着干粮去参加劳动，根本不问挖一个土方多少钱。农民说，他们有事我们来帮助，我们有事他们也会来帮助的。这就是马克思主义，这就是共产主义风格。人民群众一旦掌握了毛主席的思想，力量大极了。

思想解放，破除迷信，后来者可以居上。毛主席说，马克思是不是可望不可及呢？也不要那么迷信。马克思有他那个时代的语言，我们有我们时代的语言。一个时代有一个时代的语言，新时代总有新语言。

我们国家的特点是一穷二白。穷要干革命，白好写更好的文章、好画最美的图画，这是个好条件。我们要用好这个条件，不能硬搬外国的。学习苏联是不错的，应该学。但是，停滞不前，思想就会僵化。我们不能总跟在人家后面走，要有自己的创造。要敢想、敢说、敢干，富有创造性。如果外国没有的话，我们就不能说；外国没有的图，我们就不能画；外国没有的字，我们就不能写，那么我们就永远不能超越别人，就不能对世界做出我们的贡献。要相信我们有很多好的条件，可以干别人不敢干的事情，也可以做得比别人要好。这是我们自己的特点，是我们同修正主义、教条主义的根本区别。

我们必须尊重马克思主义的共同原则、普遍规律。但是光这样不行，还必须把马克思主义的普遍规律和我们自己的特点、实际结合起来。普遍规律是大同，否认大同就是修正主义；否认自己的特点和实际，就是否认小异，就是教条主义。犯修正主义错误，我们建不成社会主义；犯教条主义错误，我们的事情同样会遭受失败。只有认清自己的特点、自己的实际，才能把革命搞好，才能把建设搞好。我们民主革命的一套方法，外国是没有的；我们社会主义革命的一套方法，外国也是没有的，或者有，也不是完全相同的。中国革命就要按照中国的情况写中国的文章。毛主席按照马克思列宁主义的原理领导我们搞革命，是在中国的纸上写的一篇中国文章。

毛主席经常讲建设问题还没有解决。我们就是在建设问题上犯了错误。在建设问题上，我也是落后分子。当然，有些东西我也感觉到非冲破不可。但是，也还有那么一个范围的问题，觉得这个东西恐怕不行吧，慢慢来吧。我们犯错误也犯在这里嘛。这三年的事实证明，搞建设应当同搞革命一样，要根据自己的特点，当然也包括别国的经验，首先是苏联的经验。他们的经验是三个部分：一部分是完全可以用的，叫普遍真理；一部分是只能作参考的，就是它本国适用，不完全适用于我国；还有一部分是错误的，如斯大林忽视农业，不就是一个很大的错误吗？因此，要善于吸取他们的经验。但是，我们要以自己为主，要在自己的纸上写出自己的好文章。有这种精神，可以比别人写得好。而且，也完全可以设想，在某些方面会比苏联写得好，写得更美、更漂亮。因此，不要妄自菲薄，不要有自卑感。在世界上，我们有自己的贡献；在社会主义阵营里，我们也应该有自己的贡献。

军队要到地方到群众那里去取经*

（一九五八年七月十九日）

多少年来，我们虽然也有个别的错误，但是总的来说，在毛主席思想指导下，我们敢想、敢说、敢做，富有创造精神；没有官气，军内军外都团结得好；苦在一块儿，忧愁在一块儿，高兴也在一块儿。人民也是这样子。这就叫共产主义风格。而这些东西，是同教条主义、个人主义不相容的。

但是，进了城，毕竟不同了。总不好再住老百姓的房子，非住进营房不可。这样一来，我们军队脱离了社会，不是完全脱离，是相当程度地脱离。特别是我们的干部，包括高级干部在内，相当闭塞。世界大事可能还知道一些，中国大事究竟知道多少呀？很值得打问号。这是最大的一个问题。过去我们军队的传统，是要过问一切的。毛主席经常讲，伙夫也是战略家。比如，在过草地时，一个伙夫同志也要问："究竟是向北走？还是向南走？"他不是战略家吗？我们军人过去有这么一个习惯，到了五月，天还不下雨，大家会经常到外面去，看看有没有云彩。因为天一旱，日子就不好过嘛。过去我们军队同人民经常在一块儿，包括我们这些

---

* 这是邓小平在中共中央军委扩大会议上讲话的一部分。

人，也住到老百姓家里。老百姓吃什么饭，他们高兴不高兴，天天看得到嘛。他们一句话不说，也看得到嘛。这一点是很重要的。因此，我们是同群众紧密联系的，我们的思想也是脚踏实地的。但是现在，我们军队限制在了一个小圈子里，眼光就窄了，越走越窄，这样思想就落后了。因此，恐怕还是要把我们的军队放到六亿人民中间去。这对我们的军队极有益处。

过去，我们的军队之所以那么厉害，战无不胜，打不垮，道理就是我们经常到人民当中去取经。毛主席告诉中央机关的同志，犯错误就是根基太浅。毛主席在延安反教条主义时引了一副对联："墙上芦苇，头重脚轻根底浅；山间竹笋，嘴尖皮厚腹中空。"说的就是根底浅。过去我们地方也好，军队也好，大家都是脚踏实地，腹中不空，根底比较厚。所以遇到一个新的情况，看得见，抓得住，灵活得很，工作也是生动活泼的，军队打起仗来生龙活虎。现在营房还是要住，住营房并不等于命定就要落后，到北京也并不等于命定就要落后，但总是要谨防落后。因此，要采取一些具体的办法，要到地方、到群众那里去取经，也可以请一些地方党委、合作社同志、工厂同志到军队来作报告。

是不是可以考虑，军队的同志也可以到地方参加一些工作。我们的军官特别是领导干部，到地方去工作两三个月，到一个合作社，到一个工厂，参加一些劳动，参加一些工作，或者去参加一个县的工作队。这样做，可以了解一些问题，学一些地方上的工作方法。好处在哪里呢？好处在于真正打起仗来，或在平时训练时，地方的一套工作方法拿来用也会灵的。譬如，几级干部会的办法，评比的办法，抓两头带中间的办法，一年抓几次的办法，等等。办法多得很。把地方的办法学到了，用到军队就有益处。军队也可以把自己创造的工作方法提供给地方。这样，军队的工作就搞活了，战时就起作用了。

军队的立脚点要放在准备打仗上*

（一九五八年七月十九日）

我们的国防力量，无论国际形势如何，都要加强。加强国防，无非是三个内容：一个是常规装备、常规军队；另一个是人民；再一个是尖端技术，就是原子弹和导弹。不要多久，我们的原子弹也可以搞出来，不过量少一点就是了。有了这个东西，有了这个我们军队中的骨干，还有民兵，就不怕了。当然，即使人造卫星上不了天，即使没有原子弹，我们也大有希望。

毛主席在莫斯科会议〔1〕上讲：第一要争取和平；第二不要怕甩原子弹。他讲形势问题，就是讲东风压倒西风，就是讲不怕战争。苏共二十次代表大会〔2〕只讲和平不讲战争，只讲战争不是不可避免的，不讲战争来了怎么办，这是很不好的。莫斯科宣言〔3〕解决了这个问题。和平共处是阶级斗争基础上的和平共处，是要用和平的形式，用发展速度来比垮帝国主义。离开了这个基础来讲和平共处，那是机会主义。

根据这样的分析，打也好，不打也好，反正我们主动得

---

* 这是邓小平在中共中央军委扩大会议上讲话的一部分。

很。你怕，他也要打，他要打，我们也不怕。现在的形势变了没有？没有变。形势是东风压倒西风，战争打不起来。对形势还是这个总的估计。打大仗也不是那么容易的。帝国主义现在是矛盾重重，内部不统一，气不足。现在看起来，美国至少没有准备打世界大战，英国也没有准备。又由于是东风压倒西风，因此战争可能打不起来，而且越往后越难打。这是一条估计。但是，我们不能因为战争一时打不起来，就不做准备。任何时候，我们的立脚点都要放到准备打仗这一点上，着眼点放在准备打、打也不怕上，着眼于军队随时能用得上。所以，毛主席经常讲这两条。教育人民如此，实际准备也如此。总之，着眼点要放在积极准备自己的力量上，任何时候都不要放松警惕，那么我们任何时候都是稳妥的。

我们中国人睡得着觉，是乐观主义者。世界上天不怕地不怕的人很多，我们中国人就天不怕地不怕。大概因为我们没有原子弹，所以不怕原子弹。归根结底，还是人最厉害，还是要靠人来打胜仗的。因此，我们的军队还是要讲思想、讲政治。今后，有了原子弹还是要这样。总之，不发生战争，我们好好建设；发生战争，我们就打完了再建设。是他们先打的嘛，理总在我们这一面。

现在，我们就是要把我们国家的经济建设搞好。国家有了经济基础，军队这一套搞起来就快。我们几年来就是搞这个事情。把我们国家建设好一些，把我们军队建设好一些，加上物质准备、精神准备，思想上不要松懈，这样，遇到任何情况，我们都能应付自如。

注　释

〔1〕莫斯科会议，这里指一九五七年十一月十四日至十六日在莫斯科举行的十二个社会主义国家的共产党和工人党代表会议、十六日至十九日举行的六十八个共产党和工人党代表会议。

〔2〕苏共二十次代表大会，见本卷第251页注〔1〕。

〔3〕莫斯科宣言，指一九五七年十一月十四日至十六日在莫斯科举行的十二个社会主义国家的共产党和工人党代表会议上通过的《社会主义国家共产党和工人党代表会议宣言》，和十六日至十九日六十八个共产党和工人党代表会议通过的《和平宣言》。宣言总结了国际共产主义运动的经验，提出了各国共产党争取和平和社会主义的斗争任务，规定了社会主义国家和政党之间的关系准则，并要求各国共产党创造性地运用马克思列宁主义。

工会要服从党的领导*

（一九五八年七月二十四日）

工会的根本问题是服从党的领导。工会永远在党的领导下，离开了党的领导，只能办坏事。这是一个方向问题。工会组织在党的统一领导下、统一布局下来行动，这样就更切合于实际。

工会的作用、任务没有变。企业的管理制度还是党委领导下的厂长负责制和党委领导下的群众监督。群众监督就是职工代表会议。职工代表会议是工会领导下的职工代表会议，是工会在党委领导下组织职工代表大会。职工代表大会和企业管理者要唱对台戏，这个对台戏很有益处。所谓对台戏，就是党委领导下的厂长负责制和党委领导下的职工代表会议，这是一个正确的原则，不能变，不应该变，而且要求各级党委、各级工会组织要做得更好。党委领导下的厂长负责制和党委领导下的群众监督，是一个根本制度，这个制度不变。既然这样，工会就不会失业。不是工会工作更不好做了，而是应该更好做，会做得更好。

全国总工会是全国性的组织，它应该更多地管一些大事

* 这是邓小平在接见中华全国总工会党组成员和省市产业工会负责人时讲话的要点。

情，真正好好研究一下工会工作，研究工人群众里边的主要问题是什么，也可以研究一个产业方面的问题。全国总工会作为中央的一个部门，可以去检查发现问题，搞交流经验。至于各地区的工会，一个时期搞什么工作，企业里边搞什么工作，应该做什么事情，问地方党委，根据地方党委的要求搞嘛。所以它的组织形式必须变，就是以省市委领导为主。如果全国总工会的语言同省市委的语言不同，听省市委的。当然如果有官司，全国总工会可以告省市委的状，你们也可以提意见，说全总的意见对，但是要先执行省市委的意见。这是组织形式问题。

根据这样的组织形式，你们的规章制度要研究一下，哪些需要改变，比如说休养所，地方统统把它管起来，全国总工会一个也不要管，行不行？恐怕完全交出去也不行，工会要有一点休养所。地方也不一定搞休养所，可以设想将来搞一点别的事，例如开工厂，办学校。现在休养所不但工会系统多，其他系统也多，实在不好用，这一点我们都犯了错误。现在回头一想，这个东西不那么好。这些事情你们总要研究出一个结果。这些都属于组织方面的问题。

东北要为支援全国做更多的贡献*

（一九五八年九月十七日）

东北发展潜力很大，生产任务很重。过去几年，全国支援，把东北建设起来了，现在应该轮到东北来支援全国了。东北要尽一切力量支援全国过关。北戴河会议〔1〕时，富春〔2〕同志提出的东北的方针，大家赞成，就是“充分挖掘潜力，大力支援全国，逐步合理发展”。

东北的同志必须把自己的任务了解清楚。你们的潜力很大，好好用点劲，对全国的支援，可以比现在的设想做得更多更好。你们的成绩很大，包括许多工厂在内。好多厂很有干劲，虽然程度不同，但劲都鼓起来了。大家很热心，计划看起来也不算小。但是潜力是否挖够了，内行一看就说还有潜力可挖，稍微调整一下，鼓一下劲，想点办法，还可以加大生产计划。要发动群众大辩论一下，再加一点劲，逼一下。前几天看富拉尔基重型机器厂，他们的六千吨水压机原计划十一月一日试转，后来听说上海的一万二千吨水压机明年五一就要生产出来，形势逼人，他们又想了一点办法，可以提前一个月试转，十月一日献礼。同样的事情，同样的条

---

* 这是邓小平在黑龙江省干部大会上报告的一部分。

件，同样的人，找到办法，结果就不同。所有的单位都要照这样办。

要一鼓二压。毛主席讲人没有压力就干不出事。所有的厂都要想一想，如何冲破计划，对全国做更多的贡献。困难是有的，要想办法解决。无非是人力、物力、财力三力紧张，当然有些问题中央要帮助解决，但有很多问题自己可以解决，特别是在人力方面，自己可以多想些办法解决。

东北三省任务完成得好不好，主要看支援全国的任务完成得好不好。支援全国的任务完成得好才叫共产主义风格。过去全国支援东北，也是共产主义风格。

要完成支援全国的任务，就要解决三个关系问题。

一、局部与全国的关系。局部要服从全国的需要。东北增产的东西是为全国服务的，质量要过关。东北今年钢的生产任务占全国一半，主要机器的生产任务也占全国一半以上。东北不解决这个思想问题不行，一定要明白局部与全国的关系。

二、大厂与小厂的关系。为了保证支援全国这个任务的完成，小厂的生产要服从大厂的需要。因为为全国服务的主要是大厂。所以大小厂的协作关系要搞得更好一点，组织调整得更好一点。在材料的分配上也要先服从主要的任务，有些需要材料较多的、次要些的产品生产，可以慢一点搞，等全国过关了，问题就好解决了。

三、工业与农业的关系。无非是拖拉机、排灌机械搞慢一点。农业生产土办法已经用了几千年，等把全国的主要问题解决了，这些问题将来都很容易解决。

总之，要正确解决这三个方面的关系，才能完成大力支援全国这一主要任务。要规划得更好一点，协作得更好一点，今年任务再稍加一点，明年任务要大大地增加。每一个企业都应给自己出难题，这才叫共产主义风格。轻而易举不算共产主义风格，那叫偷懒。所有企业回去都要给自己出一批难题。这样，不但生产的数量而且质量都可以提高很多。

最后讲一下中央直辖企业的问题。中央直辖企业必须在省市委领导下才能充分发挥作用。现在听说存在着不少问题。省市委自我批评说，工作做得太客气了。这应该批评。有些大厂好像不把省市委放在眼里，这也必须批评。这样好的设备办不出事来，应当受责备。现在讲改革规章制度，企业要建立这样一条规章制度：在省市委领导下好好规划，好好协作。大大增加现在的任务，能办到，会对全国贡献更多、更好。

注 释

〔1〕北戴河会议，这里指一九五八年八月十七日至三十日在北戴河举行的中共中央政治局扩大会议。

〔2〕富春，即李富春，当时任中共中央政治局委员、中央书记处书记，国务院副总理兼国家计划委员会主任。

为吉林大学团组织题词

（一九五八年九月二十二日）

把劳动和教育结合起来，是培养具有共产主义品德和真实本领的年青一代的根本道路。

邓 小 平

台湾海峡的形势*

（一九五八年九月二十七日）

现在世界上闹得最厉害的是台湾海峡问题。在这个问题上，我们主动得很。

第一，我们有理。台湾是中国的领土，这是无可争辩的。杜勒斯[1]总是讲："台湾不是中华人民共和国的领土，金门、马祖也不是。"但他又总是说"中国可以保留自己的要求，并不排除共产党中国保留自己的要求"。这是两个意思，又是这样说，又是那样说，他不敢说死。沿海岛屿他更没有话可说。金门、马祖这个地方在中华人民共和国的鼻子尖上，美国在那里搞跳板不行嘛！那不合乎情理嘛！所以说关于台湾和沿海岛屿问题的理在我们手里。美国为什么这样孤立呢？就是因为我们占理。

第二，打不打炮，我们也自由得很。前一个时期我们好久没打炮，现在我们打炮，不需要的时候可以不打，需要的时候我们再打。可以一连打个半年，也可以停个半年，有时候打三天停三天，自由得很，这是我们的权力。我们的鱼雷艇有时候也出动一下，不需要时我们就不出，需要的时候我们就出，也自由得很。我们的飞机就在我们大陆上空飞，我

* 这是邓小平在辽宁省和沈阳军区党员负责干部会议上讲话要点的一部分。

们还没有到金门上空去飞。需要时也可以去，什么时候需要、有必要，我们就去，不需要、没必要，我们就不去。尽管在我们鼻子尖上安了那么一个钉子，但并没有妨碍什么。比如，再等个五年计划，不登陆也妨碍不了我们的建设。可是话要说回来，哪一天需要，我们随时都可以登陆。你美国无非是调好多万人的舰队到那里。总是不断有乱子的，你在这个地方捅乱子，别的地方出了乱子又要调走。调走了，我们一打又把它调回来了。我们的大炮能下命令。它认为是在我们鼻子上安了钉子，实际上是我们把绞索套在它的脖子上牵着它走。这件事情，就是那么打，那么闹，对我们有没有好处？有好处。这件事好得很，利用这样的事情揭露帝国主义的本质，好好教育人民。这次我们全国三亿多人游行示威，在城市、农村普遍地进行教育。这件事起了一个动员、教育人民的作用。这件事对美国是否能起到动员人民、教育人民的作用呢？它只能引起本国人民的反对。而我们就能够动员人民鼓足干劲，使我们的工业、农业、科学、文化各方面的建设搞得更好，使人民的觉悟和警惕性更加提高。

那么，会不会打起仗来呢？大体上看打不起来。但是，我们要准备打仗。当然，我们不主张打，我们是不想爆发世界大战的。如果美国战争狂人要打怎么办？必须回答这个问题。毛主席说，我们不是他们的参谋长，他们要打，你又没有办法制止，那么，只有两条：一条是他要打，你怕他也要打；还有一条，你不怕打。与其怕打，不如不怕打。人还要有点志气嘛！我们要利用这样的有利事件教育人民，提高警惕，搞全民皆兵、全民武装，好好地把我们的建设搞好。只要有这股气，又不断地增强我们自己的力量，才不可能真正打起来。帝国主义是要看一看的，如果我们自己表现软弱、害怕，它的劲就来了。所以，从这件事来看，仗是打不起来的。但是我们一定要说到这一点，如果它要打怎么样？胜利还是我们的，不是美帝国主义的。

谈判〔2〕有没有希望？也可能有希望。现在双方把各自的方案都提出来了，但是都是备用。我们有这几条是不能让的：台湾和沿海岛屿是中国的领土，在任何情况下也不会让步。在这个原则下，金门、马祖还可以不打，你要走可以欢送，一炮不放。一定时期我们不用武力方式解放台湾，用和平的方式解决也是可以的，但只能在一定的时期。美国提出的条件是什么？它首先提出停火。停火那怎么能行！为什么停火？就是要我们承认那个地方是另外一个国家，那能行吗？金门、马祖美国是想丢的，因为脖子套得紧紧的。绞索太厉害了，我们一打炮它神经就紧张起来。大家不要认为我们那些警告没有用处，是有用处的。我们主动得很，我们就是专门发警告。美国就是想搞谈判这个东西，金门、马祖还给你，但是要你承认不用武力解放台湾。另外，恐怕最后金门、马祖他们也想丢，但蒋介石不想丢。美国想走，我们当然愿意欢送。但是怎样送法，达到个什么限度，如果它坚持要我们永远都不用武力去解放台湾，这一条就不可能。对美国很好对付嘛！我们的大炮能下命令，正像毛主席讲的，等于我们给它下命令，叫它的军舰向太平洋集中。台湾海峡有这个事件，我们利用这件事情来动员人民、鼓励士气、鼓足干劲，好好地搞建设。真正最后决定问题还是靠我们的建设，我们工、农、商、学、兵的建设搞快一点。

注 释

〔1〕杜勒斯，当时任美国国务卿。

〔2〕这里指一九五五年八月一日开始在日内瓦举行的中美大使级会谈。由于美方阻挠，会谈经常遭到破坏和中断。金门炮击开始后，又继续进行。一九五八年九月，会谈改在华沙举行。迄至一九七〇年二月二十日，会谈一共举行了一百三十六次。由于美方坚持干涉中国内政的立场，会谈在和缓、消除台湾地区紧张局势问题上未取得进展，但保持了两国之间的外交接触。

图书在版编目(CIP)数据

邓小平文集:一九四九~一九七四年.中卷/中共中央文献研究室 编.
-北京:人民出版社,2014.8(2014.8 重印)
ISBN 978-7-01-013826-8

Ⅰ.①邓… Ⅱ.①中… Ⅲ.①邓小平著作-文集 Ⅳ.①A491

中国版本图书馆 CIP 数据核字(2014)第 176849 号

邓 小 平 文 集
DENG XIAOPING WENJI
(一九四九——一九七四年)
中 卷

中共中央文献研究室 编

人民出版社 出版发行
(100706 北京市东城区隆福寺街 99 号)

北京中科印刷有限公司印刷 新华书店经销

2014 年 8 月第 1 版 2014 年 8 月北京第 2 次印刷
开本:680 毫米×960 毫米 1/16 印张:26.5
字数:300 千字 印数:30,001—50,000 册

ISBN 978-7-01-013826-8 定价:50.00 元

邮购地址 100706 北京市东城区隆福寺街 99 号
人民东方图书销售中心 电话 (010)65250042 65289539